파산, 회생 그리고 채권추심

채권추심을 둘러싼 '채권자-채무자'의 밀고 당기기!

파산, 회생
그리고 채권추심

김 관 기

"채권자와 채무자의 법" 입문

도산제도의 목적은 대단한 것이 아니다.
생존할 수 없는 기업은
간편하게 업무를 중단할 수 있어야 하고,
계속기업으로서 가치 있는 기업은
새로운 자본구조를 가질 수 있어야 하며,
불운한 개인은 신선한 새 출발을 할 수 있어야 한다는 것
정도이다.

저자의 말

책의 서문을 쓰게 되니 일단은 기쁘다. 몇 년 동안 구상하던 일이 어쨌든 끝난 것을 의미하기 때문이다. 한편으로는 부담스럽다. 하지 못한 숙제가 많이 남아 있는 것을 자각하기 때문이다. 단순히 누구나 알고 있는 것, 알 수 있는 것에 다른 사람의 발상과 업적을 복제하고 조합하는 것일 테지만, 하나의 책으로 묶는 일도 저자로서는 쉽지 않은 일이었다. 그럼에도 불구하고 채권자와 채무자의 갈등관계를 법률의 시각에 묘사한다는 집필의도를 충분히 구현하고 있지 못하다는 불만이 생긴다. 완성도를 높이기 위하여는 인용을 보강하고 실무례와 FAQ를 늘려야 할 것이고, 이해하기 쉽게 그림과 표도 포함시켜야 할 것이다. 이런 요소를 충족하고 있지 못함에도 불구하고 후일을 기약하며 일단 이 상태로 간행을 하는 것은, 저자가 짧은 시간 안에 채권자와 채무자의 법률을 설명할 실천적 필요를 느꼈기 때문이다. 따라서 이 책은 개정을 예고한다.

이 책의 주된 관심사는 도산법, 즉 집합적인 채권추심이 행하여지는 일반집행이라고 부르는 영역이다. 따라서 집행절차를 이해하는 것이 도움이 된다.

금전 채권의 회수방법인 소송과 그 이외의 구제수단, 또 이들 절차가 초래하는 번거로움을 피하기 위한 담보나 간접강제 수단은 집행절차에 선행하는 것이 보통이다. 집합적 추심절차는 개시되면 개별적 강제집행절차에 장애물로 작용하기도 하고 때로는 이를 보강하기도 하는데, 논리적 선후관계에 불구하고, 많은 경우 개별적 절차의 뒤를 따른다. 채권자의 권리실현이라는 관점에서 본다면 채무자의 재산을 팔아서 그것을 채권자에게 배당하는 파산 절차가 우선이며, 그보다 채권자들을 우대할 수 있도록 자본구조를 재조직하여 새로운 권리를 부여하는 회생절차가 그 다음이라고 할 수 있겠다.

따라서 이 책을 서술함에 있어, 먼저는 채권추심을 둘러싼 채권자와 채무자의 밀고 당기기로서 보증 등 사전조치, 담보, 신용정보와 간접강제, 채권매각 등 사법 절차 이외의 방식을 먼저 설명하고, 그 후 금전채권의 법적 강제로서 소송과 강제집행 및 그 예외와 보조절차를 간단히 다룬다. 그 다음 집합적 추심절차 일반, 법인파산, 기업회생의 절차를 다룬 후 개인절차에 관하여는 개인파산과 개인회생을 한꺼번에 설명하기로 한다.

전통적으로 채무에 대한 엄격한 태도가 유지되고 있고, 법적 의무 있는 자가 채무를 면한다는 것은 도덕적으로 지탄을 받기도 하는 사회에서, 누가 누구를 비난하기 어렵다는 점을 인식하게 하기는 쉽지 않다. 그렇지만 돈과 빚 즉 화폐와 부채는 같은 것을 제각기 채권자와 채무자 입장에서 본 것일 뿐이고, 고리대금업자에 대한 포퓰리즘적 증오도, 실패한 자에 대한 청교도적인 멸시도 문제를 완화하는데 도움이 되지 않는다는 점을 저자는 말하고 싶었다. 이를 위해 도입부에 사업에 있어서 레버리지, 즉 부채가 하는 역할에 대한 서술을 실었다.

이 책의 주독자로 상정한 대상은 이 영역에 대한 법률적 견해와 처방을 구하기 위해 일부러 저자를 찾아오는 분들이다. 일반적인 규칙이라도 반복 확인하고 싶어하는 절박한 분들에게는 이 책이 보다 구체적인 문제에 집중할 시간을 벌어 줄 지도 모른다. 입문 단계의 도산법 공부를 생략한 법률실무가들에게도 전문성을 보충할 기회가 될 수도 있겠다. 물론 어떠한 이유로든 법학을 공부하는 학도들 또한 잠재적 독자로 생각한다. 각 장은 독립적인 내용을 담고 있고, 중복된 서술도 있다. 따라서 독자는 필요한 부분만 선택하여 읽을 수 있다.

도산절차에서 개인 채무자를 보호하는 것은 비교적 최근의 현상이다. 물론 현실에 있어서 도산 사건은 압도적으로 많은 다수가 개인채무자의 면책을 위하여, 기업채무자의 현상보전을 위하여 제기되므로, 도산절차의 목적이 채무자를 보호하여 그가 회생할 수 있도록 하는 것이라는 관념이 지배적이 될 수 있다. 그것은 이 영역을 다루는 기본 법률인 '채무자 회생 및 파산에 관한 법률(채무자회생법)'의 명칭에 '회생'이라는 단어가 포함된 것에서도 알 수 있다. 그렇지만, 그것은 본래의 목표인 집합적 채권추심을 추구하기 위하여 포함시킨 인센티브 시스템이 오히려 원활하게 작동하고 있는 것에 다름 아니다.

법률은 그 소관사항이 아닌 사항을 치유할 수 없다. 법률은 어리석고 성급한 자를 현명하게 할 수 없고, 불운한 자를 부유하게 만들 수도 없다. 잘못 운영된 기업을 시장의 현실로부터 단절되게 해 주지도 않는다. 도산제도의 목적은 대단한 것이 아니다. 생존할 수 없는 기업은 간편하게 업무를 중단할 수 있어야 하고, 계속기업으로서 가치 있는 기업은 새로운 자본구조를 가질 수 있어야 하며, 불운한 개인은 신선한 새 출발을 할 수 있어야 한다는 것 정도이다. 그리고 '회생'이라는 단어는, 어쩌면 도산절차에 대한 이해를 방해할 수도 있음을 저자는 말하고 싶다. ●

차 례

1장   돈과 빚

1. 레버리지 효과 — 17
2. 손실의 효과 — 33
3. 복리와 돌려막기 — 49
4. 채권과 채무 — 56
5. 금전채무의 특성 — 64

2장   채권추심과 채무상환의 밀고 당기기

1. 압박과 회피 — 73
2. 채권 회수를 위한 사전조치 — 81
   - 특별약관 81
   - 보증은 하는 순간부터 채무자이다. 82
3. 담보와 우선특권 — 88
   - 담보의 설정 88
   - 법정담보물권과 우선하는 채권 94

4. **신용정보와 간접강제** 103
   - 신용정보 103
   - 간접강제로서의 형사처벌과 공적 제재 108

5. **제3자의 채권추심 산업** 116
   - 채권의 매각 116

6. **금전채권의 법적 실현** 122
   - 소송 122
   - 강제집행 128

7. **강제집행으로부터 면제되는 재산** 138
   - 면제재산을 둔 취지 138
   - 부동산 및 임대차보증금 채권 138
   - 유체동산 140
   - 채권 142
   - 특별법에 의한 압류금지재산 146

8. **강제집행의 보조 절차** 147
   - 가압류 147
   - 재산명시와 채무불이행자명부 149

9. **채권의 효력 확장과 제한** 153
   - 채권자대위 154
   - 사해행위취소 155
   - 채무의 상속 159
   - 소멸시효 160
   - 법인 162

3장 도산: 개인과 기업의 파산, 회생

1. **집합적 추심으로서의 도산절차**   **171**
   - 집합적 채권추심 171
   - 파산법 도입의 역사 173
   - 채무자회생법의 구조 178

2. **도산법상 채권과 재산**   **185**
   - 누가, 무엇을? 185
   - 파산채권, 회생채권, 개인회생채권 185
   - 재단채권, 공익채권, 개인회생재단채권 189
   - 재산 191
   - 채권자의 권리행사 195
   - 미이행 쌍무계약 197
   - 상계권 198

3. **도산절차의 배역과 관할**   **199**
   - 법원과 관리위원회 199
   - 채권자와 채권자협의회 202
   - 관리인 206
   - 파산관재인과 감사위원 208
   - 개인회생절차에서 채무자와 회생위원 211
   - 채무자 213
   - 전문직업인과 산업으로서의 도산절차 214
     (1) 대리인으로서 변호사와 법무사
     (2) 조사위원과 감정인, 비영리단체
   - 관할 217

4. **법인파산의 절차**   219

- 절차의 구조: 누가, 무엇을? 219
- 파산신청 222
  - (1) 파산신청의 실체적 요건
  - (2) 파산신청을 할 수 있는 자
  - (3) 파산신청의 방식
- 견련파산 226
- 파산선고와 그 효력 227
  - (1) 절차의 개시: 파산선고
  - (2) 파산절차의 총감독
  - (3) 실체법적 효력
  - (4) 절차법적 효력
- 파산절차의 진행 235
  - (1) 채권의 조사와 확정
  - (2) 재산의 환가
  - (3) 배당
  - (4) 재단채권
- 파산폐지 240
- 최후배당과 파산종결 241
- 파산절차 종료 이후 242

5. **기업회생절차**   243

- 회생절차의 본질 243
- 회생절차 개시의 신청 246
  - (1) 실체적 요건
  - (2) 회생절차 개시의 신청을 할 수 있는 자

(3) 신청의 방식
　- 심리　251
　　(1) 통지와 심문
　　(2) 잠정조치
　　(3) 기각하는 경우
　- 개시결정과 그 효력　257
　　(1) 개시결정
　　(2) 실체법적 효력
　　(3) 절차법적 효력
　- 절차의 진행　264
　　(1) 채권의 조사와 확정
　　(2) 재산의 관리와 현황의 조사
　　(3) 회생계획안의 제출과 의결
　- 회생계획의 수행　278
　- 절차의 종료　279
　　(1) 종결
　　(2) 폐지
　- 간이회생　284

6. **개인의 신선한 새 출발: 개인파산과 개인회생**　287

　- 개인 채무자의 노예화　287
　- 역사상의 채무 취소　294
　- 개인파산과 개인회생 절차 개관　299
　- 절차 개시의 원인과 신청　302
　- 신청 시 목록과 변제계획의 제출　304
　- 절차의 개시와 그 효력, 진행　312
　- 채무자 재산의 수집, 변제계획의 이행과 배당　317
　- 절차의 종료와 면책　319

1장　돈과 빚

1. 레버리지 효과

현대 사회를 사는 우리는 일상생활에서 빚을 지고 산다. 전기 스위치를 켜고 변기 물을 내릴 때 그만큼 전기료, 수도료 빚을 진다. 집을 구입하거나 전세를 얻을 때 자신의 돈만으로 집값과 전세금을 일시에 마련할 수 있는 사람은 거의 없다. 자동차를 살 때도 마찬가지이다. 반대로 일상생활에서 돈을 벌기도 한다. 직장에 출근하여 일을 하며 급여를 약속받는다. 기업의 약속은 돈이고, 그 돈은 은행의 약속인 돈으로 변환된다. 기업은 보통 은행이나 투자자들로부터 돈을 빌려 기업자산을 취득하고 노동자들을 모아 재화와 용역을 고객에게 팔아 돈을 번다. 그렇게 벌어들인 돈에서 지출한 비용을 공제하고 이익을 얻는다. 그러한 이익에 대한 기대에 기초하여 기업은 차입을 한다. 주택과 자동차와 같은 내구소비재가 만들어내는 편익은 일종의 투자수익이니, 소비자가 주택을 구입하고 전세를 얻는 것도 일종의 개인기업으로 모형화해도 되겠다.

다른 사람의 투자를 받아 사업을 하는 것은 경제주체

의 이익에 대한 기대를 크게 하고 손실의 발생으로 인한 부담을 투자자에게 전가함으로써, 과도한 차입과 투자유치의 인센티브를 생성한다. 다른 사람의 돈을 빌려 오는 것은 자기자본을 투입하는 쪽에 상승, 증폭효과를 일으키는데, 이것을 재무학상 레버리지(leverage)라고 한다. 작은 힘을 지레를 사용하여 증폭하는 것에 비유한 용어이다. 자기자본이라는 힘에 차입이라는 지레(lever)를 사용하여 증폭을 시도하는 행태이다. 채무액이 많을수록 레버리지가 크다. 레버리지가 클수록 채무자의 이익과 손실의 진폭이 커진다. 레버리지는 채권자가 손실을 볼 가능성도 늘린다. 종국에는 기업의 법률상, 명목상 소유자가 경제적 위험을 부담하지 않는다. 위험은 채권자가 부담한다. 채권자가 '소유자'가 되는 것이다. 레버리지가 발생하는 근본 원인은, 채권자는 고정된 금액(원금 및 이자)의 청구권만을 가지고 있고, 수입은 불확실한데, 채무자는 채권자에게 상환하고 난 나머지를 가진다는 점이다. 그런데 분권화된 의사결정이 지배하는 시장경제에서, 기업은 실패하고, 소비자도 실패하는데 레버리지는 실패의 결과를 확대한다. 물론 레버리지는 기업이든 소비자든 떼돈을 벌게 해주기도 한다. 사람들은 낙관적이다. 심리적으로 레버리지의 덫에 빠지기 쉽다. 게다가 국가도 은행도 빚을 사용한 투자를 장려한다. 심지어는 소비자도 과도한 레버리지를 활용한 속칭 '갭투자'에 주저 없이 뛰어들기도 한다.

　　제각기 다른 모습으로 다가오는 횡재와 불행을 설명하기 위해서는 단순한 산수를 사용하는 모델을 이용한 설명이 불가피하다. 예를 들어 보자. N씨는 1억원으로 편의점을 개업하는데 그중 반인 5천만원은 자신의 저축을 이용하여, 나머지 5천만원은 연간 10%의 이자율로 S저축은행에서 대출을 받아 마련한다. 그러면 N씨는 S저축은행에 연간 5백만원(=5천만원×0.1)의 이자를 지급하게 된다. 부채비율(=부채/자기자본)은 100%이다. 이런 자본구조 하에서, N씨는 영업비용(지급한 이자는 여기에서 제외된다)과 합리적인 범위의 자신의 일당(또는 점원, 지배인을 사용하여 전적으로 운영을 맡긴 경우에는 그 인건비)을 공제하고 연간 1천2백만원을 번다. 그러면 편의점의 투자수익률은 12%(= 1천2백만원/1억원)이다. 이 경우 레버리지는 N씨에게 유리하게 작용한다. 즉 10% 이자를 갚아야 하는 빚을 져서 12%의 투자수익을 올리게 되어, N씨에게 귀속되는 수익률은 14%가 된다. N씨가 5백만원의 이자비용을 제외한 7백만원을 자신의 몫으로 누리는데, N씨가 실제로 투자한 것은 5천만원이기 때문이다. 이 수익 7백만원을 N씨의 투자금 5천만원으로 나누면 14%이다.

반면에 편의점의 투자이익률이 S저축은행의 대출이자율에 미치지 못하는 경우에는 레버리지는 채무자인 N씨에게 불리하게 작용한다. 채무자가 같은 방식으로 연간 8백만원을 번다고, 즉, 수익률이 8%(=8백만원/1억원)라고 가정해 보자. N씨는 8백만원의 투자수익 중 5백만원의 이자비용을 제외하고 3백만원을 자신의 몫으로 가진다. N씨의 수익률은 3백만원을 5천만원으로 나눈 6%이다. 채권자인 S저축은행의 몫이 채무자인 N씨의 몫보다 4%포인트, 즉 66.7% 크다. 모델을 확장하여 자기자본비율이 100%, 차입금에 대한 이자율이 10%인 여건 하에서 편의점 투자수익률이 6%, 8%, 10%, 12%, 14%라고 가정하고 각 경우에 대하여 레버리지 효과를 도해하면 다음 표 1 및 그림 1 과 같다.

표 1 부채비율 100%일 때 차입의 효과

총투자액	100,000
부채	50,000
자기자본	50,000
이자율	10%

단위(천원)

투자수익률	6%	8%	10%	12%	14%
투자수익금액	6,000	8,000	10,000	12,000	14,000
지급이자금액	5,000	5,000	5,000	5,000	5,000
자기자본에 대한 수익금액	1,000	3,000	5,000	7,000	9,000
자기자본에 대한 수익률	2%	6%	10%	14%	18%

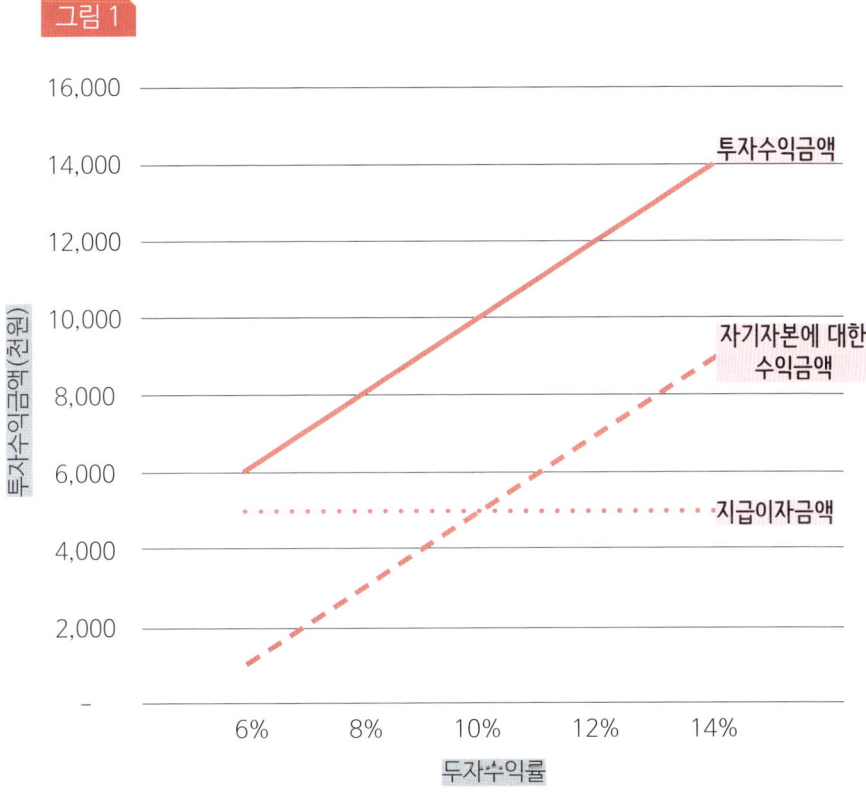

그림 1

부채비율이 높아지면 레버리지 효과는 극적으로 확대된다. 다른 모든 것은 다 같고 N씨는 자신의 저축 2천5백만원을 인출하고 S저축은행에서 7천5백만원을 차입하여 편의점에 투자하였다고 가정하고, 투자수익률은 6%에서 14%까지 2%포인트씩 변동시켜 보면 다음과 같이 변한다. 앞의 예에서와 마찬가지로 차입금에 대하여 지급하는 이자율 10%와 동일한 비율의 투자수익이 실현될 때 N씨도 같은 10%의 투자수익을 얻는다. 그런데, 앞의 예에서와는 달리, 편의점에 대한 투자수익률이 12%, 14%라고 하면 N씨는 18%, 26%의 투자수익을 얻는다. 반면에, 투자수익이 8%, 6%로 떨어지면 N씨는 2%의 투자수익 밖에 못 얻든가 결손을 본다.

표2 **부채비율 300%일 때 차입의 효과**

총투자액	100,000
부채	75,000
자기자본	25,000
이자율	10%

단위(천원)

투자수익률	6%	8%	10%	12%	14%
투자수익금액	6,000	8,000	10,000	12,000	14,000

지급이자금액	7,500	7,500	7,500	7,500	7,500
자기자본에 대한 수익금액	-1,500	500	2,500	4,500	6,500
자기자본에 대한 수익률	-6%	2%	10%	18%	26%

그림 2

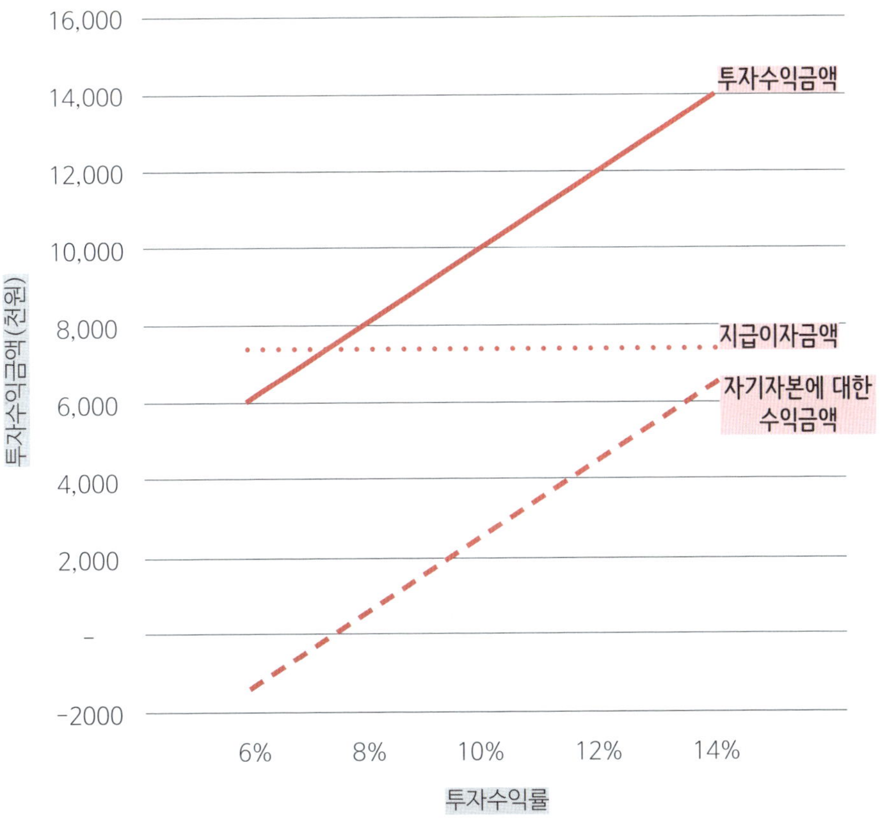

부채비율에 추가하여, 정책적 선택의 결과인 이자율, 투자수익률과 같은 거시경제변수의 작용은 레버리지를 더욱더 확대하기도 한다. 예를 들어 금융완화정책의 영향으로 S저축은행이 적용하는 이자율이 5%로 내렸다고 가정해 보자. 장기적으로는 투자수익률도 같이 내릴 것으로 예측되지만, 사람들은 낙관적이라서 당분간 투자수익률은 그대로라고 믿는다고 해 보자. 이자율이 5%를 초과하는 한, N씨는 수익을 누린다. 이전에는 경제적으로 수익성이 없었던 투자까지도 할 인센티브가 생긴다. 물론 이런 상태는 투자를 진작하기 위한 조치가 시행된 초기에 일시적으로 이용할 수 있는 여건일 것이만 투자활동의 붐이 지속되는 동안에는 이자율도 수익률도 높지 않게 유지될 것이다. 그래도 차입으로 인한 레버리지의 효과는 중요하다. 수익이 미미한 부분에도 남의 돈을 빌려 투자할 유인이 커진다.

표3 부채비율 300%, 이자율 5%일 때 차입의 효과

총투자액	100,000
부채	75,000
자기자본	25,000
이자율	5%

단위(천원)

투자수익률	6%	8%	10%	12%	14%
투자수익금액	6,000	8,000	10,000	12,000	14,000
지급이자금액	3,750	3,750	3,750	3,750	3,750
자기자본에 대한 수익금액	2,250	4,250	6,250	8,250	10,250
자기자본에 대한 수익률	9%	17%	25%	33%	41%

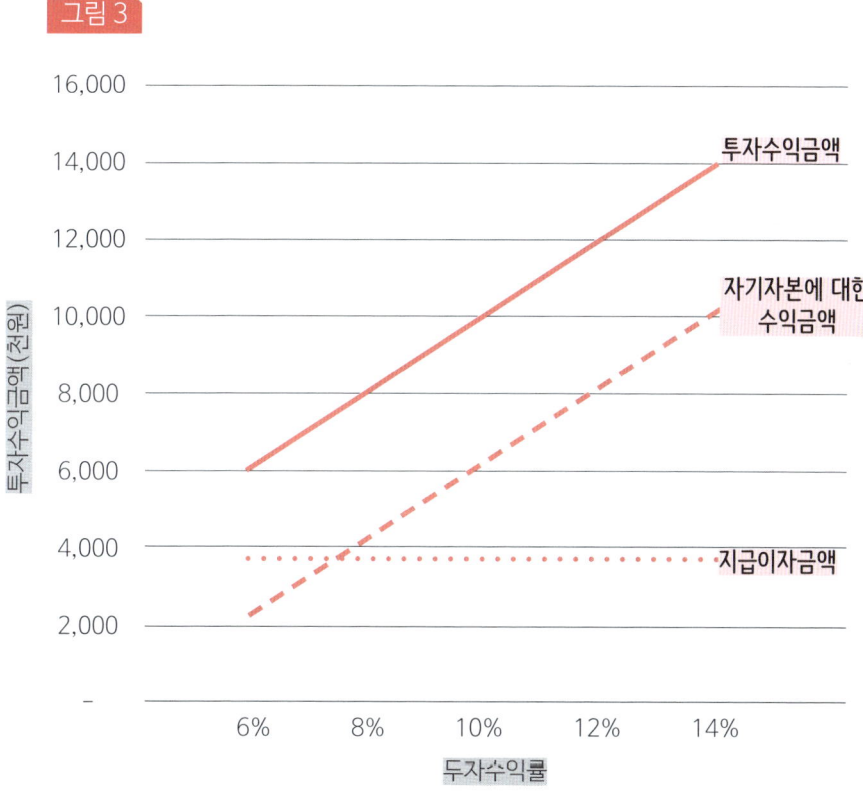

그림 3

이자율이 낮아진 배경으로는 투자수익률이 충분히 저하되어 자본에 대한 수요가 감소하였다는 통화신용 정책당국의 판단이 있을지도 모르겠다. 정부는 투자를 활성화하기 위하여 낮은 이자율의 부채를 공급하도록 한다. 투자수익률이 1%, 3%, 5%, 7%, 9%라고 가정해 보자. 기업은 1%의 수익을 얻지만 N씨는 -11%의 손실을 보기도 한다. 3%의 수익을 얻지만 N씨의 계산은 -3%이다.

표 4 부채비율 300%, 이자율 5%일 때 차입의 효과

총투자액	100,000
부채	75,000
자기자본	25,000
이자율	5%

단위(천원)

투자수익률	1%	3%	5%	7%	9%
투자수익금액	1,000	3,000	5,000	7,000	9,000
지급이자금액	3,750	3,750	3,750	3,750	3,750
자기자본에 대한 수익금액	-2,750	-750	1,250	3,250	5,250
자기자본에 대한 수익률	-11%	-3%	5%	13%	21%

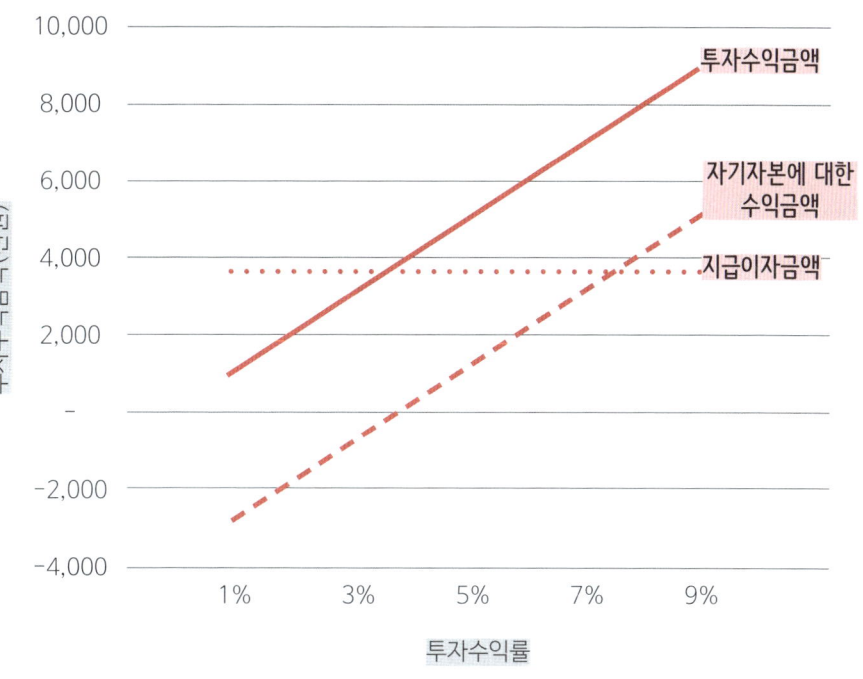

그림 4

레버리지의 효과가 커지면 부채비율도 높아진다고 가정하는 것이 합리적이다. 은행도 더 빌려주려고 노력한다. 이러한 춤판에서는 부채비율이 10배에 이르기도 한다. 이 경우에는 다음과 같이 변한다. N씨가 총투자액 1억원 중 1천만원을 자기자본으로 조달하고 나머지 9천만원을 이자율 5%로 S저축은행으로부터 빌린다고 해 보자. 편의점 수익이 1%부터 9%까지 변한다고 가정하면 차입의 효과는 아래 표 5와 같이 변한다. 이자율과 같은 수익률 하에서는 자기자본에 대한 수익률도 변함이 없다. 다만 진폭이 5배가 된다. 수익이 저조하면 자기자본은 크게 잠식된다.

표 5 부채비율 900%, 이자율 5%일 때 차입의 효과

총투자액	100,000
부채	90,000
자기자본	10,000
이자율	5%

단위(천원)

투자수익률	1%	3%	5%	7%	9%
투자수익금액	1,000	3,000	5,000	7,000	9,000
지급이자금액	4,500	4,500	4,500	4,500	4,500
자기자본에 대한 수익금액	-3,500	-1,500	500	2,500	4,500
자기자본에 대한 수익률	-35%	-15%	5%	25%	45%

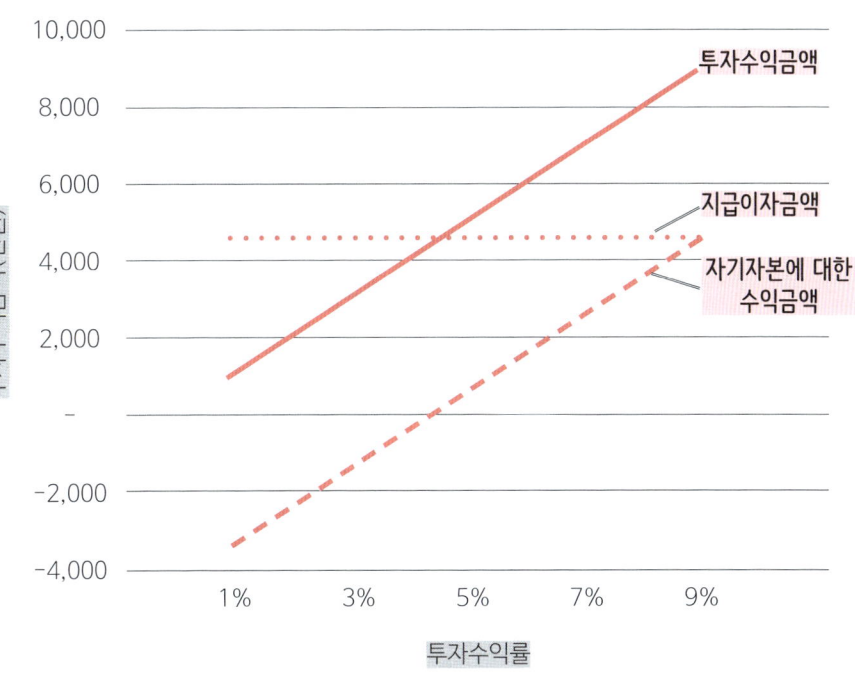

그림 5

 H라는 도시개발사업 시행자가 있는데, 그 법인 명칭은 언론의 떠들썩한 보도를 통하여 막대한 횡재를 가리키는 동사처럼 풍자될 정도가 되었다. 이 기업의 제1기 재무상태표를 보면, 자본금은 310,000천원, 장기차입금은 35,100,000천원이었다. 부채비율이 113배 즉 11만3천%이다. 장기차입금에 대한 이자가 여전히 5%라고 한다면 투자수익률이 1% 내지 9%일 때 자기자

본에 대한 수익률은 아래 표 6에서 보듯이 -452%에서 462%에 이른다. 이 정도 과도한 레버리지 하에서는 S저축은행은 단순히 채권자의 입장으로부터 벗어난다.

표 6 "H하였다"는 유행어를 만든 투자

총투자액	35,410,000
부채	35,100,000
자기자본	310,000
이자율	5%

단위(천원)

투자수익률	1%	3%	5%	7%	9%
투자수익금액	354,100	1,062,300	1,770,500	2,478,700	3,186,900
지급이자금액	1,755,500	1,755,500	1,755,500	1,755,500	1,755,500
자기자본에 대한 수익금액	-1,400,900	-692,700	15,500	723,700	1,431,900
자기자본에 대한 수익률	-452%	-223%	5%	233%	462%

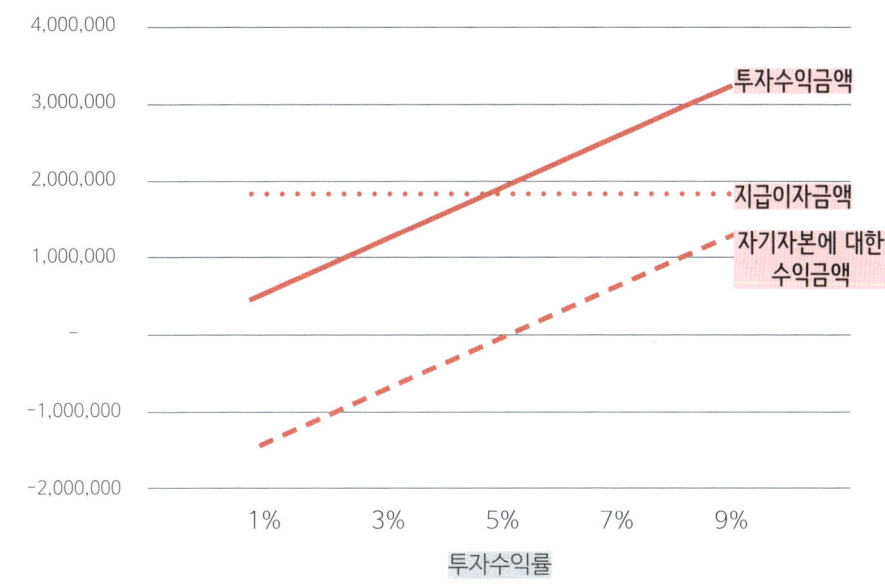

이와 같이 레버리지 효과가 긍정적으로 작용하면, 조달 금리를 초과하는 수익의 효과를 빚을 진 N이 전적으로 누린다. 그러나 늘 맑은 날이 지속되지는 않는다. 조달금리가 투자수익률을 초과하여 레버리지가 부정적으로 작용하면 우선은 채권자인 S저축은행이 이득을 본다. 자신이 스스로 행하였더라면 얻었을 수익보다 많은 금액을 N이 보상해 주기 때문이다. 그 보충의 원천은 N의 자기자본(equity)이다. 그래서 개인사업자에서는 지분, 법인기업에서는 자본금이라고 지칭되는 자기자본이 채권자의 손실에 대한 완충재 역할을 한다. 이를 흔히 에퀴티쿠션(equity cushion)이라고 지칭한다. 그 쿠션을 넘어서는 손실은 S저축은행이 전적으로 부담한다.

2. 손실의 효과

전형적인 대부계약에서는, 이익이 발생했는지 여부와 상관 없이 채무자는 원금 및 정해진 이자율에 의한 이자를 갚아야 한다. 그것은 채무자의 자기자본 즉 에퀴티쿠션을 초과하는 손실이 발생한 경우라도 마찬가지이다. 손실이 발생하여 일시에 또는 점차 자기자본이 손상되면 N씨는 더 이상 이자와 원금을 갚지 못한다. 물론 D씨는 다른 재산이 있다면 이것을 팔고 또 앞으로 돈을 벌어서 갚아야 한다. 이것을 인적 책임 또는 무한책임이라고 한다. 그렇지만, 재산을 가지고 있지 않은 채무자는 아무리 영원히 빚을 갚도록 강제된다고 하더라도 이를 이행할 가능성이 희박하다. 채권자가 받지 못하는 돈은 (법률상의 권리선언과는 관계없이) 누가 대신 갚아 주지 않는 한 채권자의 손실이 된다. 기업의 위험은 채권자에게 이전한다. 그런데 이런 상황에서 갑자기 앞에서 언급한 N씨의 편의점이 잘 되면 S저축은행이 이득을 본다. N씨가 발행하여 S저축은행이 소지한 채권의 가치는 늘어난다. 그러나 웬만큼 벌어서는 N씨에게는 아무런 이득이 없다. S저축은행만 이득을 본다. 그렇다면 N씨는 위험한 투자를 주저하지 않는다. 실패하더라도 어차피 N씨에게 불이익은 오지 않는다. 희박한 확률로 성공하면 막대한 이익을 실현하여 S저축은행 빚을 갚고 나머지는 자기가 챙길 수 있다.

불황이 시작되어 편의점의 투자수익률이 감소하는 상황으로 모형을 조작해 보자. 보통의 사업에서 손실은 일상적일 수 있고, 부동산 시행사업이나 임대사업에서는 10%, 15% 이상의 손실을 보는 것이 흔히 있는 일이다. 투자수익률 자체는 3%, 1%라도 사업주인 N씨는 -15%, -35%의 손실을 본다. 투자수익도 마이너스로 가면, N씨의 손실은 -55%, -75%로 확대된다.

표 7 **부채비율 900%, 이자율 5%일 때 차입의 효과**

총투자액	100,000
부채	90,000
자기자본	10,000
이자율	5%

단위(천원)

투자수익률	5%	3%	1%	-1%	-3%
투자수익금액	5,000	3,000	1,000	-1,000	-3,000
지급이자금액	4,500	4,500	4,500	4,500	4,500

자기자본에 대한 수익금액	500	-1,500	-3,500	-5,500	-7,500
자기자본에 대한 수익률	5%	-15%	-35%	-55%	-75%

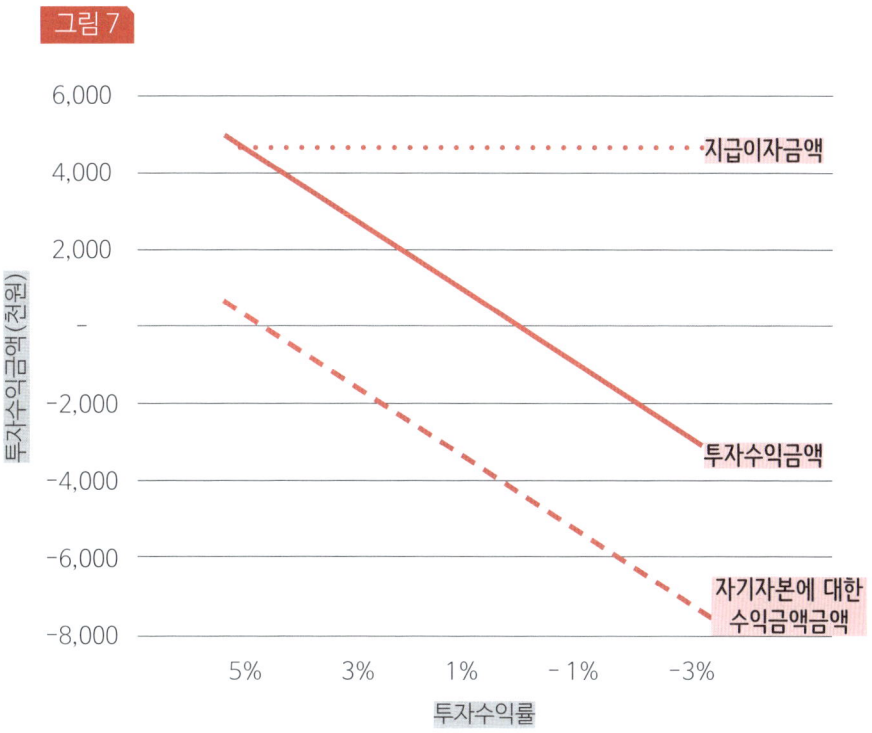

심리학 이론에 의하면 사람은 인지부조화(cognitive dissonance)를 회피하려는 경향이 있다. 특정 시기에 선택받은 자들만의 휴거를 믿는 종교단체 구성원들이 그날이 지나갔

음에도 불구하고 믿음을 버리지 않는 현상을 설명하기 위한 이론이다. N씨는 곧 좋아질 것이라는 희망으로 손실을 보더라도 언젠가는 이것을 만회할 날이 있으리라는 희망으로 예를 들어 다른 대부자인 K대부를 찾는다. K대부는 담보를 요구하거나 이자율을 올리거나 편의점의 운영을 감시한다. 투자수익이 단기간에 회복되지 않으면 K대부도 부족하다. 회장이라는 말 이외에는 다른 직함이 없는 L고리대금업자를 찾는다. 이들은 편의점 카운터에서 일하지 않으면서 급여를 찾아가기도 한다. 당연히 부채비율은 더 커지고 이자율도 높아진다. 웬만한 횡재를 하지 않는 한 N씨는 절망적이다. N씨는 S저축은행에게서, K대부에게서, L고리대금업자에게서 각기 이자, 어떤 경우에는 원금 상환의 압박을 받는다. 이렇게 에퀴티쿠션이 소멸한 N씨는 어차피 남의 돈으로 사업을 유지하고, 그 N씨에게 악성 채권자인 K대부나 L고리대금업자가 기생하는 구조가 되는데, 이들은 결국 S저축은행을 해친다. 채권자들 사이의 각자 각 뜯어먹기의 아수라장이 시작된다. 채무자는 이들 채권자 사이에서 정교하게 운신하며, 새로운 빚을 진다. 즉 자신의 '돈'을 계속 발행한다.

한편 레버리지 효과는 수익의 흐름이 아닌 자산가치의 변동에 초점을 맞추는 경우에도 관측된다. 맨 처음 부채비율

100%인 사례로 돌아가 보자. N씨는 자신이 투자한 편의점을 1억 1천만원에 판다고 가정하여 보자. 이것은 처음 투자하였던 1억원보다 1천만원 늘어난 것이고, 5천만원의 부채를 상환하고 나면 N씨에게 남는 돈은 6천만원이 된다. 채무자인 N씨는 처음 투자한 것으로 인하여 그 20%인 1천만원을 번 결과가 된다. 반대로 매각 가격이 9천만원이라면 N씨는 20%의 손실을 본다. 혹시 매각가격이 5천만원이 된다면, N씨에게 남는 것은 없게 된다. 반면에 매각가격이 1억 5천만원이 된다면, N씨는 5천만원의 빚을 갚고 1억원을 회수하니, 100%의 수익률을 실현하게 된다.

표8 부채비율 100%일 때 자본이득에 대한 차입의 효과

총투자액	100,000
부채	50,000
자기자본	50,000

단위(천원)

양도가액	50,000	75,000	100,000	125,000	150,000
부채상환	50,000	50,000	50,000	50,000	50,000
잔존가액	-	25,000	50,000	75,000	100,000
자기자본에 대한 수익률	-100%	-50%	0%	50%	100%

그림 8

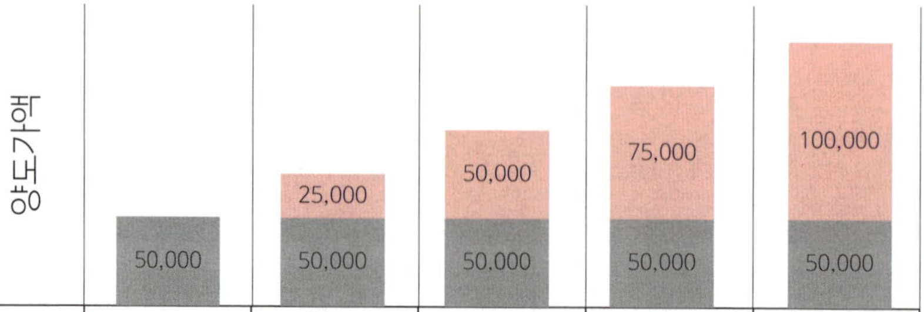

투자수익률	-50%	-25%	0%	25%	50%
잔존가액	-	25,000	50,000	75,000	100,000
부채상환	50,000	50,000	50,000	50,000	50,000

매각가격이 상당히 낮은 경우에는 채무자인 N씨뿐만 아니라 돈을 빌려준 채권자인 S저축은행도 손실을 입는 점에 주의하자. 예를 들어 부채비율 300%에서 사업체가 5천만원에 팔리게 된 경우 7천5백만원을 빌려준 채권자의 손실은 2천5백만원에 이르게 된다. 이러한 위험은 채무자의 자기자본이 줄어들고 채무가 늘어갈수록 증대한다. 기능적으로 기업과 재산의 소유자는 채권자이다. 법적인 명의는 N씨에게 있지만, 위험을 주로 부담하는 경제적 소유자는 S저축은행이고, N씨는 S저축은행에 부채를 상환하고 편의점을 자신의 것으로 할 수 있는 콜옵션(call option)을 S저축은행으로부터 매수한 상황이라고 볼 수

있다. 이쯤 되면 채권자로서는 당연히 그 위험에 대한 대가를 요구하려고 한다. 그것은 원본의 일부를 미리 회수하는 것으로 볼 수도 있고 채무불이행위험에 대비한 자기보험이라고 볼 수도 있겠다.

부채비율이 300%라면 어떻게 될까? 편의점 같은 기업이나 부동산이 아닌, 증권거래에서는 이 정도 진폭은 흔히 있는 일이다. 자산처분에 미치는 레버리지의 효과는 표 9와 같이 극적으로 확대된다. S은행의 대출이 7천5백만원이라고 가정했을 때 양도가액이 5천만원이라면 부채를 상환하지 못하고 2천5백만원은 채무자인 D씨의 인적 채무로 남는다. D씨가 갚아준다면 채권자인 S은행으로서는 손실을 볼 이유가 없지만, 많은 경우 그렇지 않다. 반면에 양도가액이 1억5천만원이 된다면 부채를 다 갚고도 N씨에게는 7천5백만원이 남으니 200%인 5천만원을 번 것이다.

표 9 부채비율 300%일 때 자본이득에 대한 차입의 효과

총투자액	100,000
부채	75,000
자기자본	25,000

단위(천원)

투자수익률	-50%	-25%	0%	25%	50%
양도가액	50,000	75,000	100,000	125,000	150,000
부채상환	75,000	75,000	75,000	75,000	75,000
잔존가액	-25,000	-	25,000	50,000	75,000
자기자본에 대한 수익률	-200%	-100%	0%	100%	200%

    경제통계에서 국민소득을 추계함에 있어서 주택의 사용이익은 실제로 임대된 것이 아니더라도 소득으로 취급된다. 이것은 주택을 구입하거나 전세로 임대하여 거주하는 것도 투자에 해당하는 것임을 의미한다. 주택담보대출이나 전세자금대출을 받아 거주하는 것도 편의점을 운영하는 것과 본질적으로 마찬가지이다. 형식적인 소유권, 기능적인 소유권, 사용권으로 분리되는 현상은 우리 주위에서도 흔히 볼 수 있다. 주택담보대출이 그것이다. 여기에 전세보증금, 임대차 보증금에 대한 보호제도가 더해져 문제를 복잡하게 만들기도 한다. 2022년부터 떠오른 속칭 빌라왕, 건축왕 사태가 바로 그것이다. 주머니가 깊지 않은 부모 밑에서 자라난 A군은 취업을 위하여 상경하여 거주지를 구해야 한다. 그런데 가진 돈이 2천5백만원밖에 되지 않는다. 이 돈으로 대도시 근교에 있는 월세 40만원의 빌라 임대보증금을 낼 수 있다.

그런데, 마침 비슷한 지역에 있는 빌라를 분양한다는 말에 이끌린다. 분양가격은 1억원이다. A군은 주택담보대출을 7천5백만원까지 받을 수 있고, 담보대출의 이자는 연 5%이다. 연간 375만원의 이자를 내면 살 수 있는데, 이것은 연간 480만원에 달하는 월세보다 싸고, 무엇보다도, A군은 집의 법률상 '소유자'가 될 수 있다. 게다가, 빌라의 값이 오르면 차익을 실현할 수 있다. 매스컴에서는 연일 집값이 오르는 것을 보도한다. 지금까지 A군은 부동산의 가치는 떨어질 수 있다는 생각을 할 기회가 없었다. 예를 들어 A군이 빌라를 1억2천5백만원에 팔고 나온다면, A군은 7천5백만원을 갚고 5천만원을 손에 쥔다. 2천5백만원을 투자해서 같은 금액을 벌었으니 100%의 수익을 얻는다. 그런데 A군이 승진하여 먼 지역의 본사로 이사를 하게 되어 급하게 빌라를 파는데 9천만원 밖에 받을 수 없다고 가정하면, A군은 40%의 손실을 본다. 8천만원을 받는다면 80% 손실, 7천5백만원을 받는다면 100% 손실이다. 위 표에서 본 N씨의 상황은 그대로 A에게 적용된다. 이 상태를 흔히 '깡통빌라'라고 한다.

반대로 A군이 보증금 2천5백만원에 빌라를 임차한 경우를 가정해 보자. A군은 가격변동으로부터 이득을 얻지 못하지만, 확정된 청구권을 가진 채권자의 포지션을 취하므로 가격하락의 위험으로부터 조금은 자유롭다. 물론, 임대인이 가격하락에도 불구하고 채무를 이행할 수 있을 만큼 다른 자산이 있어야 하지만, 소액 임차보증금은 선순위의 담보권에 우선한다는 일종의 사회보험이 제공되고 있다. 또 그 범위를 벗어난 부분에 대하여 전세보증금 반환 보험에 가입할 수 있다.

선순위자가 없는 경우 문제는 간단하다. 임차인의 포지션은 주택에 담보물권을 취득한 앞의 표 8, 표 9의 S저축은행 처지와 같다. 부채비율 즉 전세가율이 높을수록, 채무자 즉 임대인의 손익 위험은 커지고, 하강국면에서는 채권자인 임차인이 위험에 노출된다. 경우에 따라서 임차보증금은 매매가격보다 비쌀 수 있다. 즉 전세가율이 100%가 넘을 수 있다. 그것은 보증금을 청구할 수 있는 채권은 주택으로 담보되는 범위를 넘어 임대인의 인적 책임이기 때문이다. 은행이 신용 좋은 차주에게 담보대출 이외에 신용대출을 하는 것과 마찬가지이다. 임차인은 주택의 소유로부터 파생하는 부담으로부터 자유롭고 또 멸실의 위험, 가격하락의 위험을 지고 싶지 않을 수 있기 때문에 이런 거래가 나올 수 있다. 게다가 조건이나 기한이 성취되면 언제든지 반납하고 돈을 찾아 나갈 수 있다. 게다가 채권자라는 도덕적 우위도 있다. 선순위 권리자가 있는 경우 약간 복잡해지지만 본질적으로 가격하락의 문제임은 변함 없다. 주택금융이 활발히 집행되고 이자율도 낮아 주택 시세가 좋은 시절 A군은 빌라를 V

에게 1억2천5백만원에 팔고 5천만원을 손에 쥐고 나온다. 그런데 V는 현금 1억2천5백만원이 있는 것이 아니다. A군의 주택담보대출 7천5백만원을 승계하고, 빌라를 T에게 보증금 4천만원에 임대하고 자기 돈 1천만원을 보태 A군에게 빌라의 매매대금을 치른다. 어떤 경우 A군은 잔금을 V로부터 덜 받기도 한다. 이 경우 위험에 처하는 것은 소유권이전등기를 마친 법률상의 '소유자'인 V가 아니다. 새로 임차인이 된 T이다. 빌라 가격이 유지되고, V가 주택담보대출 채무를 성실하게 이행하는 한 T는 안심할 수 있겠지만, 세상에 그런 것은 없다. 세상은 불안하며, 사람들은 실수한다. 부동산 가격이 떨어지는 경우에는 T는 아래 표 10 기재와 같이 손해를 본다. 물론 전세보증금반환채무는 인적 채무이기도 하기 때문에 V는 T의 손실을 보전해 주어야 한다. 그러나 V에게 그럴 능력이 없다. 이 경우 T는 고스란히 손실을 흡수해야 한다.

표 10 **자본이득에 대한 차입의 효과**

총투자액	125,000
주택담보대출	75,000
전세보증금	40,000
자기자본	10,000

단위(천원)

양도가액	125,000	110,000	100,000	95,000	85,000
주택담보대출상환	75,000	75,000	75,000	75,000	75,000
전세보증금상환	40,000	35,000	25,000	20,000	10,000
전세보증금손실액	0	5,000	15,000	20,000	30,000
자기자본	10,000	-5,000	-15,000	-20,000	-30,000

상황은 더 악화될 수 있다. V는 성실하게 주택담보대출을 갚을 것으로 기대되지만, 경제 여건의 변화로 이자율이 2배로 되었다고 가정해 보자. 실제로 그것은 두 가지 경로로 타격을 준다. 첫째는 양도가액의 하락이다. 둘째는 주택담보대출금 상환액의 증가이다. 금융기관은 즉 담보할 채무의 최고액만을 정하고 채무의 확정을 장래에 보류하여 이를 설정하되 그 최고액 내에서는 모든 채무를 담보하는 근저당권(민법 제357조)을 설정한다. 예를 들어 대출이 100이라면 130의 최고액을 정하는 것이다. 채무자가 이자를 갚지 않으면, 그 이자는 근저당권의 최고액에 포함되어 순위에 따라 우선변제를 받는다. 위 선례에서 주택담보대출의 연체로 인하여 지연손해금이 1천5백만원 증가했다고 가정해 보자. 이것은 후순위자인 H의 입장에서 보면 그만큼 손해이다. 표 11에서 보듯이 양도가액이 작으면 H의 전세보증금은 물론 주택담보대출도 전부 회수하지 못할 수 있다.

표 11 선순위 채권이 증가할 때 자본이득에 대한 차입의 효과

총투자액	125,000
주택담보대출	75,000
연체이자	15,000
전세보증금	40,000
자기자본	10,000

단위(천원)

양도가액	125,000	110,000	100,000	95,000	85,000
주택담보대출상환	90,000	90,000	90,000	90,000	85,000
전세보증금상환	35,000	20,000	10,000	5,000	–
전세보증금손실액	5,000	20,000	30,000	35,000	40,000
자기자본	-5,000	-20,000	-30,000	-35,000	-40,000

물론 실제 상황에서는 후술하듯이 보증금 4천만원은 주택임대차보호법이 보호하는 소액보증금 범위 내에 속할 것이므로 실제로는 대출을 실행한 S저축은행이 손해를 볼 수 있다. T 역시 레버리지를 활용한 투자를 한 것이지만, 임대차보호법이 부여한 하방경직성으로 인하여 손실을 볼 위험은 없다. 전세보증금 4천만원을 이자 내고 빌려, 주택에 거주하는 이익을 향유

한다. 주택 가격이 내렸음에도 불구하고 임대인의 인적 채무인 보증금을 전부 회수할 수 있다. 자신도 선순위 담보를 안고 V로부터 돌려 받은 보증금 일부만으로 주택을 소유할 수 있다. 주택 금융조건이 그대로 유지되어 빌라가 1억원에 처분되었다고 하더라도 7천5백만원의 담보대출이 실행될 수 있다면 T는 돌려받을 4천만원 중 2천5백만원으로 살던 주택을 살 수 있고, 나머지 1천5백만원은 다른 용도에 사용할 수 있다. 채권자의 승리이다.

물론 현실은 보통 그런 기대를 배반한다. 표 11의 금액 단위를 만원으로 읽어 보자. 이 판에서 T는 가장 안 좋은 처지에 처한다. T가 전세보증금 4억원을 마련하기 위하여 J공사로부터 대출을 받았다고 가정해 보자. T는 임대인으로부터 보증금을 돌려 받지 못하더라도 대출을 실행한 채권자인 J공사에 4억원의 대출금을 전부 변제하여야 한다. 이는 원칙적으로 인적 채무로서, T는 보증금을 돌려받지 못해도 J공사에 대한 빚을 갚아야 한다. 물론 조금 더 검토할 점이 있다. 전세보증금 반환이 어려운 경우가 있다는 점은 늘 알려져 있다. 그래서 그 위험을 담보하는 보험제도가 운용되고 있다. 그 보험에 가입하였다면 보험회사가 손실의 위험에 직면하게 된다. 대량으로 이런 위험이 현실화한다면, 아마도 보험회사는 파산할 것이다. 보험에 들어 있지 않디라도 T에게 특별한 재산이 없디면, 아마도 전세보증금 대출을 실행한 J공사는 손실을 인식하여야 할 것이다. J공사이든 보험회사이든 대부분의 손해를 부담하고 T가 갚기를 기대하기 어려운 채권추심에 나서야 하는 딱한 처지가 된다. 다만, 이들의 정치적 영향력에 수도 없이 많은 T와 같은 사람들의 민원이 합해지면 이들을 보호하는 특별법이 제정되기도 한다. 전세사기 피해자 지원 및 주거안정에 관한 특별법(2023. 6. 1. 제정, 시행 법률 제19425호)이 그것이다. 이 법은 금융기관의 채권과 조세채권의 실행을 위한 경매의 유예, 임차인의 우선매수권, 공공주택사업자의 주택매입, 경매와 공매의 지원, 금융지원 등의 방식으로 손해 발생을 외부화, 사회화하는 것을 내용으로 하고 있다.

V와 같은 처지에 있는 사람은 T에게 보증금을 반환하지 못한 것이 사기에 해당함을 이유로 징역을 가기도 한다. 한국의 채권자는 채무자의 자력을 심사할 능력이 없는 자로 간주된다. 채무자가 적극적으로 자신의 자력에 관하여 거짓말을 하지 않았고 상환능력 부족을 정확히 인식하지 않았더라도 자신의 재무상태를 속였다는 것이다. 대법원은 행위 당시를 기준으로 변제힐 의사와 능력을 따저아 하며 채권자도 알 수 있었던 경우에

는 사기를 인정할 수 없다고 판단한 바 있다. (대법원 2016. 4. 28. 선고, 2012도14516 판결) 그러한 판례가 있는 것은 레버리지가 과도한 상태에 있는 상황에서 돈을 빌린 사람을 마구 사기죄로 몰아 처벌하는 실무가 뿌리 깊은 것을 의미한다. 형편이 안 좋으니 돈을 더 빌리는 것인데, 그 귀결은 결국 채무불이행이고, 형편이 안 좋다는 것을 고지하지 않은 것이 속인 것이니 사기죄에 해당한다는 것이다. 그 타당성은 의문이나, 단기간에 변경되기를 기대하기 어려운 뿌리 깊은 실무이다. 사실상 '채무불이행죄'가 보이지 않는 잉크로 형법전에 쓰여있다고 보아야 할 것이다.

3. 복리와 돌려막기

레버리지를 통하여 증폭될 수 있는 빚은 이자의 가산을 통하여 더욱 늘어난다. 복리(compound interest)는 원금과 이전에 축적된 이자를 합산하여 이를 다시 원금으로 삼아 다시 지급되는 이자이다. 이것은 법률실무상의 이전에 축적된 이자에 다시 이자가 붙지는 않고 원금에만 이자가 붙는 단리(simple interest)와 다르다. 예를 들어 N씨가 연 10%의 이자율로 S저축은행에서 돈 100만원을 빌렸다고 가정해 보자. 1년 뒤에 갚아야 할 금액은 110만원이 된다. 매년 10만원의 이자가 붙으니 2년 뒤에는 120만원을 갚고 10년 뒤에는 200만원을 갚게 된다. 그런데, N씨가 약정하고 1년이 지나 변제기에 이르렀을 때 원금과 이자 110만원을 갚았다고 가정해 보자. N씨는 여전히 사업을 하고 있고, 다시 S저축은행으로부터 돈을 빌린다. 이번에는 N씨가 갚았던 금액에 해당하는 110만원을 빌린다. 다시 1년이 지나고 처음 100만원을 빌렸던 때로부터는 2년이 지난 뒤에는 N씨가 갚아야 할 돈은 121만원(=110만원×1.1)이 된다. 즉 처음 빌린 돈을 일정기간마다 갚은 것으로 치고 또 이 금액을 다시 빌려준 것으로 치는 대환의 합의가 있으면 복리로 이자를 따지게 된다. 이러한 합의는 당초에 존재하기도 하지만 만기에 따로 대환 약정을 함으로써 이루기도 한다. 상업적 금융에서 1년 단위로 대출을 갱신하는 것에 비추어 보면 이것은 오히려 일반적이겠다. 또 이전에 빌린 돈의 원금과 이자를 갚기 위하여 다시 같은 금액을 채권자를 달리하여 차입하는 경우에도 이런 현상은 나타난다. 이른바 '돌려막기'가 그것이다. 채권자를 달리할 뿐 이자를 갚은 것으로 치고 원금에 가산하여 다시 이자를 계산하여 불리는 것과 본질적으로 같다. 게다가, 돌려막기를 하게 되면 채권자를 달리하여 새로운 채무를 지는 것이다. 그런데 기존의 채무를 상환하려는 노력으로 새로 차입을 행하는 순간 형사처벌의 위험은 높아진다. 앞의 판례에 의하면 사기죄의 성립 여부는 그 행위 당시를 기준으로 판단하여야 한다는 것인데 상환되지 못한 부채가 있어 이를 대환하는 상황은 변제할 능력이 악화되는 것을 의미할 때가 많기 때문이다.

복리계산(compounding)은 점차 채무자를 압도하게 된다. 모범적인 무차입 기업경영, 가계 소비를 이끌어가는 사람들의 눈에는 잘 보이지 않기에 예를 들어 두기로 한다. 엑셀 스프레드시트에서 왼쪽 셀과 위쪽 셀의 금액을 합하여 잔액을 산출하고 복사하는 방식으로 쉽게 계산할 수 있다. 원금 1백만원을 연 10%의 이자로 빌렸을 때 1년 뒤에는 갚을 금액이 110만원이지만 10년 후에는 259만원, 20년 후에는 672만원, 30년 후에는 1,744만원이다.

표 12 원금 1,000 / 이자율 10% / 단위 (천원)

기간	발생이자	원금 및 이자 합계	기간	발생이자	원금 및 이자 합계
1	100	1,100	21	673	7,400
2	110	1,210	22	740	8,140
3	121	1,331	23	814	8,954
4	133	1,464	24	895	9,850
5	146	1,611	25	985	10,835
6	161	1,772	26	1,083	11,918
7	177	1,949	27	1,192	13,110
8	195	2,144	28	1,311	14,421
9	214	2,358	29	1,442	15,863
10	236	2,594	30	1,586	17,449
11	259	2,853	31	1,745	19,194
12	285	3,138	32	1,919	21,114
13	314	3,452	33	2,111	23,225
14	345	3,797	34	2,323	25,548
15	380	4,177	35	2,555	28,102
16	418	4,595	36	2,810	30,913
17	459	5,054	37	3,091	34,004
18	505	5,560	38	3,400	37,404
19	556	6,116	39	3,740	41,145
20	612	6,727	40	4,114	45,259

이자율이 5%라고 하면 복리계산의 효과는 현저히 줄어들지만, 10년 후 162만원, 20년 후 265만원, 30년 후 432만원이다.

표 13   원금 1,000 / 이자율 5% / 단위 (천원)

기간	발생이자	원금 및 이자 합계	기간	발생이자	원금 및 이자 합계
1	50	1,050	21	133	2,786
2	53	1,103	22	139	2,925
3	55	1,158	23	146	3,072
4	58	1,216	24	154	3,225
5	61	1,276	25	161	3,386
6	64	1,340	26	169	3,556
7	67	1,407	27	178	3,733
8	70	1,477	28	187	3,920
9	74	1,551	29	196	4,116
10	78	1,629	30	206	4,322
11	81	1,710	31	216	4,538
12	86	1,796	32	227	4,765
13	90	1,886	33	238	5,003
14	94	1,980	34	250	5,253
15	99	2,079	35	263	5,516
16	104	2,183	36	276	5,792
17	109	2,292	37	290	6,081
18	115	2,407	38	304	6,385
19	120	2,527	39	319	6,705
20	126	2,653	40	335	7,040

복리는 하나의 방정식으로 요약된다. 즉 원본 P에 대하여 r의 이자율로 n의 기간 복리로 증식된 미래의 원리금 F는 다음 수식으로 표현될 수 있다.

$F = P(1+r)^n$

즉 미래의 돈과 빚은 이자율과 기간의 함수인데, 이자율이 높을수록, 기간이 길수록 미래의 돈과 빚은 체증적으로 늘어나는 것을 직관적으로 알 수 있다. 이에 대하여 법률이 사용하는 단리계산법에 의한 원리금은 다음 수식으로 표현된다.

$F = P(1+rn)$

n이 1보다 큰 한 복리계산에 의한 원리금 잔액은 단리계산에 의한 것보다 크다. 시간이 지날수록 그 차이는 크게 벌어진다. 이자율은 돈을 빌려주는 사람, 빚을 지는 사람에 따라 다르게 적용된다. 각자가 발행하는 채권증서가 정부가 발행하는 돈으로 확실하게 교환될 수 있는 가능성이 다르기 때문이기도 하고, 모종의 전략적 이유에서 그러할 수도 있다. 사람마다 다른 이자율을 당면하게 된다. 신용이 낮은 채무자는 더 높은 이자율에 직면하게 된다.

표 14 이자율을 달리하여 원금 1백만원에 대해 복리계산한 원리금 잔액

기간	1%	2%	4%	6%	8%	10%
1	1,010	1,020	1,040	1,060	1,080	1,100
2	1,020	1,040	1,082	1,124	1,166	1,210
3	1,030	1,061	1,125	1,191	1,260	1,331
4	1,041	1,082	1,170	1,262	1,360	1,464
5	1,051	1,104	1,217	1,338	1,469	1,611
6	1,062	1,126	1,265	1,419	1,587	1,772
7	1,072	1,149	1,316	1,504	1,714	1,949
8	1,083	1,172	1,369	1,594	1,851	2,144
9	1,094	1,195	1,423	1,689	1,999	2,358
10	1,105	1,219	1,480	1,791	2,159	2,594
11	1,116	1,243	1,539	1,898	2,332	2,853
12	1,127	1,268	1,601	2,012	2,518	3,138
13	1,138	1,294	1,665	2,133	2,720	3,452
14	1,149	1,319	1,732	2,261	2,937	3,797
15	1,161	1,346	1,801	2,397	3,172	4,177
16	1,173	1,373	1,873	2,540	3,426	4,595
17	1,184	1,400	1,948	2,693	3,700	5,054
18	1,196	1,428	2,026	2,854	3,996	5,560
19	1,208	1,457	2,107	3,026	4,316	6,116
20	1,220	1,486	2,191	3,207	4,661	6,727

이자율을 찔끔찔끔 올리는 것 같아도, 본래 이자율이 낮았던 상태에서는 그 충격이 매우 크다. 예를 들어 1% 이자율이 2%가 되면 경상적으로 부담하는 돈은 2배가 된다. 2%대에서 움직이던 이자율이 6%가 되면 3배의 부담, 8%가 되면 4배의 부담이 된다. 기업과 가계의 신용이 떨어짐에 따라 그들이 발행한 돈을 사 주는 은행은 점점 높은 이자율을 적용하게 되고, 이것은 상승작용을 일으킨다. 부채가 늘어나면 레버리지 효과는 더욱더 커져 결손도 커지고 이것은 다시 부채를 늘리는 방향으로 작용한다. 쓰러지지 않기 위하여 계속 달려야 하는 자전거처럼 되지만 그것도 언젠가는 서야 한다. 톨스토이는 그의 유명한 소설을 "행복한 가정은 모두 고만고만하지만, 불행한 가정은 제각기 다른 방식으로 불행하다"는 말을 남겼다. 대부분의 행복한 가정은 이와 같은 돈 문제로부터는 자유롭다. 불행한 가정은 제각기 다른 경로를 거쳐 파탄에 이른다. 빚을 진다는 것은 장래에 대한 낙관에 의하여 잘못된 선택을 하는 것이겠는데, 그 낙관이라는 것이 다르다. 갭투자일 수도 있고, 거대한 신도시 개발 프로젝트에 대한 망상일 수도 있고, 행복한 결혼생활일 수 있다. 경로는 제각기 다르지만, 돈이 없는 사람, 빚진 사람들은 거의 모두 불행하다. ●

4. 채권과 채무

      돈, 화폐, 통화, 금전 어느 용어를 쓰든지 간에 나이 든 사람들은 지폐와 주화를 연상한다. 국가가 기념하는 인물의 초상과 문화재가 예를 들어 50,000원, 100달러, 10,000엔, 100위안 같이 숫자 및 계산단위와 함께 양면에 인쇄되어 있는 면섬유 가공품이 지폐이고, 동그란 합금 디스크에 숫자와 계산단위가 타각된 것이 주화이다. 이렇게 만질 수 있는 물건으로 화체된 '돈' 즉 실물화폐는 일종의 상품(commodity) 또는 재화(goods)인 것처럼 보인다. 그러나, 이것은 매체일 뿐이다. 지폐, 금속화폐는 어느 것이나 그 자체로는 돈의 역할을 할 수 없고 그 이상의 것을 보태야 돈이라고 할 수 있다. 그것은 바로 빚, 즉 부채 또는 금전 채무를 청산하는 힘이다. 모든 빚은 돈으로 소멸시킬 수 있다.

      그런데 돈은 그 자체가 나라, 국가, 사회의 빚이다. 정부는 자신에 대한 청구권을 상징하는 돈을 발행 즉 창조한다. 또는 중앙은행으로부터 돈을 빌린다. 이렇게 창조하고 차입한 돈을 지급하여 토목과 건축을 하고 장비를 조달하고 용역을 발주

하며 공무원에게 월급을 준다. 생활이 어려운 사람에게 복지급여를 주기도 하고 가난한 나라 사람들에게 원조를 하기도 한다. 영원히 상환되지 않을 것으로 기대되지만, 정부는 자신이 만들어내어 민간에 진 빚인 돈으로 민간인이 정부에 지는 빚을 갚는데, 즉 세금을 납부하는 데 사용할 수 있게 해 준다. 정부는 국민으로부터 자원을 동원하여야 하는데 그 수단이 조세이고 그것은 돈으로 내야 한다. 정부는 한편으로는 화폐를 발행하여 즉 돈을 찍어내서 민간으로부터 자신이 필요로 하는 자원을 동원하고 다른 한편으로는 납세의무를 선언하여 자신의 부채를 줄인다. 물물교환의 불편함을 피하기 위하여 돈이라는 '상품'이 생겨나고 그것이 거래되는 시장이 생겼다는 설명보다는, 정복 전쟁에 나선 제국이 군인들에게 코인으로 봉급을 주고 정복 당한 신민들에게는 그 코인을 세금으로 내도록 강제하였기 때문에 정복당한 주민들이 정복자들에게 세금으로 바칠 코인을 구하기 위하여 가진 것을 내다 판 것에 시장이 생겼다는 설명이 더 그럴듯해 보인다. 그리스도교 성경의 한 문단을 읽어 보자.

17. 그러면 당신의 생각에는 어떠한지 우리에게 이르소서 가이사에게 세금을 바치는 것이 옳으니이까 옳지 아니하니이까 하니
18. 예수께서 그들의 악함을 아시고 이르시되 외식하는 자들아

> 어찌하여 나를 시험하느냐
> 19. 세금 낼 돈을 내게 보이라 하시니 데나리온 하나를 가져왔거늘
> 20. 예수께서 말씀하시되 이 형상과 이 글이 누구의 것이냐
> 21. 이르되 가이사의 것이니이다 이에 이르시되 그런즉 가이사의 것은 가이사에게, 하나님의 것은 하나님께 바치라 하시니
> 22. 그들이 이 말씀을 듣고 놀랍게 여겨 예수를 떠나가니라
> – 마태복음 제22장

중앙은행은 시중은행 즉 일반의 은행에 돈을 빌려준다. 빌려준다고 해도 당장은 실물화폐가 이동하는 것이 아니고, 중앙은행의 복식부기 원장의 자산 란에 시중은행에 대한 대여금 채권이 기재되고, 부채 란에는 시중은행의 예금이 같은 금액 기재된다. 이렇게 중앙은행에 빚을 진 시중은행은, 그렇게 받은 돈을 산업자금으로, 주택구입자금으로, 가계자금으로, 기업과 소비자에게 대부하고 또 은행끼리도 빌려주고 그 과정에서 필요에 따라 실물화폐로, 또는 다른 은행이나 기업의 예금 계좌로 이체하는 방식으로 인출한다. 기업도 가계도 마찬가지 방식으로 즉 은행의 자산 란에 대출금으로, 부채 란에 예금으로 기재하는 방식으로 돈을 빌리고, 이 돈을 인출하거나 타인에게 이체하는 방식으로 물품대금을 치르고, 임금을 지급하고, 세금을 내고, 은행에 이자를 내고, 주주와 투자자에게 배당금을 준다. 물론 필요에

따라 지폐 또는 동전을 인출하기도 하지만 기업이 은행으로부터 빌린 돈, 벌어들인 돈은 대부분 은행에 예금으로 관리된다. 또 최근에는 개인의 '돈'도 대부분 시중은행에 맡겨지고 개인들 사이의 금전 지급을 통한 채무 청산은 은행의 계좌이체를 통하여 이루어진다. 그렇게 보면 정부도, 은행도, 기업도, 소비자도 모두 채무자이기도 하고 채권자이기도 하다. 일상생활에서 우리는 채무를 누적하고 채권을 얻으며 이를 적당한 시기에 합당한 방식으로 청산한다.

우리는 모두 국가라는 공동체에 태어나 그의 보호를 받으며 존속에 기여해야 하는 국민으로서 국가와 공동체에 대하여 본원적인 빚을 지고 있다. 세금은 면할 수 없다. 세금을 벌기 위하여 우리는 경제활동을 하여야 한다. 경제생활을 안하는 사람도 소비를 하면 부가가치세라는 세금을 부담하는 것이다. 보통의 노동계급, 무산계급에 속한 사람들이라도, 근로를 하면서 사용자에 대한 채권을 누적하고 급여일이 되어 사용자가 이를 지급하면 채권을 청산한다. 심지어는 근로능력 없는 사람이라도 때가 되면 국가에 대한 사회보장급여 채권을 취득한다. 수도꼭지를 틀어 물을 받을 때마다, 전기스위치를 올려 조명을 켜고 에어컨을 켤 때마다, 채무를 누적하고 지급일에 이를 청산하는 것으로 가정된다. 신용카드 사용도 마찬가지이다. 이러한 일상의 소비생활만이 아니다. 보통의 소비자는 주택이나 자동차를 구입할 때 은행으로부터 많은 금액을 빌린다. 돈은 권력이고, 국가다. 돈을 중심으로 국가는 은행과 통합되어 있고, 기업과 소비자는 국가와 은행에 의존한다. 영국 정부는 과세권을 담보로 영란은행으로부터 돈을 빌리고, 영란은행은 정부에 대한 채권 즉 보유하게 된 영국 정부 국채를 담보로 은행권을 발행하여 그것이 시중에 유통되어 금전채무의 청산에 이용된 것이 영국에서 시작된 산업혁명의 기반이라고 한다. 즉 돈과 빚은 시장경제를 뒷받침하는 권력장치라고 할 수 있겠다.

기업가는 생래적 채무자라고 슘페터는 말했다. 은행과 투자자로부터 빚을 얻어 혁신사업을 시작하여 사업성과로부터 상환할 것을 가정한다는 것이다. 왜 아니겠는가. 사업이라는 것은 대부분 실패하게 마련이기에 기업가는 그 실패로 인한 부담을 외부화 하고 싶어한다. 자기 돈으로 사업하는 사람은 거의 없고 실패의 위험은 보통 돈을 빌려준 은행 기타 채권자가 진다. 그런데도 국가는 은행을 통하여 기업에 대출을 실행하여 위험한 사업에 나서게 한다. 그렇지 않으면 기업활동의 수준이 현저히 떨어질 것이기 때문이다. 시장경제의 역동성을 금융이 받치는 것이다. 기업뿐만 아니라 가계에도 주택담보대출, 전세보증금 대출을 실행한다. 이것은 건설투자를 장려한다.

빚은 갚아야 한다. 그래야 돈이 제 기능을 한다. 대부분의 채무자는 그렇게 한다. 경제의 순환은 재화와 용역을 돈을 통하여 교환하는 것 즉 빚의 발생과 소멸이라는 과정을 통하여 원활하게 이루어진다. 돈과 빚 즉 채권과 채무는 경제적 거래의 법적 잔재이다. 그러나 약속은 자주 지켜지지 않는다. 현대의 정부가 발행하는 빚은 거의 상환되지 않는다. 게다가 점진적으로 빚의 규모를 증대시킨다. 경기침체나 코로나 역병 같은 사태가 생기면 헬리콥터 머니도 뿌려진다. 그 결과 예금 보유자들의 구매력을 손상하지만, 부동산 소유자들에게 일시적 이익이 된다. 빚을 얻어 부동산 등 투자를 한 기업과 가계는 수익률의 증폭을 기대할 수 있다. 그래서 인플레이션은 채무자를 이롭게 하고 채권자를 해친다. 게다가 인플레이션은 명목소득을 증가시키기 때문에 과세표준이 높아질수록 세율이 높아지는 소득세와 상속세 같은 조세 수입을 늘린다. 물론 국제적으로 자본을 이동할 수 있는 채권자들도 대책이 있다. 더 이상의 대부를 거절하고 채권을 처분함으로써 이자율을 올릴 수 있고 돈의 순환을 줄인다. 그렇게 초래된 경기변동의 하강 국면에서 채무자들은 부동산이나 증권,

재고 자산, 설비 등 실물 자산의 가격이 하락하는 반면 부채 원금은 줄지 않고 이자까지 높아지고 다시 원금에 가산한 금액을 청구받는다. 채무자는 가진 것을 팔고 벌어 보지만 부채 청산에는 한참 모자란다. 게다가 한 채무자가 싸게 자산을 방매하게 되면 다른 채무자가 보유한 자산도 가치가 떨어지고 채권자는 연쇄적으로 상환을 요구하게 된다. 부동산에 투자한 채무자는 헤어나올 수 없다. 말하자면, 불황은 채권자 계급의 복수라고 할 수 있겠다.

정부가 자기 빚의 가치를 떨어트려 채권을 사실상 몰수하지 않겠다는 믿음은 화폐를 경제계산의 기초로 사용할 수 있게 해 준다. 여기에 상대방이 자신의 채무를 이행할 것이라는 믿음이 있어야 상업이 활발해진다. 따라서 돈을 갚겠다는 약속은 민사법상의 권리의무로 직접 강제되어야 하며, 채무의 이행을 장려, 고무하는 간접강제 장치도 법체계와 거래관행 속에 존재한다. 그럼에도 불구하고 부채의 이행, 채권의 추심을 중단, 금지하는 것이 마땅한 상황도 발생한다. 기업과 소비자가 실패하기 쉬운데 빚은 이와 관계없이 갚아야 한다는 제약조건으로부터, 얼핏 법체계의 모순처럼 보이는 이런 상황은 불가피하게, 어떤 경우에는 대량으로 발생한다. 앞서 법 이야기의 전제로 부채의 증폭 과정을 장황하게 설명한 것은 바로 이 때문이다. 기업은 실패한다는 것, 그 법적 잔재로서 금전채무의 불이행 사태에 대처하는 법적 장치가 필요하다.

물론 비록 여기서는 전략적으로 행동하는 채권자와 채무자 사이의 피투성이가 된 긴장관계를 다루지만, 대부분의 채무자들은 자신의 의무를 성실하게 이행한다는 점을 독자들은 상기할 필요가 있다.

5. 금전채무의 특성

돈, 즉 빚은 소비, 생산, 투자 활동에 있어서 개별 가계와 기업을 강력하게 연결한다. 직접 대면하지 않는 수많은 사람들이 서로 의존할 수 있게 해 주는 매체이다. 휴대전화를 개통하고 사용할 때, 외출에서 돌아와 전등을 켜고 가스를 켜고 수도를 틀어 요리를 할 때, 우리는 통신회사, 전기회사, 가스회사, 수도사업소(지방자치단체)에 빚을 진다. 매월 요금을 납부함으로써 그 빚을 면하지만 소비활동은 늘 부채 발생의 연속이다. 반대쪽에서 보아도 마찬가지이다. 근로자는 사용자의 명령에 복종하여 임금, 급여 채권을 취득한다. 정기적으로 급여를 받으면서 이 채권은 소멸하지만 이 과정은 근로관계가 지속되는 한 계속된다. 또 이 모든 과정에 국가도 숟가락을 얹는다. 거의 모든 경제거래에는 부가가치세가 과세된다. 그뿐인가 특정 상품에는 특별한 소비세가 붙기도 하고 부담금이 붙는다. 돈을 벌어 생활이 나아지는지 여부와 상관 없이 그 버는 소득의 작은 부분 어떤 경우에는 매우 큰 부분에 소득세를 납부하여야 한다. 스스로 신고하는 것이라고 되어 있지만 만져 보지도 못하고 원천징수를 당한다.

세금은 죽음으로만 피할 수 있다. 심지어는 여기에 대하여도 상속세라는 사망세가 붙는다. 주택을 마련할 때 대부분의 가정은 주택담보대출, 전세대출을 받으며, 승용차이든 상용차이든 자동차를 구입할 때에도 할부금융에 의존한다. 내구소비재나 자본재 구입만이 아니라 인적 자본 형성에도 빚에 의존한다. 형편이 넉넉하지 않은 서민들은 자녀를 대학에 보내기 위하여 학자금 대출을 받는다.

기업활동의 영역에서 부채는 훨씬 자연스럽다. 이미 설비투자가 완성되어 있는 기업이라도 원재료를 공급 받고 인력을 고용하여 생산을 하는 과정에서 부채가 발생한다. 산출물을 매출하면서 채권, 즉 고객사의 부채가 발생한다. 이러한 과정은 가계소비에서보다 훨씬 큰 규모로 이루어진다. 게다가 개업을 하기까지 막대한 규모의 건축, 설비 투자가 필요하다. 이러한 자금은 부채를 이용하여 조달하는 것이 유리하다. 앞에서 보았듯이 레버리지 효과는 시장의 수익률이 차입금의 조달이자율을 상회하는 한 이득이 증폭되게 하고 반대의 경우에는 대부자에게 위험을 이전하게 한다. 더욱이 빚이라는 남의 돈을 조달해 오게 되면 세법상의 우대효과가 있다. 채권자에게 지급하는 이자는 기업의 소득을 계산함에 있어서 비용으로 처리할 수 있다. 물론 기업활동에도 당연히 국가는 동업자이다. 산출에는 부가가치세가, 비용을 제외한 소득에는 법인세, 소득세가 붙으며 배당되는 소득에는 소득세가 다시 추가된다.

 돈은 자유의 기반이다. 금전으로 표시되는 채무는 돈을 가진 자를 자유롭게 한다. 사람의 의무를 인격적 관여도에 따라 직접 해야 하는 의무, 노동을 하여 그 성과를 주어야 하는 의무, 숫자로 표시되는 일정액의 금전을 지급하여야 할 의무로 나눌 수 있다. 첫 번째의 전형적 형태는 고대의 노예노동이 되겠다. 현대 사회에서도 연예인, 직업운동가, 의사, 변호사 등의 직무도 본질은 그러하다. 노예는 경제외적 강제로 일하게 하고 전문직업인은 높은 보수의 약속으로 일하게 한다. 둘째 의무는 연간 몇 날 또는 쌀 몇 가마와 같이 비록 시간 또는 산출물 관점에서 객관화되어 있지만 이것을 이행하기 위하여 채무자는 보통 자신이 노동할 수밖에 없다. 영주, 지주에 대한 농노, 소작인의 의무가 그것이다. 현대에도 연예인의 매니저 계약과 같은 형태로 남아 있다. 셋째 금전채무는 사람의 인적인 관여를 전혀 요구하지 않는 순전히 객관적인 의무이다. 그 이행은 결코 인격을 구속하지 않고 채무자가 어디에서 돈을 마련해 오는지도 중요하지 않다. 돈은 가분적이고 무한히 소유할 수 있는 가치로서 일반적인 사물과는 달리 소유자에게 영향을 미치지 않는다. 따라서 돈으로 지급하는 의무는 완전히 객관화, 탈인격화된 것이다. 돈이 있다면 사람들은 인격적인 자유와 내면세계의 일부분을 포기할 필요 없이 다른 사람과 연합하고 협력을 얻을 수 있다. 화폐경제에서 돈을 가진 자는 최대한의 자유를 보장받는 특별한 종류의 상호의존관계를 누리게 된다. 사람들의 행복감이 자유에서 나온다면, 돈은 대부분의 행복을 보장한다.

돈을 지급할 의무는 반대의 작용을 한다. 객관화된 부담이므로 피할 수 없다. 돈이 없는 자는 자유를 누리지 못하는 것을 넘어, 의무로부터 벗어나기 위한 돈을 마련하여야 한다. 가진 것을 팔아 또는 일을 하여 급여를 받거나 새로운 빚을 져야 한다. 가진 것이 없는 자가 돈을 얻을 수 있는 원천은 노동이다. 적당한 부채는 채무자를 근면하게 하기도 한다. "나가라 일터로, 나에겐 빚이 있다"는 표어가 있다. 금전채무는 사람들이 일을 더 하게 한다. 벌어서 갚아야 하기 때문이다. 19세기에 유럽의 식민주의자들이 아프리카 어느 지역의 원주민에게 부과한 세금의 이름이 '근면세'였다고 한다. 그러나 금전채무는 채무자를 파멸하게 할 수 있다. 노예나 농노보다 못한 삶을 만들어 낼 수 있다. 노예나 농노는 일을 하는 것으로 그 의무를 전부 이행할 수 있다. 그러나 금전채무는 인간이 노동으로 해결하는 것이 아니고 무한히 늘어날 수 있다. 일단 임금으로 조성하는 소득에서 생계비를 제외한 돈, 즉 가처분소득이 부채를 상환하기에 부족해지기 쉽다. 이렇게 되면 채무자는 영원히 갚지 못하는 부채에 빠진다. 일상적인 노동으로 부채를 면할 수 있는 범위를 벗어나게 되면, 일상적인 벌이가 아니라 한몫의 횡재밖에 남지 않는다. 부자와 결혼하여 증여, 상속을 받거나 복권 당첨이나 도박 같은 사행 행위가 그것이며 증권투기나 속임수와 폭력으로 횡재를 실현하는 범죄 즉 사기, 절도, 강도가 그것이다.

　　　채무를 면하기 위하여 채권자를 해하거나, 변제자금을 마련하기 위하여 저지른 강력사건은 자주 뉴스가 된다. 도피하는 사람들도 있다. 수도 없이 많은 사람이 주소를 이전하고 익명으로 경제활동을 하며 산다. 속세를 등지고 자연에 들어가 건강식을 하며 사는 사람들 정도나 되어야 프로그램 소재가 되며, 송파 세 모녀, 수원 세 모녀와 같은 사연 정도나 되어야 뉴스가 된다. 마포대교 투신 정도로는 뉴스가 되지 못한다. 이것 모두 부채가 가지는 외부성이다. 범죄는 사회공동체의 안녕을 해친다. 극단적인 선택은 친족뿐만 아니라 아무 관계가 없는 사람들도 우울하게 한다. 사람들이 달아나 버리면 근면성이 요구되는 경제활동은 누가 하는가. 기업이 생산하는 물건을 누가 사며, 누가 새로 빚을 져서 금융산업을 뒷받침하는가. 세금은 누가 내는가.

물론, 부채가 상환될 것이라는 믿음은 돈으로 연결된 현대의 경제생활에 필수적인 것이기에, 부채의 상환은 장려되고 법적으로 강제되어야 한다. 이것이 원칙이다. 그럼에도 불구하고, 어떤 임계점을 넘어가는 사태가 발생하는 것을 방지하기 위하여 때로는 부채 상환 의무를 면하게 하고 그것을 금지할 필요가 있을 수 있다. 국가는 평화를 해치지 않도록 평상시 사회적 안전밸브를 유지하고자 하며 긴장이 고조되어 불안이 발생할 때는 과격한 채무 감면 조치를 저지르기도 한다. ●

2장

채권추심과 채무상환의
밀 고 당 기 기

1. 압박과 회피

　　부채는 갚아야 한다. 그것은 도덕적 요구로서, 법적 의무로 확립되어 있다. 하지만 채무자가 빚을 갚지 못하는 상황은 발생하기 마련이다. 채무자가 가진 자산의 가치가 채권자들 모두를 만족시키기에 부족하게 되면 채무자는 심리적 복잡성에 직면한다. 이 상황은 돈을 받지 못하게 될 위험에 직면한 채권자에게도 근심스럽다. 이제 채권이 성립하고 이행되어 소멸하는, 민법에 전형적으로 규정된 통상의 과정을 지배하는 신의칙(민법 제2조)에 대한 기대는 퇴조한다. 채무자와 채권자 사이에, 또 채권자들 사이에 신용과 역할기대가 충족되던 우호적 관계는 영악한 계산과 밀고 당기는 압박으로 피투성이가 된다.

　　채무자는 부채를 청산함으로 인하여 부담하는 비용과 이에 따라 얻는 편익을 고려하여 자신의 행동을 결정할 것이다. 어떤 부채를 얼마나, 또 언제 갚을지, 어쩌면 도대체 갚을 것인지 말 것인지에 대해 끊임없이 결정을 내린다. 그 결정을 내리는 과정을 인식하는 정도는 예산상의 제약에 의존할 것이디. 제약이 별로 없다면 결정은 극히 포괄적으로 무의식적으로 이루어질 것이다. 입출금통장에 돈이 많이 쌓여 있거나 대월약정(마이너스통장) 한도가 충분히 높은 가계는 신용카드 청구서나 자동이체되는 보험료, 통신료에 대하여 별 신경을 쓰지 않을 것이다. 반대로 가진 자금이 부족하거나 부채가 많은 사람은 어떻게 현금을 조달하여 채무의 압박을 면할 것인가를 끊임없이 고민할 것이다. 현금을 마련하지 못하여 지급불능이라는 불가피한 운명이 임박하였을 때에도, 도피할 것인가 채권자에게 맞설 것인가, 불법적인 방법으로라도 현금을 마련할 것인가, 외부의 보호를 구할 것인가를 고민할 것이다.

이러한 평가 과정은 고민하는 채무자를 앞에 둔 채권자도 겪을 것이다. 채권자는 채권 전액을 지급받는 것을 선호할 것이다. 그러나 그것은 비현실적이다. 채무자는 즉시 부채를 갚을 의사도 능력도 없다. 전형적인 비용 편익 분석의 틀에서, 회피기동을 하는 채무자로부터 연체된 채권을 회수하기 위하여 어떤 행동이 효과적인지 숙고해야 한다. 법과대학과 로스쿨에서 민법과 민사소송법 강의를 듣기 시작한 학생들에게서는 "채무자가 돈을 주지 않으면 채권자는 민사소송을 제기하여 승소 판결을 받고 강제집행을 실시하면 된다"는 답변을 들을 수 있을 것이다.

그러나 많은 경우 이 대답은 타당성이 부족하다. 예를 들어, 10만원의 요금을 연체한 채무자로부터 채권을 회수하기 위하여 법원에 소액 사건 소장을 제출하는 것은 소요되는 비용 이상의 가치가 있다고 생각하기 어렵다. 직접비는 물론 채권자에게 발생하는 인건비, 기회비용까지 감안하면 법적 절차의 진행은 그다지 매력적이 아닌 선택일 가능성이 크다. 고의든 아니든 고속도로 통행료를 납부하지 않고 톨게이트를 지나간 운전자에게 미납 요금을 우편으로 고지하는 것을 넘어 소송까지 나가는 것은 전혀 현실적이지 않다.

따라서 채무자의 자발적인 이행을 기대할 수 있도록 채무자에게 접근하는 것이 거의 모든 채권추심의 첫 단계이다. 물론 채무자가 도피하거나 재산을 감출 것이라는 위험을 채권자가 인식하는 경우에는 생략하지만, 그러한 경우는 예외적이다. 대부회사는 연체한 고객에게 연체 사실을 고지하는 텍스트 문자를 보내고, 텔레마케터가 전화를 걸어 부드러운 말로 명예심, 도덕심에 호소하는 한편 채무의 연체가 신용에 나쁜 영향을 미쳐 향후 금융서비스를 받을 자격을 상실하여 경제활동에 제약을 받을 수 있다고 친절하게 안내한다. 이런 방식만으로도 연체한 채무자는 심한 정신적 압박을 느낀다. 통화 내용에 법무팀에 이관하여 가정 방문과 법적 조치를 취할 것이라는 내용이 포함되면 통상의 채무자는 좌절한다. 게다가 거의 모든 상황에서 채권자는 한두 군데가 아니다. 모든 채권자를 만족시킬 수 없다는 채무자의 상황은 각 채권자가 알기에, 다른 채권자들에 앞설 수 있도록 채무자를 설득하기도 하고 심지어는 채무자와 공모하여 다른 채권자의 것을 갚지 않고 자신의 것만 갚도록 하는, 일종의 사해행위를 하기도 한다. 수도 없이 많은 전화와 우편을 통한 접근은 마음이 약한 채무자에게는 폭력이다. 그에 대한 공포는 채무자를 도피하게 만들기도 한다. 가끔은 다른 세상으로 간다. 물론 이러한 채권추심을 위한 노력이 실제로는 아무런 해를 끼치지 않는다는 것을 잘 아는 영악한 채무자도 있다. 이런 사람들은 굳이 파산, 개인회생 같은 법률의 보호에 의존할 필요 없이 자신의 명의로 신용 경제에 진입하는 것을 포기하고 오랜 기간 잘 지내기도 한다. 수중의 현금 29만원이 전 재산이라고 주장한 후 30년을 살다 간 전직 대통령이 전형적인 예로 제공되지만, 일반인들이 주위에서 발견할 수 있는 실패한 사업가 중에도 많이 있다.

추심활동이 유효하다고 한들, 언제나 채권자가 이런 행동을 할 가치가 있는 것은 아니다. 그러한 활동에 비례하여 늘어나는 전화료, 우편료, 교통비뿐만 아니라 가장 중요한 인건비와 간접비가 있다. 또 강력한 추심행위가 잠시 어려움을 겪는 고객과 좋은 관계를 끊어버릴 가능성도 고려해야 한다. 예를 들어 학원비가 밀렸다고 학원이 학부모에게 강력한 추심을 하거나 학생의 등원을 막는다면, 학원의 운영자는 장차 지속해서 현금을 바칠 가능성이 있는 고객을 포기하는 것일 수 있다. 이런 상황에 처하면, 채권자는 기존에 밀린 것은 유보하고 향후의 서비스에 대한 대가를 우선 납부하도록 채무자를 배려하는 것이 더 나은 대안이라고 느낄 수 있다. 어떤 경우에는 새로이 발생하는 수업료 채무도 외상으로 처리하는 것이 현실적일지도 모른다.

반면에 들이는 비용에 비하여 기대할 수 있는 회수액이 적다고 하여 일률적으로 채권추심을 포기하는 것도 적절하지 않다. 채권자에게는 잠재적으로 연체에 빠질 수 있는 고객 집단이 있다. 이들은 동질적이다. 누가 채권자에게 빚을 갚지 않고도 멀쩡하게 안온한 생활을 영위하고 있다고 소문이 나게 되어 다른 고객도 연체를 주저하지 않을 가능성이 있다고 채권자는 느낄 수 있다. 이 경우 채권자는 본보기로라도 연체한 채무자에게 추심을 위한 강력한 압박을 실시하려고 할 수 있다. 이것은 당장 문제가 된 바로 그 채권을 회수하는 것 이상의 편익을 준다. "빚을 갚지 않으면 당신은 이렇게 불편하게 될 것이다"라는 신호를 주는 것은 확실히 고객 길들이기에 유효하다. 사채업자를 악마화하는 드라마를 고금리 대부업계에서 후원한 적이 있다는 것은 가혹한 추심행위의 일반예방적 효과를 업자들이 믿고 있다는 점을 시사한다.

전형적인 채무자는 연체의 고통에 관하여 심한 정신적 압박을 받는다. 어떤 경우 남의 돈을 빌려서라도 또는 속여서라도 빼앗아서라도 빚 갚을 돈을 마련한다. 이런 행동은 자주 범죄로 처벌받기도 한다. 물론 채무자로서도 채권자의 추심 노력을 좌절시키려고 행동할 수 있다. 전화를 피하거나, 채권추심인의 전화번호를 수신 거부로 설정하기도 하고 아예 전화번호를 바꾼다. 이사를 다니고 직장을 그만두는 것도 채권자의 노력을 저해한다. 주민등록을 실거주지 아닌 곳에 올려놓아 채권자들이 찾기 어렵게 하는 편법은 너무나 흔하게 행하여진다. 어떤 경우 도시에서의 생활을 포기하고 '자연인'이 됨으로써 피하기도 하고, 외국으로 가기도 한다. 어떤 사람은 다른 세상으로 도피하기도 한다. 하도 많으니, 요즘은 '극단적인 선택'이라는 말을 쓸 정도이다. OECD 국가 중에서 한국이 자살률 1위가 된 것은 꽤 오래된 일이다. 물론 수양이 많이 된, 맷집이 세진 채무자도 있다. 채권추심인이 무슨 말을 하든 무슨 행동을 하든 가만히 둔다. 이런 경우 채권추심인이 지친다. 더 이상의 추심행위는 채권추심인에게 비용과 시간의 낭비를 가져올 뿐이다. 별로 실효성 없을 법적 조치를 제외하고 채권자와 채무자 사이의 압박과 회피기동은 멈추는 것이 대부분이다. 피투성이가 된 관계라고 하더라도 지속가능성은 없다. 이것은 부채 금액이 많을수록 그러하다. 수십억 원 빚진 사람이 수천만원, 수백만원 빚진 사람보다 추심행위의 상대방이 될 가능성이 크다.

　　하여튼, 이러한 추심행위에 의하여 어떤 채무는 법적 절차에 의하지 않고도 전부 또는 일부가 변제된다. 심지어는 채무가 갚아야 하는 것인지에 관하여 다툼이 없고 채무자가 제때 상환하지 못하는 경우에도 지급을 강제하기 위한 법적 조치가 즉시 행하여지는 경우는 예외적이다. 비록 법원은 수도 없이 많은 채권추심 소송을 취급하지만, 그러한 법적 조치 없이 회수되는 채권, 채무에 비하면 공식적인 법적 절차는 채권추심과정의 극히 일부에 지나지 않는다. 채무자가 아무것도 가진 것이 없는 경우라면 어떠한 판결이 내려진다고 하더라도 채권자는 아무것도 회수할 수 있는 것이 없다. 판결이 소용없는(judgment-proof) 상황임을 발견하기보다는 채권자로서는 채무자의 자발적 변제에 호소하는 것이 채권 회수에 유리하다. 예를 들어 채무자는 강제집행으로부터 면제되는 재산 예를 들어 전세보증금을 받아 임의변제를 할 수 있다. 친척, 친지에게서 또는 다른 금융기업으로부터, 다른 대부업자에게 돈을 융통하여 갚을 수 있다. 이러한 상환 재원은 강압적인 소송과 강제집행으로는 실현할 수 없다. 따라서 채권자는 자발적인 해결을 장려하고 또 채무자의 동기를 전환하는 간접강제 방식을 선호한다.

이쯤 되면 독자들로서는 어차피 채권자와 채무자 사이의 관계를 정하는 법을 마스터한다 한들 별 소용이 없으니 더 이상 이 책을 더 읽을 필요가 있을지 의문을 가질지도 모르겠다. 물론 채권자와 채무자 사이의 관계 중 극히 일부만이 법률에 따라 처리되고 법률전문인의 조력을 필요로 하는 것은 맞다. 그러나, 채권자와 채무자 사이의 법률에 정통하지 못한 사람은 이들에게 유효한 조언을 제공해 주지 못하는 것도 사실이다. 공식적인 민사, 상사법과 소송법 및 도산법에 대하여 약간이라도 이해하고 있다면, 비공식적인 채권추심과 채무상환의 밀고 당기기라는 긴장 관계에서 전략적인 선택과 행동을 하는데 길잡이로 삼을 수 있을 것이다. ●

2. 채권 회수를 위한 사전조치

- **특별약관**

채권자와 채무자 사이에 표면적으로 우호적이던 관계가 피투성이가 되는 단계에서 일어나는 어려움이 있다면, 채권자로서는 이를 극복하기 위한 예방조치를 채권, 채무를 발생하는 거래를 시작할 때부터 강구할 필요가 있다. 우선 계약서에 채무자의 행동을 제약하는 특별한 조항을 포함시키는 것은 거의 비용이 들지 않는다. 예를 들어 채무자에 대하여 강제집행이나 파산, 회생절차 개시와 같이 재무 건전성이 손상되었음을 시사하는 사태가 발생한 때에는 대출의 만기가 도래한 것으로 보아 즉시 부채를 상환하여야 한다는 규정을 둘 수 있다. 기한의 이익 상실 약관이라고 한다. 또 사업자인 채무자가 대출금을 미리 정해진 용도에만 사용할 의무, 자기자본을 일정 비율 이상 유지할 의무, 회계사의 감사를 받고 채권자에게 재무제표를 보고할 의무를 대출계약에 포함시키거나, 채무불이행에 대하여 거액의 위약금과 높은 연체이율을 설정하는 것이다. 어떤 경우에는 채권자가 지정하는 자를 재무 담당 임원이나 직원으로 고용하도록 하기도 하고, 새로운 부채를 지는 것을 금지하기도 한다. 채무자의 자유를 제한하고 채무자를 감시하는 이러한 장치는 채무불이행의 가능성을 줄여 채권자의 권리를 관철하기 위한 보조적인 의미를 갖는 한 보통은 유효한 것으로 승인될 것으로 기대할 수 있다. 레버리지가 높은 경우에는 차입약관에 이런 약관을 포함시키는 것은 정당화되기 쉽다. 실질적으로 위험을 부담하는 주인은 채권자이기 때문이다.

- **보증은 하는 순간부터 채무자이다.**

소비자인 채무자의 가족, 친족, 친지나 기업의 주주나 임직원 그 가족 등 제3자가 부채를 대신 갚아 주기로 약정하는 보증계약도 채무자에 대하여 압박 수단으로 작용하고 채권의 회수 가능성을 상당히 높인다. 또 보증을 제공하는 것 자체가 금융산업이기도 하다. 신용보증기금 기술보증기금과 같이 공기업의 형태를 띠기도 하고 민간의 주식회사도 있다. 법률상으로는 보증채무가 주채무에 대하여 보충적인 지위에 있는 것처럼 보인다. 즉 주채무자가 연체한 경우, 보증인이 채무를 이행할 의무가 있다(민법 제428조 제1항). 보증인이 청구를 받은 때에는 주채무자에게 먼저 받아보라고 항변할 수 있다(같은 법 제437조 제1문). 보증인이 대신 갚은 때에는 주채무자에게 갚은 금액을 상환하라고 할 수 있다(같은 법 제441조, 제442조). 그런데 보증계약이라는 것은 주채무자의 무자력인 상태에 대비하여 체결되는 것이므로 '주채무자에게 돈이 있으니 거기에서 먼저 받으라'는 항변을 제출할 수 있는 경우는 거의 발생하지 않는다. 그나마 주채무자와 연대하여 채무를 부담한다는 '연대보증'의 경우에는 보증인에게 먼저 가보라는 항변도 못 한다(같은 법 제437조 제2문). 금융거래 실무에서 대부분의 보증 문언에는 "연대하여" 또는 "연대보증인"이라는 표현이 들어가 있다.

그렇다면 실제로는 보증인이 채권자에게 1차적으로 책임을 지고 그 결과 입은 손실을 채무자에게 회복하라는 청구를 하는데, 막상 보증인의 구상채권은 즉시 추심할 가능성이 크지 않다. 법적 형식과 경제적 실질의 괴리는 여기에서도 발견된다. 보증계약은 보증인이 채권자로부터 돈을 빌려 그것을 주채무자에게 다시 빌려주는 것과 다르지 않다. 즉 보증인은 주채무자가 이행 자력이 있다고 사실을 선언하는 것이 아니라, 1차적인 채무자이다. 오히려 보증인이 이행하고 난 후 2차적인 구상채무를 주채무자가 지는 것으로 이해하는 것이 거래 현실에 부합한다.

보증인의 1차적 채무를 일단 주채무자가 대신 갚는 것으로 약정한 것일 뿐이다. 보증은 하는 순간부터 채무자이다. 주채무자가 빚을 안 갚는 순간 채무자가 되는 것이 아니다. 이것은 채무자를 추가하는 것을 넘어 보증인을 실제의 대부 채무자로 만드는 역할을 한다. 우선 기업의 지배주주와 경영자로 하여금 법인의 채무에 대하여 보증을 제공하게 하는 것은 법인의 독립성이나 유한책임이라는 원칙을 우회하는 효과가 있고, 소비자금융에서 친족에게 보증을 하게 하는 것도 그 보증인을 실제 소비자의 지위로 끌어들인다.

상업적인 금융중개자는 낮은 이자율에 돈을 빌려 예대마진을 가산하여 높아진 이자율로 돈을 놓는 것과 마찬가지로, 상업적인 보증제공자는 그런 예대마진과 거의 비슷한 비율로 산정한 보증수수료를 받을 것이다. 일종의 대출 영업이다. 물론 친족, 친지나 회사의 임원같이 주채무자와 특수한 관계에 있는 사람이 보증을 할 때에는 위와 같은 보증의 위험에 대한 보수가 생략되는 경우가 많다고 한다. 이것은 사실상 증여이다. 그 금액은 채무가 제대로 이행되는 경우라면 가상적인 예대마진이나 보증수수료에 상당하는 금액일 것이고, 주채무가 이행되어 보증인이 갚은 때에는 그 금액 전체일 것이다.

보증인은 채권자에 대하여는 1차적 채무자이지만 주채무자에 대하여는 채권자이다. 주채무자는 채권자에게 부담하는 심리적 압박을 보증인에게도 가진다. 채권자에게 상환하는 것은 보증인에게 1차적 채무를 면하게 하는, 즉 보증인이 채권자에게 상환하는 이익을 준다. 상업적이지 않은 동기에서 무상으로 보증을 제공한 보증인은 주채무자에 대하여 매우 특별한 지위에 있는 것이 보통이다. 따라서 모든 채권자에게는 상환할 수 없지만 그래도 특정 채권은 설령 전부가 아니라 일부 변제할 수 있는 자력이 있을 때, 채무자는 그와 같이 특별한 소중한 관계에 있는 사람이 보증인이 되어 있는 부채를 갚을 인센티브가 생길 수 있다. 바로 그와 같은 동기에서 우러난 편파적 변제가 있을 것을 기대한다면, 채권자 입장에서는 더욱더 채무자에게 친족 등 특수관계인의 보증을 장려하게 될 것이다.

채권자와 보증인 사이에는 정보의 비대칭이 있기 쉽다. 앞에서 보았듯이 보증채무의 경제적 성격은 채권자는 주채무자가 갚지 않을 수 있다는 점을 수용하고 이에 대비하는 것인데, 대가 없이 보증인이 되는 사람은 주채무자가 차질 없이 이행할 것이라고 낙관할 수 있다. 그런 근거 없는 가정에 조력하는 것은 보통 보증을 부탁한 주채무자일 것이지만, 채권자도 적극적이건 소극적이건 보증인이 착오에 빠지게 하는데 공범이 되기도 한다. 그런데, 주채무자의 자력과 이행 의지에 관한 착오는, 적어도 채권자와 보증인 사이의 관계에 있어서는, 명시적으로 표시되지 않는 한 계약의 효력에 영향을 주지 않는 동기의 착오에 해당할 뿐이다. 주채무자의 변제자력에 관한 착오가 있었음을 이유로 보증계약을 취소할 수도 없다. 그리하여 보증인으로 기명날인한 경우에는 자동으로 이행책임을 지는 것이 전통적인 실무가 되었다. 오죽하면 보증 서는 자식은 낳지도 말라는 격언도 생길 정도로, 경제 불황의 발생에 수반하여 주기적으로 대량의 보증채무자가 생겼다. 이들은 피해를 본 채권자이기도 하다. 그들의 목소리는 크다. 이들 '보증피해자'들의 피해를 방지하고 합리적인 보증계약 관행을 확립함으로써 신용사회 정착에 이바지함을 목적으로 한다는 보증인 보호를 위한 특별법이 제정되었고, 그중 주채무자의 자력에 관한 주요 정보를 채권자가 보증인에게 알리도록 하는 규정은 민법으로 편입되어 있다(민법 제426조의 2). 채권자가 보증인을 속이는 약탈적인 보증 강요행위에 대하여 전면적으로 효력을 부인하는 정도에는 이르지 못하고 있어 이들 규정의 실제적 효과가 어느 정도일지는 의문이지만, 금융기관이 여신을 실행하는 데 있어 지켜야 할 절차적인 규제의 역할은 할 것으로 가정할 수 있겠다.

중소기업의 대표를 보증인으로 세우는 금융 관행에 대해서는 강한 비판이 있었다. 그 결과 주로 신용보증의 형태로 정책금융을 제공하는 공공기관은 대표자 개인으로부터 보증을 받는 관행을 철폐하였다. 그 대신에 회계감사보고 및 주주 구성 유지를 비롯하여 '성실한 경영'을 서약하는 약정을 경영자 개인과 체결하여, 이에 위반하는 경우, 회수하지 못한 대출금에 상당하는 금액의 배상을 하도록 하는 경우가 많다. 기업이 실패한 후 한참 뒤에 성실경영의무 위반을 이유로 한 손해배상 소송이 제기될 가능성에 대하여도 기업의 대표자는 보증채무에 준하여 대비할 필요가 있다. 주식회사의 주식을 인수하는 방식으로 투자를 행하는 자본가는 투자를 유치한 기업가에게 발행회사의 채무불이행에 가까운 일정한 사태가 발생하였을 때에는 주식을 미리 정해진 금액 예를 들어 주식 인수금액에 이자를 붙인 금액에 환매하도록 강제하는 약관을 계약에 포함시킬 수 있다. 말하자면 풋옵션(put option)이다. 이것은 보증과 거의 같은 작용을 한다. ●

3. 담보와 우선특권

- 담보의 설정

　　채권 회수의 가능성을 높이는 보다 확실한 사전적 예방조치는 채무자의 재산에 설정되는 물적 담보를 받는 것이다. 기업에 대한 대부에 나서는 금융기관은 가능한 한 기업자산의 실질적 전부를 담보로 받으려고 노력한다. 앞서 레버리지에 관한 설명에서 보았듯이, 담보를 받는다 하더라도 담보가치가 충분하지 못하여 대출금의 전부 회수에 부족할 수도 있겠지만, 그럼에도 불구하고 기업의 생산설비를 은행이 장악하는 것은 담보가 제공하는 세 가지의 유용한 기능 때문이다. 첫째는 기업가를 제압하는 것이다. 채무자인 기업이 조업을 하는 한 설비는 생산 활동을 지속하게 해 주는 기반이다. 이것을 회수 당하면 채무자는 사업을 접어야 한다. 그렇게 되지 않으려고 채무자인 기업을 운영하는 기업인은 부채를 반드시 상환하려고 하는 심리적 기제에 지배당하게 된다. 둘째는 다른 채권자를 배제하는 것이다. 기업자산의 대부분이 담보로 제공되어 있다면 다른 금융업자는 기업에 대하여 추가로 대출을 결의하기가 쉽지 않다. 즉 채무자인 기업이 다른 금융업자로부터 대출을 받아 부채를 증대시킬 위험을 낮춘다. 물론 높은 금리와 경영간섭 같은 불리한 조건을 내걸고 채무자인 기업에 신규 여신을 시행하여 이것을 계기로 기업의 지배를 탈취하는 사채업자들도 있다. 그래도 기업자산의 거의 전부에 담보를 가진 채권자의 순위는 침해받지 않는다. 셋째, 채무자가 연체하면 담보목적물을 처분하여 그 대가를 원리금의 일부 또는 전부에 충당한다.

담보는 기업의 재산 예를 들어 공장 같은 생산시설, 점포나 사무실 같은 영업장을 구성하는 토지 건물 같은 부동산, 설비와 재고 자산 같은 동산, 재화와 용역을 공급한 대가인 매출채권 등 양도할 수 있는 재산에 대하여 그 소유자가 저당권(민법 제356조), 질권(같은 법 제329조)을 설정하여 주는 방식으로 성립한다. 저당권과 질권의 차이는 담보로 제공되는 재산의 점유가 담보권자에게 이전되는지 여부에 달려있으므로, 원칙적으로 법원이 감독하는 등기소에 등기함으로써 재산권이 양도되는 (같은 법 제186조) 토지, 건물 즉 부동산에 대하여는 그 설정 사실을 등기함으로써 성립하는 저당권이, 현실적인 지배 즉 점유의 이전으로 재산권이 이전하는 동산(같은 법 제1288조 제1항)

과 그 밖의 재산 즉 채권, 지분, 주식에 대하여는 질권이 인정된다. 담보는 소유권의 개수에 따라, 재산 항목마다 설정하는 것이 자연스럽겠으나(일물일권주의), 등기, 등록이라는 공시방법의 적용이 확대됨에 따라서, 공장이나 광산을 구성하는 기업재산 모두를 1개의 재산으로 보아 이에 대하여 저당권이 설정되기도 하고(공장 및 광업재단 저당법 제12조 제1항), 장래에 취득할 재산을 포함하여 담보목적물의 종류, 보관장소, 수량을 특정하여 집합적으로 동산담보권이 설정되기도 하고(동산, 채권 등의 담보에 관한 법률 제3조 제2항), 채무자의 특정 여부를 묻지 아니하고 여러 개의 채권을 종류, 발생원인, 발생 시기 기타 특정할 수 있는 범위 내에서 집합적으로 채권담보권이 설정되기도 하며(같은 법 제34조 제2항), 기업의 무형자산을 구성하는 지식재산권(같은 법 제59조), 선박(선박등기법 제3조), 건설기계, 소형선박, 자동차, 항공기, 경량 항공기(자동차 등 특정동산 저당법 제3조)에도 담보가 설정되기도 한다. 즉 양도 가능한 자산은 전부 담보의 대상이 되는 것이다.

법정의 방식에 의하지 않고 재산에 대한 소유권 기타 권리를 채권자에게 일단 양도하되 채권이 변제되는 한 양도인이 계속 사용하는 것을 내용으로 하는 양도담보도 유효한 것으로 인정되며 법적 형식에도 불구하고 담보권의 일종으로 취급된다(가등기담보 등에 관한 법률 제2조 제1항 제1호). 임차보증금도 담보권으로서의 성격이 인정되는 경우가 있다(주택임대차보호법 제3조, 제3조의2, 상가건물 임대차보호법 제3조, 제5조). 예를 들어 의료기관이 국민건강보험공단에 대하여 가지는 급여청구권과 같이 지명채권 특히 계속적으로 발생하는 채권의 양도도 채권의 양도담보로 평가될 수 있다(대법원 2013. 3. 28. 선고, 2010다63836 판결).

담보는 어느 것이나, 채무의 변제가 이루어지지 않는 경우 채권자가 담보물을 처분하여 그 매각 대가로부터 비용을 제외한 나머지 금액으로부터 다른 채권자에 우선하여 채권에 충당할 수 있는 것을 본질적 요소로 한다. 채무가 이행되고 있는 한 법률적으로 담보는 행사할 수 없으므로 일종의 조건부 권리인 것처럼 보이지만, 그것은 피상적 관찰이다. 비록 원칙적으로 법원의 감독 하에 시행되는 경매라는 방법을 사용하지만, 어디까지나 담보권자는 임의로 담보물을 처분할 수 있고, 이를 저지하기 위해서는 담보설정자가 피담보채무가 이행되고 있음을 증명하여야 한다. 따라서 재산권의 교환가치는 이미 담보권자에게 현실적으로 이전해 있는 것으로 평가할 수 있다. 즉, 담보는 유효하게 성립한 바로 그 순간 담보권자가 그 피담보채권의 범위 내에서 담보설정자보다 상급의 권리가 있고 이에 반하여 담보설정자는 비록 법률상의 '소유자'라고 공시되어 있더라도 경제적, 실질적으로는 담보권자보다 하위의 재산권자로서 다만 피담보채무 전부에 해당하는 금액으로 담보물을 사올 수 있는 콜옵션(call option)을 가지고 있을 뿐이라고 평가하는 것이 정당하다.

　　　　경제적 실질을 보면, 자본가가 돈을 빌려주어 물건을 사게 하고 그 물건에 대하여 담보를 설정받고 이자수익을 받아내는 것은, 자본가 자신이 물건을 사서 그 물건을 빌려주고 사용료를 받아내는 것, 즉 리스와 실질에 있어서 다르지 않다. 즉 대출을 선택할 것인가 리스를 선택할 것인가는 계약당사자들의 전략적 판단이다. 투자 경험이 많은 부동산중개사 R씨가 B 은행으로부터 7억원을 연이자 5%에 대부받아 자신의 돈 3억원을 합하여 S씨가 보유한 아파트를 10억원에 매입한다고 가정해 보자. L씨는 연간 원금 7억원의 5%인 3,500만원의 이자를 내고 아파트에 거주한다. 큰 빚을 지기 싫어하는 변호사 A씨는 자신의 돈 3억원을 임차보증금으로 내고 같은 급의 아파트를 렌트한다고 가정해 보자. 법률상 소유자는 세금도 내야 하고, 제3자에 대한 손해배상책임(민법 제758조 제1항 단서)과 앞에서 본 레버리지로 인한 위험 프리미엄도 고려하여야 하니 아마도 A씨가 부담하게 될 명목 월세는 R씨가 부담할 이자보다는 클 것이다. 일단 이것을 무시하기로 하면 L씨가 집주인에게 내는 월세는 R씨가 은행에 내는 이자나 비슷할 것이다. 빚 얻어서 자기 집에 사는 R씨나 보증금 내고 월세 사는 A씨나 경제적 실질은 비슷하다. R씨는 은행에 돈 사용료를 내고, L씨는 집 주인에게 아파트 사용료를 낸다. 법률적으로 R씨는 채무자 포지션에 서고, L씨는 채권자 포지션에 선다는 점이 다를 뿐이다. 이들의 지위를 변동하게 하는 것은 가격의 변동이다. 앞에서 본 바와 같이 인플레이션은 채무자를 매우 이롭게 한다. 전반적인 물가 수준이 일률적으로 30% 올랐다고 가정하여 보자. R씨는 자신의 집을 팔면 13억원을 받을 수 있다. 이 돈으로 7억원의 빚을 갚으면 6억원을 받을 수 있다. 자신의 돈을 투자한 것은 3억원이었으니, 배 장사를 한 것이다.

국민경제에서 가장 큰 채무자는 정부와 은행이다. 따라서 정치·경제적 관점에서 지속적 인플레이션이 실현될 것이라고 기대하는 것은 자연스럽다. 그러나 화폐가치 안정에 대한 가정이 손상될 정도의 인플레이션은 화폐와 부채에 의존하는 자본주의 체제를 파괴하기에 정부와 은행은 가끔 자산 가격의 하락도 유도한다. 채권자 계급의 복수이다. 이런 국면이 되면 법률상의 소유권은 의미를 축소한다. 어떤 재산을 소유한다는 것이 그에 대한 포괄적인 지배를 의미하는 것이고, 그러한 권능을 부여하는 이유는 그 재산에 대하여 채권자의 몫을 공제한 잔여가치를 가지는 자가 가장 잘 활용하려고 노력할 것이라는 가정 때문이라면, 담보로 제공된 재산에 관한 법률상의 소유명의가 누구에게 있는가는 기만적일 수 있다. 재산의 가치가 하락하면 위험이 전적으로 채권자에게 이전하기 때문이다. 예를 들어 아파트 가격이 3억원이 떨어졌다고 가정해 보자. R씨는 자신의 집을 팔아서 7억원을 회수할 수 있다. 투자금 3억원은 전부 회수불능이다. 이런 경우 '깡통'이라는 속어가 쓰인다. 이제 더 이상 가격이 하락한다면 담보권자가 손해를 본다. 잔여가치의 보유자를 경제적 의미의 소유자라면 이제 소유자는 R씨가 아니라 B은행이 되겠다.

- **법정담보물권과 우선하는 채권**

담보권은 보통 자신의 특정 재산을 담보로 제공하는 의식적인 행위에 의하여 성립한다. 그러나 어떠한 경우에는 그런 행위 없어도 법률이 특정 채권자에게 다른 채권자에 우선하는 권능을 부여한다. 그 전형이 유치권이다. 어느 물건이나 유가증권에 대하여 생긴 채권이 변제기에 있는 경우 이를 점유한 자는 변제를 받을 때까지 유치할 수 있다(민법 제320조). 비록 우선 변제를 받을 자격은 인정되지 않지만 경매를 할 수 있고, 점유가 지속되는 한 경락 이후에도 이를 유치할 수 있으므로 변제받을 가능성이 크다(같은 법 제322조).

예를 들어 자동차 기타 기계 수리를 시행한 공업사 운영자는 수리비를 받을 때까지 자동차를 출고하지 않을 수 있다. 당연히 선순위 근저당권자에게도 우선하는 효력을 가진다. 수리를 시행한 것은 자동차의 소유자뿐만 아니라 근저당권을 가졌는지 여부에 관계없이 채권자에게도 유리하기 때문에 유치권은 정당화된다. 건설공사의 수급인도 비슷하다. 상거래에서는 이 유치권의 성립요건이 완화되어 있다(상인 간의 거래에 관하여 상법 제58조, 대리상에 관하여 제91조, 위탁매매인에 관하여 제111조, 운송주선인에 관하여 제123조).

사실 채권자가 채무자 또는 제3자에게 재산을 인도할 의무가 있는 경우 채권을 받을 때까지 재산의 인도를 거절하고 종국적으로 이를 처분하는 권능은 가장 강력한 담보라고 할 수 있겠다. 일반적으로 그것을 가능하게 하는 것은 "맞돈을 받고 주는" 동시이행의 항변이다(민법 제536조). 모든 거래가 동시이행으로 끝난다면 아마도 많은 법률가들의 일거리는 줄어들 것이다. 상사거래는 물물교환이 아니고 약속의 교환 위에 성립하고 그 약속의 타락은 법적 잔재를 창조하여 법률가들의 일거리를 만들어낸다. 채권자와 채무자가 같은 종류의 채무를 지는 경우에는 대등액에서 자신의 채무를 줄일 수 있는 상계가 인정되니 동시이행을 주장하며 상대방을 압박할 필요도 없어진다(민법 제492조). 동시이행이나 상계는 담보물권으로 구성되어 있지 않지만 사실상 담보라고 흔히 말하는 것은 이런 효과 때문이다.

 선박의 운항을 위하여 필요한 출연을 행한 사람에게도 당연히 우선특권이 인정되며, 이것은 선박의 점유와 상관이 없다(상법 제777조 제1항). 항해를 하는 것이 비용을 초과하는 이익을 창출하는 한 선박의 항해에 기여한 채권자에게 소유자나 담보권자보다 우선하는 특권을 인정함에 반론하기는 쉽지 않다. 선박우선특권은 선박의 점유와 상관없이 성립하며 선박의 소유자가 바뀌어도 우선변제를 받을 권리가 있다. 실제로 저당권에 관한 규정을 적용한다(같은 법 제777조 제2항). 이것은 보이지 않은 잉크로 선박등기부에 기재되는 저당권이라고 할 수 있겠다. 아파트의 전 입주자가 체납한 관리비 중 공용관리비는 새 입주자에게 승계되는 것은 판례가 인정하고 있다(대법원 2001.

9. 20. 선고. 2001다8677 판결). 나아가 새 입주자가 전 입주자의 체납 관리비 전액을 납부하여야만 관리단이 입주의 승인을 하는 것도 사실상 관리비에 대한 담보가 될 수 있다.

특별한 채무자의 특정 재산에 대하여 다른 채권에 우선하는 권리를 설정하는 것이 담보라고 할 수 있다. 어떤 경우에는 특정 재산이 아니라 채무자가 가진 모든 재산에 대하여 다른 채권자보다 줄의 앞에 서는 채권이 있다. 여러 가지 종류가 있고 그렇게 된 데에는 나름대로 이유가 있겠으나 일반 채권자들을 희생하도록 정치인들을 움직일 수 있는 여론을 만들어낼 수 있는 집단의 조직력이겠다.

첫째 임금이다. 임금은 원칙적으로 일반채권에 앞서서 변제한다. 법조문에 의하면, "임금, 재해보상금, 그 밖에 근로관계로 인한 채권은 사용자의 총재산에 대하여 질권(質權)·저당권 또는 「동산·채권 등의 담보에 관한 법률」에 따른 담보권에 따라 담보된 채권 외에는 조세·공과금 및 다른 채권에 우선하여 변제되어야 한다. 다만, 질권·저당권 또는 「동산·채권 등의 담보에 관한 법률」에 따른 담보권에 우선하는 조세·공과금에 대하여는 그러하지 아니하다"(근로기준법 제38조 제1항). '우선하는 조세, 공과금 〉 담보권 〉 임금 〉 보통의 조세, 공과금 및 일반 채권'이라고 도식화할 수 있겠다. 게다가 최종 3개월분의 임금과 재해보상금은 모든 종류의 채권에 우선하여 지급한다(근로기준법 제38조 제2항). 퇴직금에 대하여도 같은 보장이 있다(근로자퇴직급여보장법 제12조 제1항, 제2항). 이와 같은 실체적 우선순위 규정도 채무자인 사용자의 재산으로부터 배당을 받는 절차를 전제로 한다. 그런데, 많은 경우에 채무자의 재산이 남아 있지 않다. 이런 때를 대비하여 임금채권의 보장을 위한 특별한 절차와 기관이 설치되어 운용되고 있다. 퇴직한 근로자에 대하여 최종 3개월분의 임금, 최종 3년간의 퇴직급여, 최종 3개월분의 휴업수당, 출산 전후 휴가 기간 중 급여에 관하여 국가가 대신 지급할 것을 규정하고 있다(임금채권보장법 제7조 제2항). 재직 근로자에 대하여도 비슷한 보장이 제공된다(같은 법 제7조의 2). 이를 위하여 국영의 기금도 설치되어 있고 사무집행 비용도 국가 예산의 지원을 받는다(같은 법 제17조, 제5조).

임금과 퇴직금을 지급하지 않는 사용자는 형사처벌을 받는다(근로기준법 제109조 제2항, 근로자퇴직급여보장법 제44조 제2호). 실무상 도산한 기업인들이 많이 부딪히는 문제이다. 간접강제의 일종으로서 체불사업주에 대하여는 명단공개 및 신용정보의 제공이라는 제재도 있다(근로기준법 제43조의 2, 제43조의 3). 임금의 이러한 우선특권도 나름대로 이유가 있다. 내리막을 겪는 기업의 자산을 끝까지 지켜 주는 것은 기업의 생산설비를 유지, 관리하는 종업원들이라고 가정할 수 있기 때문이다. 선박우선특권이 정당하다면, 해상기업이 아닌 일반의 장치산업 업종의 기업에 종사하는 자에게도 그렇게 배려하지 못할 바 아니다. 다만 지나친 경우 파국을 향하여 내리막길을 가는 사용자인 기업에 다니는 근로자들에게 근거가 부족한 안심을 하게 한다. 다른 기업이나 직업을 찾아 전직할 인센티브를 저해한다. 일거리가 없음에도 불구하고 자리를 차지하고 앉아서 기다리는 것은 오라는 곳도 없고, 갈 곳도 마땅치 않은 사람들의 좋은 선택지인 것이다. 경제적 관점에서의 타당성 여부는 별개로 하고, 우리 체제는 이와 같은 임금채권 철통보호라는 정치적 결단 하에 있음을 기업인들이나 창업을 고려하는 사람들은 늘 유념하고 있어야 한다. 사업하다가 망하면 임금 주지 않은 죄로 징역을 간다. 또한, 기업에 여신을 주는 금융기관이나 투자자들은 자신들의 우선순위가 그다지 높지 않음을 자각한다. 내리막을 겪는 기업의 주인은 근로자들이다.

둘째, 임대차보증금 또는 전세보증금이다. 주택임차인

이라는 그룹은 인민주의적인 공평이라는 요구를 관철할 수 있는 정치적 권력이 있다. 그리하여, 담보권의 일종인 전세권이나 저당권의 등기 없이도 주택의 인도와 주민등록을 마친 때에는 그 후 주택에 대하여 권리를 취득한 자에 대하여 우선한다(주택임대차보호법 제3조 제1항 등). 임차인은 보증금 중 일정 금액에 대하여는 다른 담보물권자보다 우선하여 변제받을 수 있다(같은 법 제8조 제1항). 몇 가지 요건과 제한이 있지만, 2023년 현재 서울특별시에서는 5천5백만원, 서울 부근의 과밀억제권역과 세종시, 용인시, 화성시, 김포시 같은 곳은 4천8백만원, 광역시, 안산시, 광주시, 파주시, 이천시 및 평택시는 2천8백만원, 그 밖의 지역은 2천5백만원이다(같은 법 시행령 제10조 제1항). 상가임대차에 관하여도 비슷한 규정이 있다(상가건물 임대차보호법 제3조, 제14조). 역시 요건과 제한이 있고, 2023년 현재 서울특별시에서는 6천5백만원, 과밀억제권역에서는 5천5백만원, 광역시, 안산시, 용인시, 김포시 및 광주시에서는 3천8백만원, 그 밖의 지역에서는 3천만원이다. 임대차의 대항력과 보증금 보호, 임차인의 권리실행 절차를 포함한 여러 가지 쟁점에 관하여 정원에 심어진 식물처럼 다양한 규제가 있어 자세한 탐구는 이 책의 범위를 벗어난다.

셋째, 조세, 즉 세금이다. 국세는 일반의 채권자에 우선하여 징수하게 되어 있다(국세기본법 제35조). 모든 규칙에는 예외가 있다는 말은 국세 우선의 규정도 예외가 아니다. 그것은 이 책에 옮기기를 주저하게 할 정도로 장황하게 규정되어 있다. 게다가 세금을 내지 않은 법인의 청산인, 출자자에는 개인적 책임으로서 제2차 납세의무를 진다(같은 법 제38조, 제39조). 반대로 개인의 납세의무를 그가 출자한 법인이 지기도 한다(같은 법 제40조). 사업을 이어받은 영업양수인도 양도담보권자도 일정 요건과 범위라는 제한 하에 납세의무가 있다(같은 법 제41조, 제42조). 일견, 이와 같은 특권을 인정하는 것은 이해할만하다. 세금을 납부할 의무는 계약에 의하여 발생하는 것이 아니므로 징수권자는 사전에 채권을 확보할 장치를 마련하기 기대하기 힘든 면이 있다. 과거 판례는 "국세는 법률상 과세요건의 충족에 따라 일률적, 무선택적, 필연적으로 성립한다는 점에서 일반채권과 근본적으로 그 성질을 달리하고, 한편으로는 그 공익성으로 말미암아 그 징수확보를 위해 채권 평등의 원칙에 예외적 효력인 국세 우선의 원칙이 적용되는 것으로 이는 납세자 소유의 모든 재산에 관하여 등기 등 기타 공시방법의 필요 없이 인정될 뿐 아니라 질권, 저당권 등 담보물권에 의해서 담보되는 채권에 대해서도 원칙적으로 그 적용이 있다"고 판시한 바 있다(대법원

1983. 11. 22. 선고, 83다카1105 판결).

　　　채무자가 가진 재산은 채권자 전부를 만족하지 못할 때가 많다. 채권 만족의 우선순위가 위와 같이 규정되어 있는 것은 위와 같은 우선순위를 확보하지 못한 일반 채권자가 받지 못할 가능성이 크다는 점을 시사한다. 더욱 불편한 진실은 때로는 가장 우선순위에 있는 채권조차도 안전하지 못하다는 점이다. 자원은 유한하기 때문이다. 때로는 물건이 멸실되기도 한다. 자연재해가 그 전형이다. 경치 좋은 곳에 지은 건물이 산사태에 쓸려가기도 하고 어떤 경우에는 토지 자체가 포락되어 없어지기도 한다. 담보물의 가치가 하락해 버리는 것도 효과가 비슷하다. 담보가치가 소멸한 속칭 '깡통' 주택이나 상가는 경기후퇴기에 흔히 볼 수 있는 재해이다. ●

4. 신용정보와 간접강제

- 신용정보

　　신용이라고 할 때 재무학에서는 지급 능력을 의미한다. 이에 관한 정보는 개인의 동의에 의하여 또는 법령에 의하여 개시되고 전문적인 업자는 이를 수집하여 필요로 하는 잠재적 채권자, 대부자, 추심자들에게 제공한다. 신용정보는 대출이나 자동차 구입과 같은 재무적 의사결정에 활용된다. 이것을 활용하는 것은 채권의 회수 가능성을 평가하는 데 필요한 사전조치의 하나이다. 나아가 어떤 사람의 과거 및 현재에 관한 조사는 대기업에의 취업, 해외 이민 기타 광범위한 영역에서 사용될 수 있다. 따라서 사전조치뿐만 아니라 채권의 추심과정에서도 두드러진 지위를 가질 수 있다. 채권자와 추심인은 연체자 또는 잠재적 연체자에게 신용이 추락하여 장차 힘들어질 것이라는 점을 상기시킴으로써 채권추심을 위한 압박을 증대할 수 있다.

　　채권자들은 이미 개별적으로 자신의 채무자들에게 과거

의 채무가 해결되지 않으면 더 이상 신용, 서비스를 제공하지 않는 방법을 사용해 왔다. 예를 들어 전기료, 수도료를 연체한 자에게 전기, 수도의 공급을 끊는 것이 그 전형이다. 이 경우 문제는 신용의 제공자가 하나가 아니라는 점이다. 채무자는 그렇게 압박하는 채권자의 지배영역으로부터 걸어 나가는 방식으로 이를 피할 수 있다. 어느 휴대전화 회사는 자신에 대한 지급을 연체한 자의 신규가입을 거절할 수 있다. 가입자는 다른 전화회사에 신청할 수 있다. 이럴 때 신용을 제공하는 업자들에게는 담합의 유인이 생긴다. 채권자들은 채무자가 나갈 곳을 찾지 못한다면 자신들의 힘이 강해질 것임을 안다. 어느 한 채권자가 자신에 대한 연체 사실을 다른 재화, 용역의 공급자들에게 알려서 다른 잠재적 공급자들이 새로운 공급을 거절할 수 있게 만들 수 있다면, 지급받지 못한 채권자는 채무자로 하여금 상환하도록 밀어 붙일 압박 수단을 더 가지게 된다. 이 효과를 극대화하기 위하여 기업은 채무자들의 지급행태를 추적하고 보고할 수 있는 값싸고 비교적 정확한 방법을 개발하였다.

개별 채권자로부터 독립한 신용정보업은 이와 같은 기능을 충실하게 달성한다. 이들은 회비 또는 건당 수수료를 부과하는 방식으로 영업한다. 신용정보업자는 각 개인, 기업을 식별

할 수 있는 정보와 이들의 자산, 부채 내역과 그 금액, 지급 이력과 연체 이력, 재무제표와 같은 광범위한 정보를 축적한다. 이런 정보는 채무자가 거의 읽어보지도 않고 가입신청서에 사인함으로써 그 활용에 동의한 자료 예를 들어 오프라인, 온라인 판매점에 회원으로 가입하면서 제공한 전화번호, 이메일, 직장과 소득, 가족관계에 관한 자료들을 개별 채권자와 기업으로부터 수집할 수도 있다. 물론 더 자세한 정보도 수집될 수 있다. 누가 지난 몇 년간 어디에서 어디로 이사를 다녔는지, 주택소유자인지, 전세, 월세를 사는지, 가족관계 기타 여러 정보를 포함할 것이다. 특정 채무자에 대하여 소송이 제기된 상황이나 채무자가 파산이나 개인회생 절차를 신청하였는지, 면책을 받았는지에 관하여도 신용정보사는 자료를 수집하여 전자적 방식으로 관리한다. 면책 결정에 관한 정보는 일정 기간 내에 삭제할 의무가 있는 연체정보와는 별개의 신용정보로서 이를 등록하는 것은 적법하다(대법원 2013. 3. 28. 선고, 2011다56613, 56620 판결). 나아가 신용정보업자는 입수 가능한 자료를 가공하여 채무자를 등급화(rate)하여 표현한다. 어느 채무자가 가장 신용이 높은지, 즉 누가 가장 자신의 빚을 갚을 것으로 예상되는지 수치화하여 신용점수를 매긴 후 예를 들어 1등급에서 10등급까지 계층적으로 나누어 표현한다. 이 등급은 신용정보업자의 조사범위 내에 들어오는 사람들의 경우에 부여되며, 이를 이용하는 금융산업은 여기에 각 업자마다 고유한 정책에 따라 구체적으로 신용공여 여부를 결정한다. 이러한 등급화는 신용점수표에 기초하여 이루어질 것이다. 예를 들어 신용카드의 개수, 주택 보유 여부, 일정 기간 연체의 빈도, 대부업체를 통하여 신용조회를 한 사실이 있는지 등 각 항목에 고유의 점수를 부여하고 이를 합산하여 그 총점에 대하여 몇 점에서 몇 점까지는 몇 등급 이런 식이다. 신용거래시스템의 레이다에 감지되는 거래를 하지 않는 사람에게는 신용등급이 전혀 부여되지 않을 수 있다. 예를 들어 자연인을 선언하고 은둔한 사람들이다.

도산절차 즉 파산, 개인회생을 신청한 사실은 일단 신용등급을 내리는 쪽으로 작용할 것이다. 파산, 개인회생은 전 세계에 대한 지급 거절 선언인 이상 어쩔 수 없다. 연체가 여러 채권자들에게 동시다발적으로 이루어지는 것이므로, 연체가 신용점수를 내린다면, 파산, 개인회생에 대하여 같은 방식의 조치가 행하여지지 않을 수 없다. 그렇지만 일단 파산, 개인회생을 겪은 사람은 기존의 채무를 정돈하고 새로운 경제활동을 시작한다. 새로운 신용을 쌓아갈 가능성이 높아진다. 파산절차에 의하여 면책을 받은 사람과 개인회생절차를 신청한 사람에게 대출을 실행하는 고금리 금융업이 존재한다는 것은 파산절차, 개인회생절차가 신용을 개선할 가능성이 있음을 시사한다. 파산의 경우 보통 면책을 받은 후 5년이 경과하면 그 법적 절차를 신청하였던 사실은 신용자료에서 삭제되는 것으로 알려져 있다.

신용정보산업의 남용사례가 지적되고, 또 컴퓨터 시대에 프라이버시 보호에 대한 공포, 또 미래의 신용을 보호하려는 욕망이 지대한 충격을 채무자에게 준다는 점에 대한 우려 때문에 신용정보산업에 대한 법적 규제가 불가피하다. 그것은 신용정보의 이용 및 보호에 관한 법률이라는 이름으로 오래전부터 입법되었다. 이 법은 채권추심을 위하여 이용되는 신용정보의 수집, 제공과 관련된 활동에서 허용되는 행위, 허용되지 않는 행위 사이에 경계를 그어준다. 이 법에서 두 가지 큰 줄기는 첫째, 채무자에게 자신의 신용정보에 대한 접근권을 주는 것이고, 둘째, 신용정보를 정확하게 유지할 수 있도록 하는 것이다. 신용정보업자는 신용정보의 정확성과 최신성이 유지될 수 있도록 하여야 한다(신용정보의 이용 및 보호에 관한 법률 제18조). 원칙적으로, 개인신용정보의 제공에 대하여 본인의 동의를 얻어야 한다(같은 법 제32조). 신용정보의 본인은 신용정보의 교부, 열람 허용 및 사실과 다른 신용정보의 정정을 청구할 수 있다(같은 법

제38조). 이와 같은 규제를 위반하여 신용정보의 본인에게 손해가 발생한 때에는 신용정보업자는 손해를 배상할 책임이 있다. 신용정보의 정확성을 강제하고, 잘못된 신용정보에는 제재를 가하는 방식은 신용정보의 정확성에 대한 가정을 생산한다. 그렇게 신용정보가 정확하다는 것이 널리 인식되면 채권자들의 압박 수단으로서 신용정보는 막대한 권력이 될 수 있을 것이다. 신용정보 집중의 중요한 축을 이루는 휴대전화가 국민 모두에게 고유번호가 부여되는 주민등록제도와 결합하면 신용정보의 신뢰성 따라서 통제력은 더욱더 강해진다. 또 신용정보는 그 자체가 채권추심자들이 채무자에게 채권추심을 할 수 있는 기초자료이기도 하다.

- 간접강제로서의 형사처벌과 공적 제재

채무자가 자발적으로 돈을 낼 생각이 들도록 간접적으로 강제하는 것은 유효적절한 압박 수단의 역할을 한다. 특히 그것이 채권자에게 부과하는 비용이 무시할 만한 때에는 더욱 그러하다. 그 역할을 하는 것으로 전형적인 것은 권력을 행사하는 정부이다. 채무자가 빚을 갚지 않는 것을 범죄로 규정하여 형사처벌을 하고 일시적으로라도 구금하는 것은 가장 강력한 간접강제 수단이다. 자본주의가 발전하던 근대 유럽에서도 빚을 받지 못한 채권자들의 요청으로 채무자를 구금하는 채무자 감옥(debtor's prison)은 일반적이었다.

근로자에게 임금, 퇴직금을 지급하지 않는 것은 범죄로 규정되어 있다(근로기준법 제109조, 제36조). 기업이 불황에 직면하였다는 사유만으로는 임금 등을 체불할 수 없다. 모든 성의와 노력을 다했어도 임금의 체불이나 미불을 방지할 수 없었다는 것이 사회통념상 긍정할 정도가 되어 사용자에게 더 이상의 적법행위를 기대할 수 없거나 불가피한 사정이었음이 인정될 경우 이러한 임금불지급 범죄의 책임조각사유가 된다는 것이 판례이다(대법원 2008. 10. 9. 선고, 2008도5984 판결). 다만, 판례가 있다는 것은 그와 배치되는 실무가 있다는 것을 의미한다. 실무의 대세는 임금의 체불이 있으면 거의 자동으로 사용자의 범죄라고 규정하는 것이다. 심지어는 본래의 사용자가 아니라 회생절차에서 관리인의 직무를 수행하는 것에 불과한 자가 기소되기도 한다(대법원 2015. 2. 12. 선고, 2008도5984 판결). 이미 도산 상태에 이르러 임금이 체불된 상황을 관리하라고 위촉된 관리인, 관재인으로서는 황당한 일이지만, 쉽게 기소된다. 대부분 이런 경우 무죄가 되지만 관공서에 소환되어 재판을 받는 것은 크나큰 부담이다.

가정법원이 관할하는 사건에서 금전의 정기적 지급이나 양육비의 일시금 지급과 같은 이행명령을 받은 자가 이를 이행하지 않는 경우 최고 30일까지 구금될 수 있다(가사소송법 제68조, 제64조, 제63조의 3 제4항). 양육비이행관리원이라는 공적 조직도 설치되어 있다. 운전면허정지, 출국금지, 명단공개의 제재는 별도이다. 자세한 것은 가사법의 영역에 미룰 수밖에 없다. 수표의 부도도 처벌된다(부정수표단속법 제2조 제2항). 예금 부족 등으로 인하여 제시일에 지급되지 아니할 것이라는 결과 발생을 예견하고 수표를 발행할 때 성립하는 고의범이라고 규정되어 있지만, 그 예견은 미필적이라고 하더라도 영향이 없으며, 고의를 조각하기 위해서는 지급제시를 하지 않는다는 특약이나 수표를 발행하게 된 경위 또는 지급하지 못한 경우 등에 대내적 사유가 있다는 사정만으로는 부족하고, 수표가 돌아오지 않으리라는 믿음에 합리적인 사유가 있는 특별한 경우라야 한다(대법원 2010. 9. 30. 선고, 2010도6490 판결). 실무상 수표의 부도는 바로 범죄로 취급된다. 다만 이 범죄를 저지른 자가 수표를 회수한 경우 또는 회수하지 못하였더라도 수표 소지인의 명시적 의사에 반하는 경우 공소를 제기할 수 없다(같은 조 제4항). 수표 소지인인 채권자의 의사에 채무자의 처벌이 의존하므로 심리적 강제의 효과가 크다. 일반적 상거래에서 수표의 유통은 감소하고 있지만, 채권자와 채무자 사이에 신뢰의 정도가 충분하지 못한 경우, 채권의 지급 담보를 위하여 수표가 수수되는 경우는 인신을 담보로 하는 효과를 낸다고 볼 수 있겠다.

　　　계약에 의해 발생한 금융채무의 불이행에 대하여 일반적으로 사기죄로 처벌하는 실무가 확립되어 있다. 변제할 의사와 능력이 없음에도 불구하고 신용을 제공받는 것은 채권자를 속이는 행위라는 것이다. 이것은 형사 사법의 영역에서 한국의 채권자는 심사 능력이 없는 바보라고 가정된다는 것을 의미한다. 그들은 나중에 갚겠다는 채무자의 약속을 무조건 믿는다. 고소인이 믿었다고 진술하면 그 말은 신빙성 있는 것으로 여겨진다. 심지어는 임대차계약서와 같은 문서를 위조하라고 교사한 것이 전문 사채업자 자신이라고 할지라도 위조를 교사한 사채업자는 속은 것이고, 그 하수인 역할을 한 채무자는 속인 것으로 인정된다. 채무자가 자신이 갚지 못할 가능성이 있다고 적극적으로 설명하여 그 증거를 확보하여 두지 않는 한, 채무자가 자신의 변제 자력과 의지를 속인 것이고 채권자는 이에 속아 넘어간 것으로 간주된다. 여기에서 죄형법정주의는 별로 의미가 없다. 개인파산, 면책제도와의 관계를 고려하면 차용금 사기를 인정함에 있어 신중하여야 한다는 취지의 판결이 나온 바 있다(대법원 2008. 2. 14. 선고, 2007도10770 판결). 이런 판결이 존재한다는 것은 하급심에서는 거의 늘 반대로 판결하고 있다고 믿어도 된다는 것을 의미한다. 신용카드의 소지인이 부채가 누적되어 변제 자력을 잃은 상태가 되었을 때 신용카드를 사용하면 사기죄가 성립한다는 판결도 있다(대법원 2005. 8. 19. 선고, 2004도6859 판결). 사기죄가 인정되기 위해서는 행위자가 기망의 고의를 가지고 작위 또는 부작위의 방법으로 상대방을 착오에 빠트리고, 상대방은 이 착오에 빠진 결과 자신의 재산 혹은 재물을 처분하는 인과관계가 있어야 하는데, 위 판결은 이 모든 과정에 대한 설명을 생략한 채 변제 의무를 이행하지 않으면 기망이 된다고 할 뿐이다. 2000년대 초반 신용카드 연체 사태가 발생하였을 때 신용카드회사에서 대량의 형사사건을 생산해냈고, 경찰은 조사를, 검찰은 기소를 법원은 유죄판결을 양산해 냈다. 사기범을 대량생산하는 것이 잘못임을 깨달은 경찰이 신용카드회사의 사기죄 고소장의 접수를 거부하는 방식으로 사실상 해결되었지만, 위 판례는 형식적으로 폐기된 바 없다.

프라임급의 은행은 신용이 충분하지 않은 자에 대하여

대부를 거절한다. 그것은 이들이 채무를 이행하지 않을 가능성이 크기 때문이다. 그런데 이들 저신용자를 상대로 고금리의 대부를 행하는 산업이 있다. 저신용자들은 자신이 금융채무를 갚을 수 있다는 점에 대한 확신이 부족하며, 물론 고금리대부업자들도 대부를 신청하는 저신용자들이 전반적으로 그러하다는 것을 잘 안다. 저신용자는 대출은 신청하면서 변제 자력을 속이지만, 그 때문에 고금리 대부업자가 채무자의 변제 자력에 관한 착오에 빠졌다고 인정하기는 어렵다. 그런데도 법률실무는 저신용자가 자신의 변제 자력을 속여서 그 변제 가능성을 믿게 되었다는 고금리대부업자의 주장을 진실로 받아들여 왔다. 현실과 동떨어진 이러한 실무는 고금리대부업자의 지위를 강화한다. 심지어는 성매매를 하여 갚기로 하고 여성에게 고리대부를 한 경우에도 성매매 여성에게 변제할 의사와 능력 없이 차용금 명목으로 사기를 하였다고 인정한 실무도 오랜 기간 지속되어 왔다. 최근에는 가상화폐(코인) 투자를 위하여 돈을 빌린 것도 수익에 대한 보장을 한 것이 사기라고 기소하는 실무례도 눈에 띈다. 도박을 위하여 돈을 빌린 경우라면 한국의 판사들은 어떻게 판결할까. 형사사건에 관한 한, 정부는 철저히 고리대부업자의 편이다.

　　금융 관계에서 벗어나면 채무의 이행을 간접적으로 강

제할 필요는 증대한다. 이러한 관계에서 채권자는 계약을 통하여 채권을 취득한 것이 아니기 때문에 채무불이행의 위험을 회피할 기회가 충분하지 않았다고 볼 수 있다. 그 전형은 조세 채무이다. 정부기관으로부터 대금을 지급받으려는 자, 국세를 납부할 의무가 있는 외국인으로서 출국하려는 자, 외국 거주 목적의 여권을 신청하려는 내국인은 납세 완납증명을 제출하여야 한다(국세징수법 제107조 제1항). 국세를 체납한 자는 사업에 관한 허가를 제한받을 수 있다(같은 법 제112조). 또 체납 사실은 신용정보 제공 등의 방법으로 공시할 수 있다(같은 법 제110조). 고액, 상습체납자가 되면 그 명단이 공개되기도 하고, 감치처분도 받을 수 있다(같은 법 제114조, 제115조). 5천만원 이상의 금액을 체납자는 출입국의 자유도 제한받는다(같은 법 제113조). 단순히 일정 금액 이상의 조세를 미납하였고 그 미납에 정당한 사유가 없다고 하여 바로 출국금지 처분을 할 수 있는 것이 아니고 출국을 이용하여 재산을 해외에 도피시키는 등으로 강제집행을 곤란하게 하는 것을 방지함에 주된 목적이 있는 것이지, 조세 미납자의 신병을 확보하거나 출국의 자유를 제한하여 심리적 압박을 가함으로써 미납 세금을 자진납부 하도록 하려는 것이 아니므로 재산을 해외로 도피할 우려가 있는지 여부 등을 확인하지 않은 채 단순히 조세 미납을 이유로 출국금지를 하는 것은 잘

못이라는 판례도 있다(대법원 2013. 12. 26. 선고, 2012두18363 판결). 마찬가지로, 이런 판결이 있다는 것은 국세를 미납한 자는 출입국의 자유가 현저히 제한받고 있다는 것을 의미한다. 보통 담당 세무공무원의 재량이다. 수십억원을 체납한 사업가도 매월 일정 금액을 납부하면 출국금지를 당하지 않을 수 있고, 수천만원 체납한 사업가가 성의가 없다는 이유로 출국을 금지 당하기도 한다. ●

5. 제3자의 채권추심 산업

- **채권의 매각**

> 가격이 만족스러우면 기름을 팔라. 남는 곡물도, 와인도 팔라.
> 늙은 황소와 출산력이 없는 양, 낡은 수레, 낡은 농기구, 늙은 노예,
> 병든 노예 등 무엇이든지 무익한 것은 매각하라.
> 주인은 사는 습관보다는 파는 습관을 가져야 하느니라.
> – Cato

채권자와 채무자 사이에 시작된 우호적인 관계가 압박과 회피라는 피투성이가 된 단계가 되면 채권의 관리 및 추심에 비용이 든다. 특히 채권추심을 위한 전문지식을 가진 사람의 인건비가 많이 발생한다. 그래서 신용을 공여한 원래의 채권자는 자신의 조직을 통하여 스스로 추심을 하기보다는 채권을 매각하는 방식을 선호하기도 한다. 수금한 금액에 따라 수수료를 지급하기로 하는 조건으로 채권의 추심을 위임하는 것도 경제적으로 동일한 효과가 있다.

채권의 추심이 법률 사무의 일종으로 관념되었던 과거에는 원 채권자가 아닌 제3자가 채권의 추심을 수임하는 것이 변호사법에 의한 처벌 대상이었다. 채권추심업이 전면적으로 허용된 지금은 역사적인 에피소드에 불과하게 되었다(신용정보의 이용 및 보호에 관한 법률 제2조 제10호 내지 11호, 제27조, 제28조). 채권의 회수 가능성에 대한 전망에 따라 채권의 매각 가격은 달라지지만, 연체가 오래된 것은 원금의 1% 정도에 그것도 외상으로 팔리기도 한다. 대규모 금융기업이 채권을 한꺼번에 매각하는 것은 입찰에 부쳐지고 이것은 매력적인 투자수단의 하나로 확립되어 가고 있다. 채권의 매수를 업으로 하는 기업은 대부업으로 분류되어 규제되기도 한다(대부업 등의 등록 및 금융이용자 보호에 관한 법률 제2조 제1호). 그것은 농사나 광업 같은 원시산업에 비유할 수 있기 때문이다. 실제로 고대와 중세에, 금융자본가가 특정 지역의 세금 징수권을 통치자로부터 사서 이에 근거하여 신민을 수탈하는 방식에 대하여 세금 농사(tax farming)라는 말을 붙였던 것은 바로 채권추심업과 매수업의 본질을 잘 설명한다. 물론 추심 노력 중 상당 부분은 실패하지만, 성공하면 이득이 워낙 크기 때문에 고리대금이 아니면 모험적 투자이다. 따라서 제3자인 채권추심인들과 채권 매수인들은 채무자를 강하게 압박하여 추심할 인센티브가 있다. 물론 본질적으로 방문판매원의 판매 활동과 다르지 않기에 추심활동의 규제는 정당성이 있다.

　　2009년 채권의 공정한 추심에 관한 법률이 제정되어 있다. 이전에 신용정보의 이용 및 보호에 관한 법률에 규정된 실체적 의무를 규정한 것에 불과하였으나 2014년부터는 불완전하게나마 채무자에게 대리인의 보호를 받을 권리를 인정하고 있다. 이 법률의 규제를 받는 것은 '채권추심자'인데, 그 정의를 보면 단지 채권을 양수한 자나 추심을 위임받은 자에 한정되지 않고 광범위하게 규정되어 있어 보호의 범위가 넓은 것처럼 보인다(채권의 공정한 추심에 관한 법률 제2조 제1호 가목). 다른 한편으로는 채무자가 변호사를 대리인으로 선임하면 채무자에 대한 추심행위를 할 수 없는 채권추심자의 범주에서 등록을 마친 대부업자, 채권추심회사, 자산관리자, 일반 금전 대여 채권자를 제외하고 있다(같은 법 제8조의2). 덴마크 왕자 배역을 뺀 햄릿 연극과 같은 규제이다. 다만 일부 지방자치단체는 대부업자에 대한 행정지도로 대리인 선임 시 채무자에 대한 연락금지를 권고하고 있다.

　　채권의 공정한 추심에 관한 법률은 그 밖에도 채무자가

아닌 제3자인 가족, 직장동료 등 관계인에게 채무와 관련한 방문이나 연락 등 방식으로 접근하는 것을 금지하고 있다(같은 법 제8조의 3). 소송행위를 대리하거나 폭행, 협박에 해당할 수 있는 방법을 사용하는 것, 개인정보를 누설하는 것, 권리행사를 가장하는 것도 금지되어 있다(같은 법 제8조~11조). 물론 이와 같은 법적 한계가 정해져 있다고 한들 채권자, 채무자가 불법적인 행태에 전혀 관여하지 않는다고 기대할 수 없다. 종종 어떤 채권자는 때리고 어떤 채무자는 재산을 감춘다. 위 법률이 폭행, 협박의 금지(제9조)나 불공정한 행위의 금지(제12조)라는 제하에 여러 가지 구체적인 행위 유형을 열거하고 있는 것은 이것들이 과거에 채권추심을 위하여 널리 적용된 기술이었음을 시사한다. 채권추심자와 채무자가 추심행동, 회피기동을 할 때 항상 법적인 조언을 구하는 것도 아니다. 통상 그렇게 하지 않는다. 그렇지만 위와 같은 추심규제 법령이 그어 놓는 한계는 대부분 채권자와 채무자가 취하는 행동에 영향을 미치고, 행동이 지나치게 열정적인 상대방으로부터 상당한 보호를 제공한다.

채권추심 시스템은 교환, 협상과 자발적인 연체금 지급의 과정이다. 공식적인 법적 절차에 따르지 않는 이 과정은 각 당사자가 압박 수단을 구사할 수 있는 능력에 의하여 영향을 받는다. 그 압박 수단은 보통 상대방을 해할 수 있다는 것에 대한 믿음이 있을 때 성립한다. 채권을 강제로 이행하게 하는 법규의 가치는 이것이 상대방으로 하여금 굴복하고 협상으로 나오도록 하게 하는 압박 수단이라는 점에 있다. 즉 법적 절차는 협상에 대한 레버리지로 작용한다. 힘 없이는 권리를 실현할 수 없고 평화를 논할 수도 없다.

채권자, 채무자 사이의 관계에서 누가 좋은 사람인지, 누가 나쁜 사람인지 결정하는 고정된 기준은 존재하지 않는다. 채권자와 채무자는 형태, 규모 및 감정적인 면에서 아주 다양하게 다가온다. 특정인이나 기업이 오로지 채권자이거나 채무자로 되는 경우는 극히 예외적이다. 대부분의 사람은 채권자인 동시에 채무자이다. 예를 들어 가장 기본적인 경제단위인 소비자들조차도 급여를 받아야 할 때는 채권자이고, 카드회사, 통신회사에 대하여는 채무자이다. 지방자치단체는 납세자들을 상대로 할 때는 채권자이지만 건설업자들 상대로 할 때는 채무자이다. 국가도 마찬가지이다. 법률 특히 파산법을 연구하다 보면 채권추심 법규에 영향을 받는 전형적인 채권자와 채무자 사이의 이해관계를 설정하지만, 비전형적인 채권자와 채무자들이 특이한 결과에 영향을 받는 경우도 보게 된다. 임차인 보호를 위한 규칙이 경제적으로 약자인 깡통 주택 소유자를 억압할 수 있고 근로자 보호를 위한 규칙도 금융채무를 잔뜩 지고 있어 사실상 걸인이 된 사용자를 희생양으로 삼아 억압하기도 한다. 이것은 파산법이 공식적인 법규뿐만 아니라 채권자와 채무자 사이의 비공식적인 상호작용이라는 맥락에서 이해되어야 할 영역임을 의미한다. 즉 소비자 차원에서든 기업 차원에서든, 법정뿐만 아니라 거리에서 파산법이 어떻게 운용되고 있는가를 살펴보아야 한다. 재무적으로 실패한 자에 대한 청교도적인 경멸도, 고리대금업자에 대한 인문주의적인 증오도 우리는 피할 필요가 있다. ●

6. 금전채권의 법적 실현

- 소송

　　채무자의 자발적인 변제에 의해 채권을 회수할 수 없으면 채권자는 강제로 변제시킬 궁리를 한다. 그것은 사법(司法)작용에 의하여 실현된다. 채무자가 임의로 채무를 이행하지 아니한 때에는 채권자는 그 강제이행을 법원에 청구할 수 있다(민법 제389조 제1항). 소송의 실효성이 크지 않다고 해도 그것은 충분한 압박 수단으로 작용한다. 당신이 법원으로부터 받는 통지서와 소환장은 국가권력이 당신이 해를 가할 가능성이 있다는 것을 의미하기 때문이다. 적어도 도피하지 않으면서 평화로운 생활을 누리고 있는 성실한 사람에게는 그러하다. 국가는 당신에게 폭력으로 다가올 때가 많다.

　　금전의 지급을 구하는 전형적인 민사소송은 당사자와 법정대리인, 청구의 취지 및 원인을 기재한 소장을 제기함으로써 개시된다(민사소송법 제248조, 제249조). 소 제기 당시에 특정되는 당사자는 소를 제기하는 사람을 원고, 제기 당하는 사람을 피고로 표시한다. 어느 당사자이든 누군가에 의하여 대리, 대표되어야 할 때 그 대리권을 행사할 법정대리인의 자격도 병기되어야 한다. 미성년자의 법정대리인으로서 부모나 법인의 대표자로서 이사가 여기에 해당한다. 청구취지는 소송으로 구하는 법원의 명령을 간결하게 표시한다. 금전지급 청구일 때에는 "피고는 원고에게 돈 100,000,000원 및 이 금액에 대한 2022년 1월 1일부터 소장이 송달된 날까지는 연 5%의, 그다음 날부터 다 갚을 때까지는 연 12%의 각 비율에 의하여 계산한 돈을 지급하라는 판결을 구한다"고 표시한다. 청구원인은 위와 같은 명령을 구하는 근거가 되는 구체적인 역사적 사실이다. 위와 같은 판결을 구하기 위해서는 예를 들어 "원고는 2022년 1월 1일 피고에게 돈 1억원을 이자 연 5%로 정하여 1년 뒤에 갚기로 하는 약속을 받고 빌려주었는데, 피고는 약속한 2023년 1월 1일이 되었는데 원금뿐만 아니라 이자도 한 푼 갚지 않고 있다"고 쓸 수 있겠다. 소장은 변론에서 말할 사항과 내세울 자료를 적어 예고하는 준비서면의 역할도 하므로 실무상 증거서류를 첨부한다(같은 법 제274조). 대여금 반환을 구하는 것이라면 차용증, 입금확인증 같은 것이 일반적이겠다. 한쪽 말만 듣고 재판할 수는 없다. 소장은 피고에게 송달한다(같은 법 제255조). 원고의 청구에 부당함이 있다고 주장하려고 한다면 소장을 송달받은 피고는 그로부터 30일 이내에 답변서를 제출할 필요가 있다(민사소송법 제256조 제1항). 소장과 비슷한 체제로 당사자를 표시하고, 청구취지에 대한 답변, 청구원인에 대한 답변을 기재하여 필요한 경우 증거서류를 첨부하여 제출한다(같은 조 제4항). 원고의 주장이 맞고 청구도 합당하다면, 피고는 가만히 있어도 된다. 이 경우 소장에 기재된 사실을 자백한 것으로 보고 변론 없이 판결할 수 있다(같은 법 제257조 제1항). 이를 '의제자백' 판결이라고 한다. 피고가 답변서를 제출하면 변론을 중심으로 하는 소송절차가 진행된다. 증거서류, 증인, 감정, 사실조회 등 여러 가지 방식의 입증이 행하여지고 그 진행을 위하여 당사자들은 변론을 서면으로 준비하여야 하는데, 변론에서 이루어질 공격과 방어의 방법, 상대방의 공격과 방어에 대한 주장을 증거에 관한 사항과 함께 제출한다. 이를 '준비서면'이라고 한다(같은 법 제274조). 1회 또는 여러 차례의 변론을 거쳐 변론을 종결(흔히 '결심'이라고 한다)하고 나서, 보통 선고기일을 따로 잡아 재판장이 판결서 원본에 따라 주문을 읽는 방식으로 선고한다(같은 법 제205조, 제206조). 원고가 승소하는 경우, 즉 금전의 지급을 명하는 판결이 선고되면 강제력을 가지게 된다. 물론 판결에 불복하는 당사자는 상소할 수 있으므로 상소기간이 지나야 판결의 효력은 확정되지만, 금전지급을 명하는 판결에는 확정 이전이라도 가집행을 허용하므로 채권자는 제1심판결만으로 강제집행에 나설 수 있다(민사소송법 제498조, 제213조 제1항, 민사집행법 제24조). 다만 먼저 판결을 받았다고 다른 채권자에게 우선하는 효력은 없다.

의무의 이행을 명하는 판결의 정본(正本)은 강제집행에 나설 수 있는 근거가 된다. 이것을 '집행권원 또는 채무명의'라고 한다. 강제집행은 여기에 법원사무관 등으로부터 집행문을 기재 받아 실시한다(민사집행법 제28조 제1항, 제2항). 집행문은 판결 정본의 마지막에 "피고 아무개 또는 원고 아무개에 대한 강제집행을 실시하기 위하여 원고 아무개 또는 피고 아무개에게 준다"라고 적고, 법원사무관 등이 기명날인한다(같은 법 제29조). 채권양도나 채무상속 같은 사유로 원고 또는 피고의 지위에 승계가 발생한 때에는 재판장의 명령에 의하여 승계집행문을 받을 수 있다(같은 법 제31조). 집행권원의 원칙적 형태는 정식의 민사소송절차를 거친 판결이지만, 권리구제를 해야 할 모든 경우에 판결을 받도록 하는 것은 공공 자원인 사법시스템을 과도하게 소모할 수 있다. 그래서 민사소송법에 규정된 다른 절차를 거치거나 다른 법률에 의하여 성립되는 문서도 집행권원이 되는 경우가 있다. 법률에 "확정판결과 같은 효력이 있다"고 적혀 있는 것들이다. 모두 국가의 강제력에 무조건 복종할 것임을 채무자가 명시적으로 표시한 문서 또는 정부기관의 공권적 판단에 의해 성립한 것이다(민사집행법 제56조).

그 첫째가 지급명령이다. 금전의 지급청구에 흔히 이용되는 간이한 절차이다. 독촉절차에 의하여 발령된 지급명령에 대하여 이의신청이 없거나 이의신청을 취하하거나 각하결정이 확정된 때에는 지급명령은 확정판결과 같은 효력이 있다(민사소송법 제474조). 소액사건에서 인정되는 이행권고결정도 비슷하게 이해할 수 있다. 법원은 소액사건이 제기된 경우 피고에게 청구취지대로 이행할 것을 권고할 수 있고 이의가 없으면 확정된다(소액사건심판법 제5조의3 제1항). 원칙적으로 집행문도 필요 없다.

둘째 유형은 다툼의 유무와 상관없이 당사자가 합의를 본 것으로 추정되는 경우이다. 법원은 소송의 단계와 상관없이 화해를 권고할 수 있다(민사소송법 제145조). 나아가 법원은 사건의 공평한 해결을 위한 화해권고결정을 할 수 있다(같은 법 제225조 제1항). 이의가 없으면 재판상 화해와 같은 효력을 가진다. 피고가 원고의 청구를 인정하는 인낙조서도 같다(같은 법 제231조). 그런데, 화해, 인낙의 내용을 변론조서, 변론준비기일조서에 적은 경우 그 조서는 확정판결과 같은 효력을 가진다(같은 법 제220조). 정식으로 소송을 제기하는 대신 화해신청을 하여 기일에 화해를 이루는 제소전화해에서도 조서는 앞의 화해조서와 같다(같은 법 제385조 제4항, 제386조). 조정조서와 조정을 갈음하는 결정조서도 화해조서 및 화해권고결정에 준하여서 생각하면 된다(민사조정법 제28조, 제29조, 제30조, 제34조 제4항).

　　　　셋째 유형은 공정증서이다. 공증인이 일정한 금액의 지급이나 대체물 또는 유가증권의 일정한 수량의 급여를 목적으로 하는 청구에 관하여 작성한 공정증서로서 채무자가 강제집행을 승낙한 취지가 적혀 있는 것이다. 흔히 채무를 '공증한다'는 말로 통용된다(민사집행법 제56조 제4호). 넷째, 항고로만 불복할 수 있는 소송비용액 확정결정, 간접강제에서의 금전지급결정, 검사의 벌금, 추징금에 대한 집행명령이 집행권원이 될 적격이 있다(민사소송법 제110조 제3항, 민사집행법 제261조, 형사소송법 제477조 제2항, 제3항). 나아가, 후술하는 바와 같이 파산절차, 회생절차에서 생산되는 파산채권자표, 회생채권자표도 확정판결과 같은 효력이 있다. 제소전화해나 공정증서의 작성은 채무자의 연체에 대비하기 위하여 미리 작성해 놓는 경우가 대부분이므로 사후적인 권리실행이라기보다는 채권 확보의 사전 준비 영역에 해당한다고 보는 것이 합당하겠다.

- **강제집행**

위에서 본 판결 같은 집행권원에 사법(私法)상의 이행청구권을 국가권력으로 강제로 실현하는 법적 절차를 강제집행이라고 한다. 이것은 채권을 갚아야 한다는 사회질서를 정부가 강제하는 것이고 생산의 질서를 유지하는 것이라고 할 수 있다. 이것은 제재라는 면에서 형사사건과 함께 국가 질서의 근간을 이룬다.

집행을 담당하는 것은 원칙적으로 집행관이라고 부르는 공무원이다(민사집행법 제2조). 집행관은 정당하게 물리력을 사용할 수 있다. 집행에 필요한 경우에는 채무자의 주거·창고 그 밖의 장소를 수색하고, 잠근 문과 기구를 여는 등 적절한 조치를 할 수 있다(같은 법 제5조 제1항). 평소에 무장을 하지 않는 집행관은 반항을 제압하기 위하여 경찰 또는 국군의 원조를 요청할 수 있다(같은 조 제2항). 국가의 의지를 관철하는 최종적인 수단인 군대가 출동할 민사집행 사건이 있을지는 의문이나, 지나간 제국주의 시대의 '포함(砲艦)외교'에서 보듯이 자국민의 권리를 보호하기 위해서라면 국가가 외국에도 물리력을 투사하는데, 국내에서 이를 하지 못할 이유가 없다. 프랑스 정부가 전쟁배상금을 받기 위하여 1923년부터 1925년까지 독일의 공업지대인 루르 지방을 무력으로 점령한 사건도 있었다.

법률적 판단을 필요로 하는 사항은 법원이 집행을 담당하기도 한다. 이 경우 집행법원이라고 한다(민사집행법 제3조). 금전채권을 받기 위한 사건에서 집행관의 중요성은 유체동산 집행 정도에 그친다(같은 법 제189조 제1항). 부동산과 채권에 대한 집행에서는 집행법원의 역할이 크다. 강제집행은 집행기관이 재산을 발견하여 이를 압류 즉 강제로 점유, 점거한 후, 이를 매각하여 현금을 확보 즉 유동화한 다음에 그 금액을 권리의 순위와 금액에 따라 배당하는 순서로 이루어진다. 말하자면 채무자가 재산을 매각하여 그 매각 대가에서 변제하는 행위를 하지 않을 때 또는 그렇게 할 수 없을 때 국가기관이 강제로 하는 것이라고 생각하면 되겠다. 채무자를 대신하여 채무자의 재산을 파는 것이다. 이것은 채권자의 서면 신청에 따라 개시된다(같은 법 제4조).

집행 비용은 일단 집행을 신청하는 채권자가 예납한다(같은 법 제18조 제1항). 집행 비용은 나중에 매각 대가에서 우선하여 상환된다. 강제집행에서 채권자들은 원칙적으로 평등하게 취급된다. 부동산 강제경매에서 매각대금으로 배당에 참가한 모든 채권자를 만족하게 할 수 없는 때에는 법원은 민법·상법, 그 밖에 법률이 정한 우선순위에 따라 배당하여야 한다(민사집행법 제145조 제2항). 다만 경매개시결정에 따른 압류의 효력이 생긴 때 집행법원은 배당요구의 종기를 첫 매각기일 이전으로 정하게 되어 있다(같은 법 제84조 제1항). 이 경우 그때까지 경매신청, 배당요구를 한 채권자와 경매개시결정 등기 전에 등기를 마친 가압류 채권자와 담보권자 및 우선채권자가 배당받을 수 있다(같은 법 제148조). 많은 입법례는 같은 순위의 채권자라도 먼저 압류를 행한 채권이 우선하도록 하고 있고, 어떤 나라에서는 법원의 판결이 있으면 그때부터는 채권자가 채무자의 모든 재산에 대하여 우선특권을 취득한 것으로 보는 예도 있다. 채권자평등은 집행에 먼저 착수하였다고 하여 해당 채권자에게 특별한 이익이 없으므로 강제집행에 나서기를 주저하게 하는 효과도 있지만, 한편으로는 남이 알기 전에 강제집행에 나서게 하는 효과도 있을 것이다. 채권자평등은 사실 파산절차, 회생절차가 추구하는 목표이다. 강제집행에서 채권자평등을 채택한 결과 실제로 채권자 공동의 이익증진을 위한 파산절차, 회생절차의 필요성은 현저히 감소한다.

강제집행의 대상은 재산에 한정된다. 주로 부동산, 동산, 채권이겠으나, 선박, 항공기, 주식, 지분, 회원권, 지식재산권 등 매각할 수 있는 재산은 모두 해당한다. 집행방식이 다를 뿐이다. 모든 채무는 종국에는 금전채무로 귀결되므로 결국 채권자의 권리를 관철할 수 있도록 해 주는 것은 매각할 수 있는 채무자의 재산이다. 그런 의미에서 채무자의 일반 재산을 '책임재산'이라고 한다. 법률상의 명의 귀속 여부와 상관없이 책임재산은 채권자의 몫이라고 할 수 있다. 양도할 수 없는 재산은 강제집행의 대상이 되지 않는다. 개인택시 면허, 주류판매면허, 건설업 면허 등이다. 역사적으로 사람 자체가 강제집행의 대상이 된 적이 있었다. 로마의 12표법, 베니스의 상인 이야기가 그것이다.

압류, 환가, 배당으로 이어지는 강제집행 절차는 그 대상이 되는 재산의 종류에 따라 약간씩 다른 방식으로 진행된다. 종국적으로 채권자에게 금전 즉 돈을 나누어주는 것을 목적으로 한다는 점에서는 본질적으로 같다. 강제집행의 첫 단계인 압류는 국가기관이 채권자를 위하여 강제력을 행사하여 점유를 취득하는 사실행위이지만 실제로는 상당히 관념적이다. 권리의 변동이 공시되는 방식과 같다. 동산은 집행관이 현실적으로 물건의 점유를 취득함으로써 압류를 시행한다. 압류가 점유의 취득인

이상 동산을 압류하면 집행관이 자신의 직무집행 장소로 가지고 가는 것이 원칙이겠다. 그렇지만 이것은 현실적이지 않다. 이동에는 직접 비용이 들고 그로 인한 손상가능성도 있다. 집행관이 보관장소를 상시 마련하는 것도 불가능하다. 그래서 실무상으로는 압류한 물건을 채무자에게 보관하게 한다. 집행관은 압류를 시행하면서 압류 물건임을 알리는 스티커(보통 빨간색)를 압류 대상인 물건에 붙이는 방식을 쓴다(민사집행법 제189조 제1항). 채무자가 "가재도구에 빨간딱지가 붙었다"라는 말을 할 때 법률인들은 채권자가 압류를 시행한 것으로 이해한다. 이 압류 표지를 함부로 훼손하면 공무상표시무효죄로 처벌받을 수 있다(형법 제140조 제1항). 압류를 실시한 후 매각을 하는데, 압류일과 매각일 사이에는 1주일 이상 기간을 두어야 하지만, 보관 비용이 들거나 시가 하락의 염려가 클 때는 바로 매각도 가능하다(민사집행법 제202조). 법률은 집행관에게 채무자의 주거, 창고 그 밖의 장소를 수색하고, 잠근 문과 기구를 여는 등 적절한 조치를 할 수 있는 권한을 부여한다(같은 법 제5조 제1항). 이것은 채무자가 저항하거나 채무자가 없을 때도 증인의 참여하에 가능하다(같은 법 제6조). 실무는 채무자 부재 시 열쇠 전문가를 대동하여 대문을 열고 들어가기도 한다. 다만 적극적으로 주거를 수색하여 현금이나 귀금속을 압류하는 예는 그렇게 보고되지 않는다. 주로 압류되는 품목은 대형 텔레비전, 세탁건조기, 에어컨디셔너와 같이 중고시세가 형성되는 제품이다. 가능하면 사생활을 존중하려고 하는 집행관과 달리, 조세 체납자를 상대로 은닉재산을 찾으려는 공무원들은 적극적으로 장롱을 뒤져 명품 시계와 보석, 가방 같은 고가품을 압류하였다는 사례를 상담한 적이 있다.

부동산 및 이에 준하여 권리의 창설과 이전에 등기, 등록을 필요로 하는 선박 등 자산의 압류는 등기부, 등록부에 경매개시결정을 함과 동시에 압류를 명함으로써 이루어진다(민사집행법 제83조 제1항). 이 압류는 채무자의 관리, 이용에 영향을 미치지 않는다(같은 조 제2항). 등록이 되지만 이동을 그 물건의 본질적 요소로 하는 선박, 자동차, 항공기는 부동산압류에 관한 규정을 따르되, 집행을 위한 증서의 유치와 정박 같은 감수보전조치도 필요하다(같은 법 제174조, 제176조). 채무자가 가지고 있는 채권의 압류는 채무자에 대한 채무자 즉 제3채무자에 대한 통지로 압류를 실행한다(같은 법 제223조). 원칙적으로 채무자의 보통재판적이 있는 곳의 지방법원이 집행기관이 된다(같은 법 제224조).

환가 즉 재산을 매각하여 현금으로 바꾸는 것에는 시간

이 필요하다. 그것은 적법한 절차 진행을 위한 불가피한 요청이다. 환가가 가능하다면 비싼 값에 이루어지는 것은 채권자의 최대한의 이익 실현을 위하여 필요하지만, 그것은 채무자를 보호하기 위한 것이기도 하다. 강제집행으로 소멸할 채무의 금액이 높아지는 것이기 때문이다. 경매가 적정하게 이루어지도록 법원은 경매사건, 경매물건에 관하여 감정가액, 기일 진행 예정과 최저경매가액과 같은 정보를 인터넷으로 자세히 공시한다.

부동산에 대한 강제집행은 부동산 자체를 매각하여 그 매각 대가를 배당하는 강제경매가 일반적이지만, 일반 채권의 만족을 위한 강제집행으로서의 경매보다는 담보권의 실현을 위한 임의경매가 많이 행하여진다. 다만 담보가치가 무시되어 금융채권자가 담보 취득을 거절한 시골의 임야와 전답, 공동상속재산의 일부 등에 관하여는 제법 행하여진다. 최근 경매에 관한 정보가 유통되고 경매학원이 생길 정도로 하나의 산업이 됨에 따라 법원이 시행하는 경매에서 물건이 '헐값에 매각된다'는 주장은 타당성이 의심스럽다. 매각 방식으로는 기일에서의 호가경매, 기일입찰, 기간입찰의 세 가지 방식이 있다(민사집행법 제103조 제2항). 실무는 기일입찰이다. 강제관리에서는 부동산의 매각을 보류하고 이를 관리하여 그 수익으로 채권의 변제에 충당한다. 강제관리에서는 압류와 동시에 채무자의 관리권을 관리인에게 이전하여 그 수익을 채권자들에게 배당한다(같은 법 제163조, 제164조, 제169조).

유체동산의 환가는 압류된 물건을 옮기지 않고 채무자가 사용하던 상태에서 이루어지는 것이 보통이다. 매각대금의 교부, 배당도 현장에서 이루어진다. 압류 물건이 주거에 비치된 가재도구인 경우에는 압류가 이루어지는 현장도, 매각이 이루어지는 현장도 가정이다. 집행관뿐만 아니라 매수인 또는 그들의 대리인의 주거 진입은 채무자 및 이를 지켜보는 가족들에게 정신적인 압박을 준다. 그리하여 유체동산 압류 집행의 위협은 그 자체로 채권 추심을 위한 압박수단으로 작용한다. 낯선 사람들이 들어와 집 안의 물건을 집어 가는 과정을 아이들에게 보여 주는 것은 채무자들이 가장 두려워하는 것 중 하나이다. 이와 같은 간접강제로서의 작용을 제외하면 유체동산 압류의 집행으로 채권자가 회수할 수 있는 금액은 많지 않다. 그럼에도 불구하고 채권추심 산업은 꾸준히 유체동산 압류를 실시한다. 비슷한 처지에 있는 채무자들에 대한 경고로서 일종의 의례라고도 할 수 있겠다. 그런데, 생각보다 어린아이들은 영악하다. 채권추심인들의 방문과 전화에 대하여 부모가 없다는 거짓말을 하기도 한다.

이를 계기로 아이들은 일찍 철이 든다.

혼인이 유지되는 가정에서 동산은 부부의 공유로 추정된다(민법 830조 제2항). 채무자와 그 배우자의 공유로서 채무자가 점유하거나 배우자가 공동으로 점유하고 있는 유체동산 전체를 집행관은 압류할 수 있다(민사집행법 제190조). 이 경우 채무자가 아닌 배우자는 매각기일에 출석하여 자신이 우선 매수할 것을 신고할 수 있다(같은 법 제206조 제1항). 이 경우 최고가 매수 신고가 있더라도 배우자에게 매각을 허가하여야 한다(같은 조 제2항, 제140조). 또 배우자는 공유자로서 자신의 지분을 매각당하였으므로 이에 해당하는 부분에 상당하는 배당을 받을 수 있다(같은 법 제221조 제1항). 우선매수청구권은 배우자의 주거생활 안정을 위하여 필요하므로 자주 행사된다. 한편으로는 이를 위하여 어쩔 수 없이 매수한다는 의사를 표시하는 것이기 때문에 채권추심인은 유체동산의 매각기일에 참여할 유인이 있다.

채무자가 가진 채권의 환가는 압류한 채권을 채권자가 추심하거나 채권자에게 이전하여 변제에 충당할 수 있도록 하는 방법이 원칙적으로 이용된다. 추심명령은 채권자에게 추심권한을 준다(같은 법 제232조 제1항). 채권자는 추심의 신고를 함으로써 자신의 채권에 충당할 수 있고, 그 신고 전에 다른 채권자가 개입하면 공탁하여 배당을 기다려야 한다(같은 법 제236조). 추심의 신고를 게을리하여 배당액이 줄거나 아예 받지 못하는 경우도 실무상 흔히 발생한다. 전부명령은 채무자의 채권이 변제에 갈음하여 채권자에게 이전하도록 하는 효과를 준다(같은 법 제231조). 채권의 회수 가능성이 의문일 때, 기타 다른 사정이 있을 때는 채권 그 자체를 환가하는 특별현금화도 인정된다(같은 법 제241조). ●

7. 강제집행으로부터 면제되는 재산

- 면제재산을 둔 취지

성질상 강제집행이 가능한 것이라고 하더라도, 특정 재산은 강제집행으로부터 배제된다. 재산이 없으면 채무자는 자신의 노력, 노무, 서비스를 타인에게 제공하여 생활비를 벌어야 한다. 그러기 위해서는 일을 하기 위한 기초가 되는 도구는 강제집행의 대상으로부터 배제하는 것이 합당하다. 한편 의식주 생활을 영위할 수 있는 가장 기초적인 금품도 남겨 주어야 채무자는 인적 자본(human capital)을 유지할 수 있다. 민사집행법은 주로 생업의 도구 및 가정 생활용품인 일부 유체동산에 관하여, 또 현금과 이에 준하는 급여채권과 예금채권 등 금융자산에 관하여 강제집행으로부터의 면제를 규정하고 있다.

- 부동산 및 임대차보증금 채권

채무자가 거주 중인 주택과 이에 부수한 토지 전부 또

는 그 매각대금의 일부를 강제집행으로부터 면제하는 제도(homestead exemption)는 우리나라에서는 인정되지 않는다. 즉 부동산에 관하여는 피담보채무를 제외하고 채무자에게 귀속될 지분가치(equity)가 아무리 작아도 면제재산의 규정이 없다. 예를 들어 서울에서 작은 빌라 하나를 2억원에 사서 거주하는 D가 3억원의 부채를 갚지 못하여 채권자 C가 강제경매를 했다고 가정해 보자. 나아가 이 빌라에 구입하기 위하여 D는 1억 2천만원의 주택담보대출을 받고 근저당권도 설정하여 주었다고 하자. 채무자에게 귀속될 지분가치는 8천만원이다. 빌라가 2억원에 경락된다면, 1억2천만원을 제외한 8천만원의 채무자 지분가치가 전부 채권자 C에게 교부될 것이고 채무자 D는 이제는 남의 것이 되어버린 빌라로부터 나와야 한다.

이에 반하여 채무자가 임차인인 경우, 면제재산의 범위가 상당히 넓은 편이고, 서울특별시민은 특별한 우대를 받는다. 주택임대차보호법 제8조, 같은 법 시행령의 규정에 따라 우선변제를 받을 수 있는 금액은 압류하지 못한다(민사집행법 제246조 제1항 제6호). 주택임대차보호법에 의한 임대차보증금이 보호받는 범위는 앞서 본 바와 같이(본서 100p 참조) 2023년 현재 서울이 5천5백만원에서 시골지역의 2천5백만원까지 여러 단계이다.

같은 재무적 포지션을 취한다고 하더라도, 법률상의 소유자가 되는 것보다는 임차인이 되는 것이 훨씬 강한 지위를 취득한다. 앞의 D가 빌라를 담보대출 1억2천 끼고 자기 돈 8천만원 들여 '소유'하는 대신에, 그냥 다른 사람이 빌라를 취득하게 하고 8천만원의 임대차보증금을 내고 들어갔다고 가정해 보자. 일단 임대차보증금은 채권자가 압류하여 현금화하기 어렵다. 설령 현금화하였다고 하더라도, 8천만원을 채권자가 회수하지는 못한다. 그 중에서 5천5백만원을 제외한 2천5백만원만이 압류를 시행한 채권자의 몫이 된다.

- 유체동산

다음 각호의 물건은 압류하지 못한다 (민사집행법 제195조).
1. 채무자 및 그와 같이 사는 친족(사실상 관계에 따른 친족을 포함한다, "채무자등")의 생활에 필요한 의복·침구·가구·부엌 기구, 그 밖의 생활필수품
2. 채무자 등의 생활에 필요한 2월간의 식료품·연료 및 조명 재료
3. 채무자 등의 생활에 필요한 1월간의 생계비로서 대통령령이 정하는 액수의 금전
4. 주로 자기 노동력으로 농업을 하는 사람에게 없어서는 아니될 농기구·비료·가축사료·종자, 그 밖에 이에 준하는 물건

5. 주로 자기의 노동력으로 어업을 하는 사람에게 없어서는 아니될 고기잡이 도구·어망·미끼·새끼 고기, 그 밖에 이에 준하는 물건
6. 전문직 종사자·기술자·노무자, 그 밖에 주로 자기의 정신적 또는 육체적 노동으로 직업 또는 영업에 종사하는 사람에게 없어서는 아니 될 제복·도구, 그 밖에 이에 준하는 물건
7. 채무자 또는 그 친족이 받은 훈장·포장·기장, 그 밖에 이에 준하는 명예 증표
8. 위패·영정·묘비, 그 밖에 상례·제사 또는 예배에 필요한 물건
9. 족보·집안의 역사적인 기록·사진첩, 그 밖에 선조 숭배에 필요한 물건
10. 채무자의 생활 또는 직무에 없어서는 아니 될 도장·문패·간판, 그 밖에 이에 준하는 물건
11. 채무자의 생활 또는 직업에 없어서는 아니 될 일기장·상업장부, 그 밖에 이에 준하는 물건
12. 공표되지 아니한 저작 또는 발명에 관한 물건
13. 채무자 등이 학교·교회·사찰, 그 밖의 교육기관 또는 종교단체에서 사용하는 교과서·교리서·학습 용구, 그 밖에 이에 준하는 물건
14. 채무자 등의 일상생활에 필요한 안경·보청기·의치·수족·지팡이·장애 보조용 바퀴의자, 그 밖에 이에 준하는 신체보조기구
15. 채무자 등의 일상생활에 필요한 자동차로서 자동차관리법이 정하는 바에 따른 장애인용 경형 자동차
16. 재해의 방지 또는 보안을 위하여 법령의 규정에 따라 설비하여야 하는 소방설비·경보기구·피난시설, 그 밖에 이에 준하는 물건

위 제3호가 정한 바 압류가 금지되는 1월간의 생계비는 185만원으로 하되, 아래 사유로 압류하지 못한 예금이 있으면 그 금액을 합산하여 185만원까지 채무자에게 남겨 준다. 위 압류금지의 범위는 채권자와 채무자의 생활 형편, 그 밖의 사정을 고려하여 압류 금지의 범위를 변경하여 줄 수 있다(민사집행법 제196조).

- 채권

압류가 금지되는 채권으로 민사집행법이 규정한 것은 다음과 같다(민사집행법 제246조 제1항).
1. 법령에 규정된 부양료 및 유족부조료(遺族扶助料)
2. 채무자가 구호사업이나 제3자의 도움으로 계속 받는 수입
3. 병사의 급료
4. 급료 · 연금 · 봉급 · 상여금 · 퇴직연금, 그 밖에 이와 비슷한 성질을 가진 급여채권의 2분의 1에 해당하는 금액. 다만, 그 금액이 국민기초생활보장법에 의한 최저생계비를 고려하여 대통령령이 정하는 금액에 미치지 못하는 경우 또는 표준적인 가구의 생계비를 고려하여 대통령령이 정하는 금액을 초과하는 경우에는 각각 당해 대통령령이 정하는 금액으로 한다.
5. 퇴직금 그 밖에 이와 비슷한 성질을 가진 급여채권의 2분의 1에 해당하는 금액

6. 「주택임대차보호법」 제8조, 같은 법 시행령의 규정에 따라 우선변제를 받을 수 있는 금액
7. 생명, 상해, 질병, 사고 등을 원인으로 채무자가 지급받는 보장성보험의 보험금(해약환급 및 만기환급금을 포함한다). 다만, 압류금지의 범위는 생계유지, 치료 및 장애 회복에 소요될 것으로 예상되는 비용 등을 고려하여 대통령령으로 정한다.
8. 채무자의 1월간 생계유지에 필요한 예금(적금 · 부금 · 예탁금과 우편대체를 포함한다). 다만, 그 금액은 「국민기초생활 보장법」에 따른 최저생계비, 제195조 제3호에서 정한 금액 등을 고려하여 대통령령으로 정한다.

    앞에서 본 부동산임차권이 채권으로 구성되어 있어 포함되는 것을 제외하고는 급여, 퇴직금 및 보험금, 현금이다. 금융기관 사이의 이체로 위 금액을 지급하는 현대의 실정을 고려하여 이들 금액이 금융기관의 계좌에 이체되는 경우에는 일단 일반 예금계좌로 들어가 압류되었더라도 채무자는 압류명령의 취소를 신청할 수 있다(민사집행법 제246조 제2항). 급여는 원칙적으로 2분의 1이 압류금지재산이지만, 소득세가 누진세율로 과세되는 것과 비슷하게, 저소득자에게는 압류가 가능한 금액이 축소되고, 고소득자에게는 압류가 가능한 금액이 확대되어 있다. 즉, 월 185만원에 미달하는 급여는 압류하지 못한다(같은 법 시행령 제3조). 반면에, 급여의 2분의 1에서 월 300만원을 공제

한 금액을 먼저 계산한 후 이 금액의 2분의 1에 월 300만원을 합산한 금액이 압류금지의 범위에 속하고 이것을 초과하는 금액은 압류할 수 있다. 예를 들어 급여가 월 1,000원이라면, 그 2분의 1은 500만원이고 여기에서 300만원을 공제하면 200만원이 된다. 이를 2분하면 그 1은 100만원이 되고, 여기에 300만원을 더하면 400만원이 된다. 채권자의 몫은 600만원이고 채무자에게는 400만원이 남는다. 도해해 보면 다음 표와 같다.

급여액	300	400	500	600	700	800	900
2분의 1	150	200	250	300	350	400	450
압류금지한도	225	250	275	300	325	350	375
압류금지	185	200	250	300	325	350	375
압류가능	115	200	250	300	375	450	525
압류비율	38%	50%	50%	50%	54%	56%	58%
급여액	1000	1100	1200	1300	1400	1500	1600
2분의 1	500	550	600	650	700	750	800
압류금지한도	400	425	450	475	500	525	550
압류금지	400	425	450	475	500	525	550
압류가능	600	675	750	825	900	975	1050
압류비율	60%	61%	63%	63%	64%	65%	66%

이러한 누진제 계산방식은 상대적으로 저액의 급여를 받는 근로자는 영향을 미치지 않는다. 월 600만원을 기준으로

그보다 고액의 급여를 받는 경영자, 의사 등 전문직업인들은 급여 압류의 부담이 크다. 고소득자일수록 더욱 그러하다. 채권의 회수에 조력하는 것이 사법정책의 중요한 목표라고 본다면 일견 정당해 보인다. 갚은 능력이 있는 사람이 많이 갚는 것이므로 그렇다. 그렇지만 이것은 상대적으로 고액의 급여를 받는 지식산업근로자와 경영자, 전문직업인들에게 더 열심히 노력할 인센티브를 저해하는 효과가 있다.

급여를 채권자에게 압류당하는 것이 품위 손상이라고 하여 해직의 사유가 되던 시절도 있었지만, 현재 그렇게까지 되지는 않는다. 다만, 아무래도 좋지 못한 평판이 확산하는 사유가 될 수 있다. 채권 추심의 수단으로 급여를 압류하겠다고 고지하는 것은 상당한 심리적 레버리지로 작용한다. 실제로 채권압류가 실행되는 현황을 보면, 공무원, 교직원, 공기업 직원과 같이 급여가 충분하고 직업의 안정성이 있어 압류해도 지급되는 생계비로 생활을 유지할 수 있는 경우에는 채권자가 장기간에 걸쳐 안정적인 변제를 받기도 한다. 사기업에 다니는 사람들은 자발적으로든 권고에 의하든 사직을 하는 경우가 많다. 직접강제 수단으로서 급여압류의 효용성은 많이 떨어진다. 게다가 급여의 압류는 채무자로 하여금 파산절차를 신청하게 할 인센티브를 늘린다. 실제로 미국의 일부 주는 근로자의 급여에 대한 압류를 금하고 있는데, 그러한 주에서는 연체한 채무자라도 개인파산을 신청하지 않는 경우가 많다고 한다. 퇴직금은 복잡한 계산을 하지 않고 그냥 2분의 1이다. 저소득자라도 예외가 없다.

- **특별법에 의한 압류금지재산**

국민기초생활급여를 받을 권리, 국민연금을 받을 권리, 공무원, 사립학교 교직원이 연금을 받을 권리, 의료기구, 사립학교의 재산이 그것이다. 퇴직연금제도에 의하여 근로자가 연금 또는 일시금을 받을 권리도 압류하지 못한다(근로자퇴직급여 보장법 제7조 제1항). 민사집행법과 상관없이 전액 압류가 금지되었다. 판례도 같은 취지이다(대법원 2014. 1. 23. 선고, 2013다71180 판결). ●

8. 강제집행의 보조 절차

- 가압류

집행권원이 완성되지 않았을 때는 앞에서 본 강제집행을 할 수 없다. 그 전에 채무자가 재산을 처분하거나 다른 채권자가 먼저 강제집행을 하여, (이것도 본질적으로는 채무자가 처분하는 것이나 마찬가지이다) 채권자가 강제집행을 할 재산을 남기지 않을 수 있다. 이러한 경우가 발생하는 것을 막기 위해 판결 등 집행권원을 얻기 전에 채권자는 채무자의 재산을 가압류할 수 있다(민사집행법 제276조 제1항). 금전채권의 보전을 위한 것인 이상 가압류 신청금액을 공탁하면 가압류 집행을 취소하여야 한다(같은 법 제282조). 이것을 실무상 가압류 해방공탁이라고 한다. 금전의 지급을 청구하는 소송절차와의 차이점은, 그것을 보전하기 위하여 청구금액 범위 내에서 채무자의 재산에 대한 처분권을 임시로 취득한다는 것일 뿐이고, 소송절차와 별다른 점이 없다. 다만, 가압류의 재판은 '결정'이라는 형식을 취하므로, 당시자가 참여하는 변론이나 신문 없이 내릴 수 있다(같은 법 제281조 제1항).

강제집행의 대상이 되는 것이면 원칙적으로 그 강제집행의 방식에 따른다(민사집행법 제291조 제1항 이하). 보통 채권자가 제출한 신청서와 부속서류로 제출된 소명을 보고 채권자가 주장하는 권리가 그럴듯하고 보전의 필요성이 있다고 인정되면 채무자에게 알리지 않고 일단 가압류결정을 내린다. 그것이 집행된 후 채무자에게 가압류결정을 통지하는 것이 실무이며, 채무자가 알게 된 후 이의신청을 하거나 집행취소를 하면 그때 다시 가압류가 정당한지, 유지하는 것이 합당한지를 법원이 다시 심리하는 구조로 되어 있다(같은 법 제283조, 제288조).

가압류의 집행 또한 아직 변제 의지가 남아 있는 채무자에 대하여는 강력한 압박 수단의 역할을 할 수 있다. 그럭저럭 매출과 경상적 운영자금 지출을 지속하고 있지만 연체된 채무가 있는 사업자인 채무자를 상대로 거래처에 대한 납품 대금에 대하여 및/또는 은행에 대한 예금채권에 대하여 채권 가압류를 시행하는 것은 그 자체만으로 기업의 운영자금을 사용하지 못하게 하므로 결정적인 변제압박의 효과가 있다. 따라서 법원에 따라서는 이러한 채권 가압류를 가능하면 하지 않으려고 하는 곳도 있지만, 케이스 바이 케이스다. 가끔 부당한 가압류결정이 집행될 때가 있다. 이때에는 법률상 손해배상책임이 따르지만, 그 손해의 범위는 가압류결정으로 인하여 채무자가 금전을 사용하지 못한 금액 또는 가압류 집행을 해제하기 위하여 부당한 이자일 것이다. 이것은 법률상 그렇다는 것이다. 사업의 내리막길에서 변제 자력이 줄어들 때 채권 추심 및 가압류를 받았던 채무자로서는 후일 가압류의 부당함을 밝히기 어렵고, 설령 부당한 가압류라고 인정된다고 한들 채권자에게 손해의 배상을 구할 실력이 남아 있지 않은 것이 대부분이다.

- 재산명시와 채무불이행자명부

판결 등 집행권원을 가지고 있는 채권자는 채무자에게 재산명시를 요구할 수 있다(민사집행법 제61조 제1항). 정당한 이유가 있으면 법원은 재산목록을 제출하라고 채무자에게 명할 수 있다(같은 법 제62조 제1항). 가압류처럼 신청서만으로 심리한다(같은 법 제62조 제2항). 정당한 이유라야 그것은 채무자가 이행하지 않고 있다는 것 및 채권자가 채무자의 재산을 발견하지 못하고 있다는 진술이 될 것인데, 그렇지 않은 경우 채권자가 신청하는 일은 상상하기 힘들다. 따라서 재산명시명령은 채권자가 신청하면 거의 자동으로 내려진다고 가정해도 되겠다.

명시명령에 대하여 유효한 이의가 없으면 법원은 재산명시를 위한 기일을 정하여 채무자의 출석을 요구한다(민사집행법 제64조 제1항). 지정된 명시기일에 채무자는 강제집행의 대상이 되는 재산과 다음 각호의 사항을 명시한 재산목록을 제출하여야 한다(같은 조 제2항). 후술할 '사해행위의 존부'를 채권자가 판단할 수 있게 하기 위함이다.

1. 재산명시명령이 송달되기 전 1년 이내에 채무자가 한 부동산의 유상양도(有償讓渡)
2. 재산명시명령이 송달되기 전 1년 이내에 채무자가 배우자, 직계혈족 및 4촌 이내의 방계혈족과 그 배우자, 배우자의 직계혈족과 형제자매에게 한 부동산 외의 재산의 유상양도
3. 재산명시명령이 송달되기 전 2년 이내에 채무자가 한 재산상 무상처분(無償處分). 다만, 의례적인 선물은 제외한다.

실무상 채무자에게 재산명시명령을 보낼 때에는 명시기일에 제출할 재산목록과 위 거래 내역이 자세히 기재된 재산목록 양식을 첨부한다(민사집행규칙 제28조 제1항, 제2항). 명시기일에 출석한 채무자는 재산목록이 진실하다는 것을 선서하여야 한다(같은 법 제65조 제1항). 재산명시명령이 발령될 정도에 이른 채무자 중 전형이 되는 사람들은 설문지 양식에 각 재산의 보유 란에 '없음'이라고 표시하고, 명시기일에 출석하여 수십

명의 다른 사람들과 합동으로 법정에서 선서하고 나온다. 채무자가 지정된 재산명시기일에 출석하지 않거나 재산목록을 제출하지 않을 때, 선서를 거부한 때에는 채무자를 20일 이내의 감치에 처하도록 하는데, 이 감치 집행 중이라도 채무자가 명시하겠다고 하는 때는 다시 명시기일을 열어 감치결정을 취소하고 채무자를 석방할 수 있다(같은 법 제1항, 제5항, 제6항). 채권추심에 쫓기는 채무자는 명시기일에 출석을 못 하는 경우가 있다. 그로 인하여 감치결정을 받은 채무자도 흔히 보인다. 다만, 법원에 연락하여 불가피한 사유를 설명하면 대부분 다시 명시기일을 정하여 준다. 법률상 채권자는 채무자가 제출한 재산목록에 의존하여 채무자의 재산을 발견할 기회가 주어진다(민사집행법 제67조). 허위의 재산목록을 제출한 채무자는 3년 이하의 징역 또는 500만원 이하의 벌금에 처할 수 있게 되어 있다. 물론 채무자로서는 기억이 정확하지 않거나 법률 지식의 부족을 이유로 고의가 없다는 항변을 할지도 모르겠다. 채권자는 재산명시를 보충하기 위하여 재산에 관한 자료를 가지고 있는 공공기관, 금융기관, 단체에 대하여 재산의 조회를 신청할 수도 있다(같은 법 제74조). 이것은 재산목록에 준하여서 관리된다(같은 법 제75조 제1항). 잘 집행되지 않은 채무에 관하여는, 채무불이행자명부에 채무자에 관한 사항을 기재하여 공시하는 제도도 있다(같은 법 제70조). 채권자 명부는 그 결정을 한 법원에 비치하고 채무자의 주소지에도 송부한다(같은 법 제72조). 이것은 채무자의 신용 없음을 공시하여 간접강제의 효과를 거두려는 것이다. 발달한 신용정보산업에 추가하여 법원이 서비스를 제공하는 것이다.

재산명시, 재산조회, 채무불이행자명부 등재 어느 것이든 파산절차의 일부로서 규정되어 있는 제도이다. 필자가 법률에 입문하던 시기에는 민사집행을 구성하는 요소가 아니었다. 이들 제도가 개별적 채권행사인 민사집행의 영역으로 들어온 것은 파산절차의 본질인 집합적 채권행사라는 제약조건과 파산절차에서 개인 채무자의 면책이라는 위험을 회피하려는 노력일 것이다. 말하자면 파산절차에서 개별 채권자에게 불리한 가장 중요한 요소를 제거한 제도라고 할 수 있겠다. 입법이 채권자 편향으로 기울어진 예이다. 물론 채권을 실현하는 것은 정당하다. 그렇지만 어느 정도까지 그것을 권력으로 강제할지 역시 입법이 정하는 범위에 속한다. 어떤 경우에는 채무를 취소하기도 하는 것이다. ●

9. 채권의 효력 확장과 제한

> 부자는 가난한 자를 지배하고 채무자는 채권자의 종이다.
> (잠언 22:7)

　건실한 사업이 지급불능 및 그다음 파탄에 이르는 내리막길은 보통 1년 이상 어떤 경우 2년, 3년 동안 지속되는 길고 느린 과정이다. 가계도 마찬가지다. 부자 망해도 3년 간다고 하지 않았던가. 뿌리 깊은 나무, 샘이 깊은 물이 있지만 지나고 나면 쇠락하는 것은 어느 기업도 어느 가계도 마찬가지이다. 채무자의 자산이 줄어들고 여러 채권자에 대한 부채가 늘어나는 상황에서, 채무자는 자신이 법률상 '소유'한 자산에 대하여 더 이상 경제적 이해관계가 없게 된다. 이렇게 되면, 채무자가 자산을 수집한다고 하더라도 그것은 채권자의 것으로 귀속되어야 하니 적극적으로 행동할 인센티브가 없다. 반면에 그나마 남아 있거나 수집되는 자산을 채무자의 이익으로 사용하거나, 그저 낭비하거나, 감추려고 할 수 있다. 가깝거나 가장 압박을 가하는 일부 채권자(친족, 친지, 고리대부업자)에게 편파적으로 이익을 주려고 할 수 있다. 즉, 채무자는 재산과 관련하여 부작위, 작위로 일반 채권자의 이익을 해할 수 있다. 전통적인 파산제도는 채무자로부터 그 재산의 관리, 처분권을 빼앗아 파산관재인이 채무자의 권리를 행사하고 채무자가 채권자를 해한 행위의 결과를 원상회복하는 부인권이라는 제도를 두고 있다. 그런데, 파산절차가 개시되지 않은 때는 개별 채권자가 그러한 권한을 행사할 수 있도록 민법은 허용하고 있다.

- 채권자대위

채권자대위는 채무자가 그 권리를 행사하지 않을 때 채권자가 채무자의 권리를 행사하는 것이다 (민법 제404조 제1항). 채권자는 채무자를 대리하는 것이 아니고 자신의 권한으로 행사한다. 예를 들어 발주처에 대하여 매출채권이 있는 시공자가 채무자인데, 매출채권을 추심하지 않을 때, 이 시공자에게 건축자재를 공급한 자재상은 채권자로서 시공자를 대신하여 발주처에 대하여 자신에게 지급할 것을 구할 수 있다. 이것은 앞에서 본 채권의 압류, 추심과 유사한 기능을 한다. 채권자대위의 효과로 채무자의 권리는 실현된다. 채무자의 채무자 즉 제3채무자에게 채권자는 자신에게 이행하라고 요구할 수 있다고 보는 것이 실무이다. 채무자의 권리를 행사한 것이므로 이론상 재산을 수집한 채권자는 일단 채무자에게 인도해야 하지만 수집한 것이 금전인 경우 채권자는 자신의 채권으로 이를 상계를 할 수 있다. 자재상은 발주처로부터 돈을 받아 직불로 처리한다. 이것은 유효적절하게 활용되면 추심명령, 전부명령에 의한 강제집행의 효과를 가진다.

- 사해행위취소

채무자가 채권자를 해함을 알고 재산권을 목적으로 한 법률행위를 한 때에는 채권자는 그 취소 및 원상회복을 구하는 소를 제기할 수 있다(민법 제406조 제1항). 지금은 채권추심 과정에서도 흔히 쓰이는 말이 되었지만 실제로 사해행위가 현실적으로 인정된 역사는 길지 않다. 1990년대 중반까지는, 채무자가 자신의 의무를 이행하는 것 즉 변제를 하는 것은 사해행위의 범주에 포함되지 않았다. 그러한 채무가 있다는 주장에 대하여도 은행송금 기록과 같은 엄격한 증명을 요구하지도 않았다. 현금거래는 늘 있었기 때문이다. 그러다가 1997년의 외환위기 무렵부터 실무가 변했다. 금융산업의 부실채권을 사회적인 방법으로 대처하고 난 후 공적 부문이 인수한 방대한 부실채권을 회수하여야 한다는 압박이 사법 실무의 흐름까지 바꾼 것으로 추측된다. 즉 이전의 사해행위취소는 거래의 안전을 위하여 신중하게 운용해야 한다는 전통에서 벗어나, 채권자의 기대 실현을 위해서 채무자와 가까운 자를 광범위하게 희생하여도 좋다는 것으로 사법정책의 기조가 바뀌었다.

사해행위는 채무자의 행위로서 채무자의 재산을 감소시키는 것을 통칭한다. 정당한 대가를 받지 않고 또는 현저하게 낮은 대가를 받고 채무자의 재산을 이전하는 것이 그 전형일 것이다. 법률행위뿐만 아니라 채무자의 재산을 채권자가 발견하기 곤란하게 이전하는 효과가 있는 것도 포함한다. 유형자산을 매각하여 현금화하는 것은 채권자의 발견을 곤란하게 하고 곧 소비될 가능성을 크게 하므로 채무자 입장에서는 원칙적으로 사해행위이다. 즉, 일부 채권자에 대한 편파 변제라고 하더라도 그것은 채무를 이행한 것이니 사해행위가 아니라는 판례는 공식적으로 변경된 바 없다(대법원 1967. 4. 25. 선고, 67다75 판결, 1981. 2. 2.4. 선고, 80다1963 판결, 2001. 4. 10. 선고, 2000다66034 판결). 그런데 현재의 실무는 강제집행에서 채권자의 평등을 왜곡할 수 있다는 점이 인정되면 변제수령의 정당성과 상관없이 사해행위의 한 범주에 해당한다는 것으로 운용되고 있다. 편파 변제라는 이 유형은 아주 광범위하게 인정된다. 기존의 채무에 대하여 근저당권을 설정해 주는 것도 편파 변제로서 사해행위라고 간주한다. 물론 채무자와 거래를 하여 재산을 취득한 상대방, 즉 수익자 또는 그로부터 다시 재산을 취득한 전득자가 사해행위를 알지 못한 경우에는 채권자는 이를 취소할 수 없다(민법 제406조 제2항).

　　　　채권자에 대한 법원의 배려는 극진하다. 수익자의 악의는 추정된다고 하는 것이 최근의 실무경향이다. 오랫동안 운영하여 오던 사업이 기우는 것을 바로잡으려고 절망적인 투쟁을 하는 채무자는 지금까지 발생한 채권자들에게서 추가로 대부를 얻기 힘들다. 이때 형제자매와 부모, 사촌과 친구에게 손을 내밀어 마지막 운영자금을 조달한다. 어쩌면 그것은 다른 채권자들에 비해 존중받아야 할 이유가 충분히 있을 수 있다. 채무자도 이들에 대한 의리를 배반하기 힘들다. 마지막 순간에 이들에게 먼저 소액이라도 변제하는 행위는 도덕적으로 충분히 이해할 만하다. 그렇지만 그것은 앞서 발생하여 있는 금융채권자를 해하는 편파 행위이므로 사해행위에 해당한다. 이에 대한 친족, 친지의 악의는 번복하기 힘들다. 부동산의 매도도 그 매매대금에 관한 금융자료와 재산을 취득한 자의 합당한 소득증명에 의하여 뒷받침되지 않는 때는 사해행위로 판정되기 쉽다. 취득자가 친척, 친구인 경우, 금융자료와 소득증명도 무시되는 경우가 많다. "공적 자금을 받아 운영되는 공적 금융기관"이라는 주장은 사해행위취소를 구하는 소장의 청구원인 제1항에 상투적으로 서술되는 진부한 말이 되었다. 상속재산 협의분할, 이혼 시의 재산분할도 사해행위에 해당한다. 이쯤 되면 최고의 사법주권을 채권자 계급이 확보한 것이라고 말할 수 있겠다.

사해행위취소는 수익자 또는 전득자를 상대로 한 소송으로만 주장할 수 있고 채무자는 피고적격이 없다. 사해행위가 인정되면 재산을 원상회복한다. 사해행위가 부동산의 소유권 이전이나 근저당권설정이면 그 이전등기, 설정등기의 말소이다. 사해행위로 이전한 것이 근저당권이 설정된 부동산인데 수익자가 그 피담보채무를 이미 갚아버린 경우가 흔히 있다. 이때 부동산 자체를 원상회복하게 하여도 근저당권은 살아나지 않는 것으로 되어 수익자가 변제금액 상당의 손해를 입게 되므로 부동산의 가액에서 수익자의 변제액을 제외한 금액을 가액배상이라는 이름으로 채권자에게 지급하도록 하는 것이 실무이다. 사해행위가 현금의 이전이라면 채권자가 받아 앞의 채권자대위에서처럼 처리한다. 그렇게 되면 사해행위취소 소송에 나선 채권자는 다른 채권자에 앞서 변제를 받는 결과가 된다. 이것이 실무상 사해행위라는 주장은 승인된 적이 없다. 2위의 승리이다. "1등만 알아주는 더러운 세상"이라고 그 누가 말했던가.

사해행위취소권은 채권자가 취소 원인을 안 날로부터 1년, 법률행위 있은 날로부터 5년 이내에 소송이 제기되어야 한다. 실무상 가끔 발견되는 실수는, 사해행위라고 주장하는 법률행위의 결과 이루어진 등기 이전, 설정에 대하여 처분금지가처분을 해 놓고 1년의 기간을 깜박하고 놓치는 경우이다.

- **채무의 상속**

사람이 죽으면 그의 재산을 공적인 수탁자가 정리하고 필요하면 처분하여(estate sale) 그것에서 고인의 채권자에게 배당하고 잔액이 있을 때 이를 유언에 따라, 또는 법에 정해진 바에 따라 유증을 받은 자 또는 상속인에게 인도하는 상속재산 법정청산(probate) 제도를 우리 법제는 창설하지 않았다. 그리하여 우리 법제에서는 원칙적으로 채무도 상속된다. 채무의 상속을 기피하는 채무자가 법정 방식으로 상속을 포기함으로써 채무의 승계를 원천적으로 막는 방식을 인정하지만, 3개월이라는 기간 제한이 있다. 상속받은 재산의 범위 내에서 채무를 변제하겠다고 법정 방식으로 선언하는 한정승인 제도도 인정되지만 역시 3개월의 기간 제한이 있다. 이 3개월의 기간은 자칫 넘기기 쉽고, 또 상속인이 모르고 지나가기도 한다. 그러한 경우 듣도 보도 못하였던 거액의 채무에 시달리게 된 사람이 있었다. 이를 구제하기 위하여 채무초과를 알게 된 날부터 3개월 이내에 특별 한정승인을 할 수 있게 법률이 개정되었으나, 실무상 그렇게 잘 활용하고 있지 않다. 미성년의 자녀가 거액의 상속 채무를 부담하는 예가 종종 뉴스에 나와 여론의 동정을 받지만, 부채의 당연 상속을 폐지하자는 목소리는 그다지 높지 않다.

- 소멸시효

이렇게 채권의 효력이 마냥 확장되면 아마도 사회의 평화는 깨질 것이고, 사인들 간에도 역사 이야기로 어지러울 것이다. 또 소송으로 추급할 수 있는 권리가 실제로 소송이 제기되지 않았다면 변제 등으로 만족을 얻었으리라고 가정하는 것이 합리적이다. 소의 제기는 채권자의 의사에 달렸다. 채권자는 장기간 소 제기를 지연함으로써, 예를 들어 증인의 사망으로 피고의 입증 방법이 그의 과실 없이 소멸하는 경우와 같이 피고의 방어를 어렵게 할 수 있는 지위에 있다. 채무의 변제를 입증하기 위하여 수많은 영수증을 버리지 않고 보유하여야 한다면, 그것은 채무자에게 큰 부담이다. 그리하여 채권자의 권능을 시간상으로 제한하는 것이 소멸시효 제도이다. 이것은 피고의 법적 안정성을 보호하는 것 이외에 소송을 줄이려는 목적도 있다. 초대 대법원장인 가인 김병로 선생의 "범죄가 줄어들고 소송이 적어야 좋은 세상이지, 청사만 늘려서 무엇하겠는가"라는 발언은 충분히 경청할 가치가 있다. 물론 채권자가 소를 제기하거나 가압류, 압류 등의 방법으로 권리를 행사하거나 채무자가 승인하면 소멸시효는 중단되기도 하고 이와 관련하여 나름 복잡한 해석이 있지만 대략 상거래로 인한 채권은 5년, 개인 사이의 일반 민사 채권은 10년이라고 이해하면 되겠다. 다만, 실무가들도 흔히 간과하는 것은 상인이 판매한 물품 대금이나 건설업자의 공사대금 채권 같은 것이 3년의 소멸시효에 걸린다는 점이다. 한번 판결을 받아 중단된 소멸시효는 다시 진행하지만, 10년이 지나 소멸시효 완성 무렵에 다시 소를 제기하여서 채권의 소멸시효를 중단시킬 수 있다는 것이 판례, 실무이다. 이것은 앞에서 본 채무 상속과 결합하여, 채권을 자손만대 영구히 존속하게 할 수 있다.

- 법인

지금까지 본 채무의 엄격함에 비추어, 그중 상당수가 어쩌면 대부분 실패로 돌아갈 것이 분명한 모험적인 투자 기타 사업에 나서는 자들로서는 자신이 패가망신하지 않도록 책임을 제한하는 노력을 하게 한다. 그것은 사업을 하는 자가 거래에 있어 상대방과의 사이에 책임을 지는 해당 범위에 관해 약정하는 것으로 실현될 수 있을 것이다. 또 채무를 지더라도 특정 재산만으로 책임지도록 정할 수도 있다. 미국인들이 주택담보대출에서 사용하는 유한책임 대출(non-recourse loan)이 그것이다. 그러나 그와 같은 약정을 거래상대방과 일일이 맺는다는 것은 기업활동에서 수도 없이 많은 거래가 일어나고 청산되는 점에 비추어 불가능하다. 또 채무는 계약에 의하지 않고 발생하는 것도 있다. 이를 위하여 전형적으로 활용되는 것이 주식회사를 위시한 법인(corporation)이다.

법인은 이를 구성하는 사람(자연인)으로부터 독립된 실체로 관념된다. 따라서 법인을 설립하여 그 법인이 재산을 소유하며 기업을 운영하는 법적 허구를 사용하면, 법인의 구성원은 이로 인한 거래상 또는 거래 외적으로 발생하는 법인의 채무로부터 원칙적으로 자유롭다. 설립도 거의 자유롭다. 민법상 법인은 정부의 인가를 받아야 성립하는 것으로 규정되어 있지만, 상법상 회사는 특정 기준을 갖추어 신청하면 자유롭게 설립할 수 있다. 그리고 종중, 동창회와 같이 법인의 인가를 받지 않은 단체도 그 구성원은 원칙적으로 책임을 지지 않는다. 기업인은 자신의 사업을 법인화함으로써, 그 후 기업이 지급불능에 이르더라도 아무런 조치 없이 채무를 '해결'할 수 있다. 앞에서 본 조세채무의 예가 있고, 또 채권자들은 법인과 거래를 하더라도 법인을 실제로 지배하는 자에게 보증, 연대보증, 채무 인수를 요구하여 관철함으로써 기업인의 의도를 좌절시킬 수 있다. 이와 같은 사전조치는 채권을 둘러싼 대립 관계를 반영한다.

종종 법인이 '독립적인 사람'이라는 주장은 부인되기도 한다. 이른바 '법인격 부인의 법리'라고 부르는 것인데, 법인의 재산이 기업을 실제로 운영하는 개인의 재산과 구별되지 않을 정도일 때 사용되기도 하고, 채무자인 법인 재산을 비롯한 기업 실체를 다른 법인이 인수하여 운영이 지속될 때, 영업을 계속하는 법인은 껍데기가 되고 채무만 남은 법인의 책임을 지울 때 쓰이기도 한다. 비록 법인격 부인의 주장이 받아들여지는 예가 최근 들어 증가하긴 했지만, 법인이 별개의 인격을 가진다는 교리는 비교적 잘 지켜지고 있다고 가정할 수 있다. 대기업뿐만 아니라 중견기업에서도 여러 개의 사업 부문, 특히 새로 진출하는 모험사업을 별개의 법인으로 창설하여 운영되게 하는 것이 필요할 때 부진한 부분을 쉽게 정리하기 위한 목적도 있다. 또 법인을 지배하는 개인에게 거액의 채무가 있다고 하더라도 그 자체로서는 법인에 영향을 주지 않는다. 대표자로서 법인의 행위를 한다 하더라도 그것은 자신의 계산으로 하는 것이 아니고 법인의 명의로, 그 계산으로 하는 것이기 때문이다. 법인을 지배하는 자가 법인에 주식과 지분을 가지고 있는 경우라면 채권자는 집행권원을 받아 그 자의 주식과 지분을 압류하여 매각하는 방식으로 채권을 실현할 수 있지만, 그것은 법인이 어느 정도 규모가 되어 개인의 지배에서 벗어나 있을 때나 가능하다. 수도 없이 많은 사업자들이 자신의 책임을 제한하기 위해 설립하는 작은 규모의 주식회사에서는 사실상 가능하지 않다. 채권자들의 채권 집행이 주효하여 주식과 지분이 타인에게 넘어가게 되어 지배구조가 바뀔 위기가 되면, 사주는 사업의 실체를 다른 법인에 이전함으로써 마치 모자를 바꾸어 쓰는 것처럼 쉽게 채권자의 시도를 좌절시킬 수 있다.

같은 사람의 지배하에 여러 법인이 존속하며 운영되는

경우 그들 사이의 거래는 사실상 가공의 것이므로 회계와 세무에서는 무시되는 경우가 많다. 증권시장에서 주식이 거래되는 상장기업은 재무제표를 연결하여 작성할 의무가 있고, 이들 내부자 사이에서 책정된 가격과 거래조건은 세법상 무시되기도 한다. 다국적기업 수준에서는 이전가격(transfer pricing)이 각국 세무 당국의 주시 대상이 되기도 하고, 공정거래법의 주시 대상이 되기도 한다. 사업에 종사하는 사람들의 인식과 다르게 법률실무를 하는 사람들은 법인이라는 실체에 집착하는 경향이 있다. 법인의 전 지분이 한 사람에게 귀속된 1인회사라고 하더라도 그것은 구성원과 독립된 인격을 가지므로 법인의 재산을 개인이 함부로 가지고 가면 남의 물건을 횡령한 게 된다(대법원 1984. 9. 25. 선고, 84도1581 판결, 1989. 5. 23. 선고, 89도570 판결). 작은 규모의 법인에서 사업이 건실하게 운영되는 동안은 이러한 가지급금이 문제 되는 예가 거의 없지만, 법인이 채무의 지급에 응하기 어렵게 되면서부터는 기업주가 법인의 자금을 함부로 사용하여 횡령하였다는 주장도 나오게 되고, 법인이 기업주에 대하여 채권이 있으니 기업주 개인이 채무가 있으니 갚으라는 청구도 받는다.

물론 반대의 경우도 있다. 개인 재산으로 법인의 지출

수요를 충당하면 그것은 법인이 빌려와서 법인이 지출한 것으로 관념된다. 단기대여금 또는 가수금으로 계정과목이 붙여지는 이런 채권은 법인이 경상적으로 잘 운영되는 동안은 앞의 가지급금과 상계하는 것으로 회계상 인식할 수 있다. 기업활동이 내리막을 겪을 때는 이러한 가지급금 상계조차도 사해행위로 주장된다. 형식적으로 법인은 기업주 개인과 구별되기 때문에 아무리 기업주가 위기 시 헌신하기 위하여 자신의 사재를 출연했다 하더라도 원칙적으로 다른 채권자와 같은 줄에 서야 한다. 게다가 파산 상황에서는 기업주의 법인에 대한 채권은 감축되거나 무시되기도 한다. ●

3장

도산: 개인과 기업의 파산, 회생

1. 집합적 추심으로서의 도산절차

"범죄가 줄어들고 소송이 적어야 좋은 세상이지,
청사만 늘려 무엇 하겠는가"
〈김병로, 초대 대법원장〉

- **집합적 채권추심**

채무자에게 채권자가 오직 하나라면, (의지를 하나로 결집할 수 있는 복수의 채권자도 마찬가지다) 채무자가 빚을 갚지 않을 때 해결책은 간단하다. 채무자의 재산을 채권자에게 넘기면 그만이다. 그러나 현실에서 이런 경우는 흔하지 않다. 재무적으로 내리막을 지나 지급불능이라는 파탄에 이른 채무자는 정원의 식물처럼 이해관계를 달리하는 수많은 채권자가 있는 경우가 많다. 이는 기업의 경우 더욱 두드러지는 점이지만, 사업을 하지 않는 단순 소비자인 경우라도 금융기관뿐 아니라 대부업자를 포함하여 여러 층위의 신용공여자들에게 다중채무를 지고 있는 경우가 흔히 있다. 이런 상황에서 각 채권자가 각자 자기의 채권을 실현하기 위하여 앞에서 설명한 바와 같이 추심을 하고 법적 절차로서 소송과 강제집행에 나서게 된다면 그 결과는 사회적 자원의 낭비일 것이지만, 개별 채권자들은 다른 채권자들보다 앞서서 그렇게 하지 않을 수도 없다. 전체적으로 자원의 낭비를 초래하고 각 채권자도 그다지 좋은 결과를 얻기 힘들다. 이것은 미결수 둘 다 범행을 부인하면 무죄가 될 수 있지만, 다른 미결수가 범행을 자백하여 낮은 형을 받는 것을 우려하여 둘 다 범행을 자백하게 되는 죄수의 딜레마(prisoner's dilemma) 상황에 비유할 수 있겠다.

파산 또는 도산 제도는 이런 상황에 대처하여 채권자들의 의사를 결집하여 채무자의 재산을 수집하고 채권자들에게 분배하는 시스템으로 발전해왔다. 이 절차에서는 공적인 감독하에 채무자가 가진 재산을 모아 현금화한 후 채권자에게 배당하거나, 채무자에 대한 권리가 다시 규정된다. 말하자면 집합적 채권추심(collective debt collection)이다. 채무자가 개인인 경우는 절차의 규칙을 어기지 않고 순응하는 한 금융기관채무, 상거래채무, 개인 사이의 대여금채무와 같이 주로 계약에서 발생한 부채 대부분의 상환 책임을 면한다. 파산 또는 도산이라는 단어는 형식적인 법 절차가 아니라 채무자가 지급불능에 빠졌다는 상태를 가리키는 용법으로도 사용된다. 지급불능이 발생하였다고 하여 모두 공식적인 법 절차에 의하여 처리되는 것은 아니다. 이런 용법은 파산 또는 도산이라는 단어에 어두운 부정적인 의미를 선사한다. 대부분의 파산, 도산 상태는 아무런 공식적인 파산, 도산 절차 없이 발생 초기에 약간의 일시적 혼란 상태를 겪은 후 안정되는 경향이 있다. 그것은 파산절차를 피하려는 개별 채권자와 채무자의 의식적인 노력의 결과일 수도 있고 이미 채무자에게 채권자를 위하여 넘겨줄 재산이라고 할만한 것이 남아있지 않아서 파산절차를 진행하는 것이 무의미할 정도가 되었기 때문일 수도 있다. 이런 상태에서는 채권자가 추심활동을 지속하고 채무자는 이를 회피하는 상호작용이 이루어진다. 이러한 비공식적 파산상태는 이론상 채무자가 사망하고 상속인들이 승계를 거부하지 않는 한 영구히 지속될 수 있지만, 채권자에게도 비용을 발생하게 한다. 채권자로서도 감당하지 못하는 추심을 면하기 위하여 채권을 양도하기도 한다. 그리하여 연체된 시간이 오래된 채권(흔히 NPL, non-performing loan)은 시장에서 할인 거래되며 종종 그 매수자는 채무자 자신이 되기도 한다.

- **파산법 도입의 역사**

상업이 존재하는 한 파산은 있었다. 파산상태든, 그것을 처리하는(또는 처리하지 않는) 절차든, 파산은 시장경제와 법체계의 역사만큼이나 오래되었다. 사적 소유에 기반을 둔 분권화된 의사결정 구조에서 예상은 빗나가게 마련이고 그것은 경제적 실패로 인한 채무불이행을 생산하기 때문이다. 언제, 어느 곳에서 시행되든지 간에, 파산법은 최소한 두 개의 목적을 가진다. 첫째는 지급불능인 채무자의 재산을 모든 채권자에게 공평하게 나누어 주는 것이다. 둘째는 채무자의 행위가 채권자들의 이익에 반하는 결과가 되지 못하도록 하는 것이다. 파산 법제는 채무자로부터, 또 다른 채권자들로부터 채권자를 보호하는 역할을 한다. 즉 어느 한 채권자도 채무자의 자산 중에서 그 채권비율에 해당하는 범위를 넘어 추구할 수 없게 한다. 그것은 채무자의 모든 재산에 대한 집단적 집행으로서 모든 채권자의 이익을 위하여, 또 모든 채권자 공동의 비용으로 실행된다. 그런 의미에서 파산법은 민사법의 실현일 뿐이다. 파산법은 민사법에 의해 확보된 권리를 존중하며, 파산법이 추구하는 특별한 목적이 있을 때만 민사법을 변경한다. 우선권이 없는 채권자들 사이에서 개별 채권자에 대한 완전 변제를 금지하는 것은 파산법 자체의 고유한 목적이고, 자연인인 채무자가 새 출발을 할 수 있도록 하는 것도 현대의 파산법이 추구하는 경제규제일 뿐이다. 채무자가 아닌 자의 재산권은 존중된다.

파산법의 세 번째 목적은 개인 채무자의 면책을 인정함으로써 정직한 채무자를 채권자들로부터 보호하는 것이다. 이것은 파산법의 본질상 필수적인 것은 아니지만, 기업활동을 장려하고 소비자를 보호하여 중산층을 보전하고 서민의 생계를 지원하는 기능을 한다. 미국과 영국, 일본 등 성숙한 체제에서는 적극적으로 활용하고 있다. 최근에는 유럽 대륙에서도 이를 과감하게 수용하였으며, 최근에는 러시아, 중국 같은 체제에서도 부분적으로 도입하고 있다.

채무자에게 관대한 파산법은 대항해 시대가 개시되기 전 이탈리아 도시국가의 상사법에서 유래한다고 한다. 지급불능이 된 상인의 벤치를 부수고 공작의 감독 아래 그의 재산을 팔아 나누고 채무자는 광장 앞에서 벌거벗고 망했음을 선언하는 치욕을 겪은 후에는 상사채무를 면책해 주는 관습이 있었다는 것이다. 사실 파산(bankruptcy)라는 말도 이탈리아어의 벤치를 의미하는 banca와 부수어진 상태를 의미하는 rotta가 합쳐진 bancarotta에 기원이 있다고 한다. 이러한 관습은 영국법 및 미국에 영향을 주었는데 오랫동안 파산법의 보호는 상인에게만 적용되었고, 빚을 갚지 않는 채무자는 채무자 감옥에 가둘 수도, 심지어 법률상으로는 교수형에 처할 수도 있었다고 한다. 영국의 법이 적용되는 식민지 미국에서도 다름이 없었지만, 이곳에서는 채무자에게 우호적인 법제가 형성될 토양이 있었다. 식민지의 주민 중 다수는 계약 노예(indentured servant)가 되어 신대륙 식민지로 건너온 사람들이었고 그 중 농장을 경영하는 사람들은 주기적인 작황과 경기변동 하에서 런던의 채권자들과의 사이에 계급투쟁이라 할 만한 갈등을 겪었다. 이런 배경에서 미국의 헌법에는 연방의회가 통일적인 파산법을 제정할 권한이 규정되었다는 것이다.

항구적인 파산법이 제정되기까지는 100년이 넘는 세월이 흘렀다. 주기적인 공황을 거치면서 적용된 몇 차례의 한시법과 철도의 파산에서 발전된 법리를 기반으로 한 기업 재조직 제도를 포함하여 상인이 아닌 모든 개인 채무자에게 면책을 허용하는 파산법이 항구적인 법률로 제정된 것이 1898년이었다. 그 후 대공황을 겪으며 1938년의 개정으로 소득이 있는 근로자에게 현존하는 약간의 재산을 보유하는 것을 허용하는 급여소득자 특례가 도입되었다. 그러다가 1978년에 보다 채무자 친화적인 파산법이 제정, 시행되었으며 이를 근간으로 채무자가 절차를 남용한다는 비난이 계기가 된 2005년의 파산절차 남용 방지와 소비자 보호에 관한 법률(Bankruptcy Abuse Prevention and

Consumer Protection Act. BAPCPA)을 비롯하여 서브프라임 채권이나, 코로나 사태 등 격변기에는 이에 맞추어 지속적으로 법률과 실무가 개정되고 있다.

우리나라는 1962년 파산법, 화의법, 회사정리법을 제정하고 파산법에는 개인 채무자의 면책 규정을 도입했지만, 개인의 파산제도 활용은 거의 없었다. 법인의 경우도 회사정리법이 대기업에 종종 적용된 것을 제외하면 파산이든, 화의이든, 회사정리이든 시행되는 일이 드물었다. 그러다가 1997년 동아시아 외환위기 무렵부터 대기업을 중심으로 화의와 회사정리를 이용하기 시작했고, 구제금융을 시행한 IMF 측에서 "파산법을 제대로 시행하고 파산법원을 설치하라"고 권고함에 따라 법률과 실무가 변하기 시작했다. 1998년 남편에 대한 보증채무로 인해 파산한 간호사에게 면책 결정이 내려진 것을 시작으로 사법 엘리트들은 2003년경부터 면책이 인정되는 범위를 확대하기 시작했고, 절차적으로도 개인의 파산신청 서류를 표준화하고 심리를 간이, 신속하게 하였다. 기업의 경우 회사정리절차의 적용을 중소기업에도 확대하였고, M&A 방식의 구조조정도 도산처리의 한 방식으로 도입, 운용했다. 채무자에게 친화적인 운용을 지속한 결과 급증한 파산사건에 대처하기 위해 2004년 9월, 개인채무자회생법이 제정되기에 이르고 2006년 4월에는 파산법, 화의법, 회사정리법의 3법과 개인채무자회생법을 통합하여 채무자 회생 및 파산에 관한 법률('채무자회생법'이라고 약칭한다)이 단행법으로 제정되었다. 그 무렵 개인에 대한 파산사건과 개인회생 사건은 급증하고 그 반동으로 2007년 개인파산 엄격 심사 정책이 시행된 이래 질적으로 복잡한 변화를 겪어 왔다. 법인 사건에서도 회사정리가 회생절차로 대치되면서 모든 채무자에게로 적용 범위를 넓힌 결과 개인사업자뿐만 아니라 비영리조직도 기업활동을 지속하면서 구조조정을 할 수 있게 되었다. 한편 과거 채권금융기관의 협약에 따라 이루어지던 워크아웃을 법제화하여 기업구조조정 촉진법이라는 한시법이 제정된 이래 효력의 갱신을 거듭하고 있다.

- **채무자회생법의 구조**

본격적인 논의에 앞서, 본 3장에서 다룰 내용이 무엇인지를 살펴보는 것은 의의가 있겠다. 채무자회생법은 제1편 총칙, 제2편 회생, 제3편 파산, 제4편 개인회생, 제5편 국제도산으로 분류되어 있다. 제1편은 각 편에 통합적으로 적용될 수 있는 부분을 규정한다. 주로 재판관할과 송달과 공고 등 절차의 운용,

관리위원회와 채권자협의회 등의 조직, 등기, 기록 관리 등 절차적인 내용을 담고 있다. 총칙은 부인권이나 재산의 범위, 채권의 범위와 같은 실체적인 내용은 규정하고 있지 않고 파산, 회생 각 편에 과거 파산법이나 회사정리법에 규정된 부분을 답습하였고, 개인회생 편에서는 파산법의 해당 규정을 준용하는 형식을 취한다. 짧은 입법 추진 과정에서 과거 단행법으로 규정된 것을 답습하는 것 이외에는 달리 방법이 없었을 것이다. 다만 각 제도에 있어서 실체적 규정도 약간씩은 다를 수 있으니 그다지 못한 입법은 아니다.

채무자회생법이 그 앞에 회생을 배치하였지만, 제3편 파산을 먼저 본다. 가장 오래된 절차이고 금전채권의 만족을 그 본래 형태로 즉시 실현할 것을 추구한다는 점에서는 원칙적인 절차라고 할 수 있다. 채무자의 모든 재산을 파산재단으로 수집하여 그것을 순위와 금액에 따라 채권자에게 배당하는 절차이다. 채무자가 지급할 수 없는 때(지급불능), 법인인 경우 부채의 총액이 자산을 초과하는(채무초과) 때, 상속재산인 경우 상속채권자와 유증을 받은 자에 대한 채무를 다 갚을 수 없을 때 원칙적으로 파산의 사유가 된다(채무자회생법 제305조, 제306조, 제307조). 채권자, 채무자 모두 신청할 수 있지만, 채권자는 그 채권의 존재와 지급불능 또는 채무초과를 소명하여야 한다(같은 법 제294조). 법인의 경우 이사와 청산인이 신청할 수 있고 전원이 하지 않을 때는 역시 파산의 실질적 원인을 소명하여야 한다(같은 법 제297조). 파산절차의 개시는 법원이 파산결정의 주문을 읽는 파산선고로 이루어진다(같은 법 제310조, 제311조). 그것은 당사자가 불복하는지 여부와 관계없이 즉시 집행이 이루어지며, 쌍방미이행 쌍무계약이나 임대차계약과 같은 민사법상 권리의무와 소송, 강제집행과 같이 기존에 진행되는 사건에 영향을 준다. 모든 채권자가 소송과 강제집행에 나서는 상황을 하나로 축약한 것이 도산절차의 실질이라는 점을 생각해 보면 쉽게 이해할 수 있는 논리적 귀결이라고 할 수 있다. 절차적으로, 파산선고는 파산재단을 형성하며 그 관리자는 파산관재인이다. 채무자의 재산관리권은 파산재단으로 이전한다(같은 법 제382조, 제384조). 파산채권은 오로지 파산절차에 의하여 행사할 수 있다(같은 법 제424조). 채권 신고 등 절차를 거쳐 파산채권자로서의 지위가 확정된 파산채권자들은 채권자협의회를 구성하여 절차의 진행에 영향을 미칠 수 있고, 파산재단이 시행하는 중간배당과 최후배당을 받을 권리가 있다. 파산절차는 타인이 이미 취득한 물권에 영향을 주지 않는 것을 원칙으로 하므로, 채무자가 점유하던 물건의 소유자는 이를 환취할 수 있다(같은 법 제407

조). 저당권, 질권을 가진 채권자들은 원칙적으로 파산절차에 가담하지 못하며, 목적물 경매 등 실체법상의 권리를 행사하고 그로부터 만족 받지 못한 경우 또는 그 권리를 포기한 경우에는 파산채권을 주장할 수 있다(같은 법 제412조, 제413조).

개인인 채무자는, 그가 사업자이든 아니면 단순한 소비자이든, 주로 금융이나 사업상의 거래로 인하여 발생한 채무로부터 신선한 새 출발을 얻을 수 있다. 즉, 파산절차에 의한 배당을 제외하고는 파산채권자에 대한 채무의 전부에 대하여 그 책임을 면한다. 예외는 상사, 민사 계약에 의해 발생하지 않은 채권 중에서 채무자가 이를 면하게 하는 것이 적당하지 않은 경우다. 조세, 벌금, 고의로 가하거나 중대한 과실로 생명, 신체를 침해한 불법행위로 인한 손해배상 채무, 근로자의 임금 등 청구권, 양육자, 부양의무자로 부담하여야 하는 비용이 그것이다(같은 법 제566조). 특이한 것은 채무자가 악의로 채권자 목록에 기재하지 아니한 청구권인데, 그 근거와 적용 범위에 관하여는 실무상 혼란이 있었으나 종전 절차에서 누락된 채무자에 대하여 다시 파산신청을 받아 주는 것으로 상당히 많이 해결되는 듯하다. 한편, 파산채권자에 대하여 배당이 이루어지는 경우는 거의 없는 것이 현실이다. 따라서 많은 경우 채무자들은 파산을 신청하고 바로 면책을 받는다. 그래서 실무상 재산이 없어야 파산이 가능하다는 인식도 퍼져 있는 듯하다. 필자의 실무경험은 그 반대이다. 재산이 남아 있는 상태에서 파산을 신청하는 것은 채무자에게 여러 가지 이점이 있다.

'제2편 회생'을 파산절차보다 앞에 배치한 것은 도산절차에 대하여 긍정적인 인상을 주려는 입법자들의 노력을 반영한 것으로 보인다. 그러나 이것은 파산만큼 역사가 오래된 것이 아니다. 19세기 미국의 철도는 유럽의 자본가들이 노선별로 담보권을 취득하는 방식으로 자본을 조달하여 운영하였다. 불황이 지속되자 건설비용을 충당하지는 못하지만 그래도 현금수익은 꾸준히 발생하는 상태가 되자, 자본가들의 대리인들이 철도 운영자들과 모의하여 민사법상의 강제관리(equity receivership) 및 임의경매절차를 복합한 편법을 사용하여 새로운 자본구조를 실현하는 관행으로부터 유래하였다는 것이다. 한 노선의 운행중단은 채권자의 유형별로 사업을 계속하면서 민사상 강제집행과 파산절차를 진행하는 것보다 나은 결과를 추구한다. 다시 말해 일반 민사집행 절차 및 파산절차와 본질적으로는 같은 목표, 즉 채권의 실현을 추구하되 방법에 있어서 이를 뒤집는 것이다. 회생절차에서는 파산재단에 속하였어야 마땅할 재산을 현금화하는 대신에 이를 계속 유지한다. 점포나 공장을 운영할 수 있고 개인인 경우 주택도 처분하지 않는다. 바로 이것 때문에 파산절차에는 들어오지 않는 근저당권 등 담보권자들도 회생절차에 구속된다. 채권자들은 즉시 변제받는 대신에 민사집행 절차나 파산절차에 의하였더라면 받을 수 있었던 금액 이상의 가치를 가지는 새로운 약속을 제공받는데, 이를 '청산가치 보장의 원칙'이라고 한다(채무자회생법 제243조 제1항 제4호).

단순화하면, 회생절차는 파산절차에서 약속된 것보다 더 주겠다고 하는 약속인데, 그 약속은 현금이 아닌 다른 권리이다. 말하자면 대물변제에 해당하는 것인데, 대물변제가 현금 변제를 대신할 수 있기 위하여는 채권자의 동의를 받아야 한다. 그 동의는 여러 채권자가 만장일치를 이룰 수 없으므로 법률은 회생계획안에 대한 표결에 맡겼다. 사업을 계속하는 회생계획안의 경우 가결요건은 채권자들의 유형별로, 회생담보권자의 조에서는 4분의 3, 회생채권자의 조에서는 3분의 2, 주주 등 지분권자의 조에서는 2분의 1이고, 청산을 목적으로 하는 경우는 회생담보권자의 5분의 4이다(같은 법 제237조). 간이회생절차에서는 회생채권자의 요건이 의결권 금액의 2분의 1 이상 및 의결권자 과반수의 동의로 완화될 수 있다(같은 법 제293조의 8).

'제4편 개인회생'은 회생의 특수한 경우로 이해하면 되겠다. 소액의 채권자인 경우는 '제2편 회생절차'에 따라 관계인들의 동의 절차를 거치는 비용이 부담스럽다. 그리하여 채권자들의 동의가 있는 경우에는 그렇게 하고, 설령 아무도 동의하지 않더라도, 청산가치 보장의 원칙을 충족하고, 채무자가 일정 기간 가용 소득의 전부를 변제에 제공하는 것을 내용으로 하는 경우는 채무자가 제공한 변제계획을 인가한다(같은 법 제614조 제1항, 제2항). 그 후 변제를 전부 수행하면 면책 결정을 한다. 전부 수행하지 않더라도 청산가치 이상의 변제를 한 때라면 면책을 해 주기도 한다(같은 법 제624조 제1항, 제2항).

2. 도산법상 채권과 재산

- 누가, 무엇을?

　　도산법은 민사 실체법상의 권리를 존중한다. 그것은 이 제도가 민사상 권리의 집합적 실현, 일반집행, 집합적 추심으로 표현된다는 점에서 당연한 귀결이라고 할 수 있다. 그런데, 서로 충돌하는 채권자들의 권리는 조정될 필요가 있다. 파산, 회생, 개인회생 같은 절차가 개시되는 것은 채무자의 재산으로 채권을 모두 만족하지 못하는 상태라는 것을 의미한다. 이러한 권리의 충돌 상태에서 어떤 권리는 다른 권리에 우선한다는 민사법을 존중하는 한편, 동등하게 존중받아야 할 권리 사이에서는 배당을 할 수밖에 없다. 그런데, 많은 파산, 회생 사건에서 배당이 이루어질 때까지 채무자의 재산을 수집하지 못하는 것이 현실이다.

- 파산채권, 회생채권, 개인회생채권

　　절차를 통하여 정리될 채권이다. 채무자에 대하여 파산선고 전의 원인으로 생긴 재산상의 청구권은 파산채권이다(채무자회생법 제423조). 채무자에 대한 회생절차 개시 전의 원인으로 인하여 생긴 재산상의 청구권 및 이에 준하는 절차 개시 후에 발생한 이자와 회생절차 참가의 비용은 회생채권이다(같은 법 제118조). 채무자에 대하여 개인회생절차 개시 전의 원인으로 생긴 재산상의 청구권은 개인회생채권으로 한다(같은 법 제581조 제1항). 이들은 절차 개시라는 사태 발생 이전에 그 근원을 두고 있으므로 원칙적으로 해당 파산, 회생, 개인회생절차에 의하여 해결한다(같은 법 제424조, 제131조, 제582조). 모든 채권자와 이해관계인이 소송을 제기하고 강제집행을 실시하는 상황을 상정하는 것이므로, 원칙적으로 이 절차에 의하지 않고 소송을 제기하거나 강제집행을 개별적으로 실시하는 것은 불필요하다.

일반적으로 이들 채권의 취급은 명료하다. 각 채권자의 채권은 채권자 목록에 표시되고, 보통 이해관계인 사이에 다툼도 잘 발생하지 않는다. 파산절차에서는 재산을 팔아서 확보한 현금을, 회생절차인 경우는 동질적인 권리 사이에 새로운 권리를, 개인회생절차인 경우는 채무자가 납부한 현금을 채권자들 사이에 나누는 것이다. 예를 들어 10명의 채권자가 있고 그들에게 전부 100,000원을 빚지고 있다고 가정해 보자. 그러면 평균적인 파산채권은 10,000원이다. 예를 들어 채권자 A는 60,000원의 채권을 가질 수 있고 채권자 B는 30,000원 나머지 채권자 C,D가 각 5,000원의 채권을 가진다고 해 보자. 채무자가 가진 재산이 10,000원에 팔린다고 할 때, 파산절차비용이 없으면 각 채권자는 10%의 배당을 받게 될 것이다. 60,000원의 채권을 가진 A는 6,000원을 배당 받고, 30,000원의 채권을 가진 B는 3,000원을, 각 5,000원의 채권을 보유한 C, D는 각 500원을 배당받을 것이다.

회생절차에서도 비슷하다. 권리가 동질적이라고 할 때, 회생채권자들의 권리는 10분의 1로 감축된다. 실무상 감축되는 채권을 출자전환하고 필요한 경우 새로 발행한 주식을 병합하여 감자하는 방식을 사용하기도 하는데, 이는 채무면제익을 법인의 수익으로 인식하여 법인세 부담이 새로이 발생하는 것을 피하기 위한 편법이다. 개인회생절차에서도 개인회생채권자들은 비슷한 방식으로 채무자가 납입한 금액을 배당받는다. 물론 이와 같은 채권비례(pro rata)방식이 절대적인 것은 아니겠지만, 일단은 배당에 관한 한 거의 공리처럼 되어 있다. 한편 대부분의 소액 채권자들이 극히 일부만을 변제받거나 아예 무시되는 반면, 절차에 따라서는 우선하기도 한다. 예를 들어 사업이 계속되는 회생절차에서 소액 채권자들은 절차 개시 후 인가 전이라도 즉시 변제받기도 한다. 정기구독을 하는 고객이거나 소액의 상거래채권자들 같은 경우 이들에 대한 권리를 다시 규정하는 비용보다 자금 여유를 보아 전부 변제해 버리는 것이 나을 수 있다. 실무상 기업 규모에 따라 50만원 이하 1,000만원 이하의 소액 채권은 회생절차에서 법원의 허가를 받아 우선변제 해버리는 예가 자주 있다(채무자회생법 제132조 제1항). 반면에 파산절차에서는 너무 소액의 채권자들에 대한 배당은 무시되기도 한다. 배당의 통지에 소요되는 우편비용과 송금수수료를 감안하여, 법이나 규칙에는 근거가 없지만, 파산관재인의 개성에 따라 예를 들어 5만원 이하의 배당은 실시하지 않기도 한다.

더 현실적인 그림은 담보나 우선권이 있는 채권이 있을 때이다. 파산절차, 개인회생절차에서는 별제권이고, 회생절차에서는 회생담보권이다. 예를 들어 위 10,000원에 처분된 채무자의 재산은 A에게 전부 담보로 제공되어 있어 있었다고 가정해 보자. 수집된 총재산 10,000원은 처분 비용을 무시하고 전부 A에 대한 채무 변제에 충당한다. 그래도 A는 50,000원의 채권이 남았고, 이것으로 나머지 채권자 B, C, D의 합계 40,000원의 채권과 함께 배당에 참여하지만, 막상 이들에게 배당할 금액은 없다. 채무자의 재산이 예를 들어 80,000원에 처분되었다고 가정하면, 그것은 우선적으로 A의 채권에 충당되고 남은 20,000원이 B, C, D의 40,000원 채권에 제공된다. 그러나 그것은 다른 누구도 B, C, D에 우선하지 못할 때 그러하다. 하지만 그러한 세계는 없다. 물리학 교과서에 나오는 마찰이 없는 세계라는 가정은 현실과 맞지 않는 것과 마찬가지로, 비용이 없는 경제적 거래는 없다. 그것은 도산절차에서도 당연히 그러하다.

- 재단채권, 공익채권, 개인회생재단채권

절차 자체의 운영비용 및 정책적인 배려에 의하여 채무자의 재산으로부터 우선변제 받는 채권이다(채무자회생법 제475조, 제180조 제1항, 제611조 제1항 제2호). 물론 이들 채권을 변제하기에도 부족한 경우도 많이 발생한다. 이 경우에는 파산관재인의 보수나 회생절차 중의 차입과 같이 절차 자체의 운영비용이 우선하기도 한다(같은 법 제477조, 제180조 제7항).

파산절차에서는 재단채권이라는 말을 쓴다. 관념적인 파산재단 그 자체가 부담하는 채무로서 외부의 파산채권자에게 지급하기 전에 먼저 준다는 의미이다. 파산채권자 공동의 이익을 위한 재판상 비용, 조세 채권 대부분, 파산재단의 관리, 환가 및 배당에 관한 비용, 파산재단에 관하여 파산관재인이 한 행위로 인하여 생긴 청구권, 사무관리 또는 부당이득으로 인하여 파산재단에 대하여 생긴 청구권, 위임의 종료 또는 대리권의 소멸 후 긴급한 필요에 의하여 한 행위로 인해 파산재단에 대하여 생긴 청구권, 쌍방미이행 쌍무계약의 이행을 파산관재인이 선택한 경우 상대방이 가지는 청구권, 파산선고로 인하여 쌍무계약이 해지된 경우 그때까지 생긴 청구권, 채무자 및 부양을 받는 자의 부조료, 근로자의 임금, 퇴직금 및 재해보상금 파산선고 전의 원인으로 생긴 근로자의 임치금 및 신원보증금의 반환청구권이 일반적으로 규정되어 있다(채무자회생법 제473조).

재단이라는 용어를 사용하지 않는 회생절차에서는 공익채권이라고 하는데, 재단채권과 약간 범위가 다르다. 예를 들어 절차 개시 전에 이미 납부기한이 도래한 조세 채무는 공익채권으로 분류되지 않으므로 회생채권이며, 회생절차 개시 이전에 발생한 상거래채무라도 전기료, 가스료는 신청 후 개시까지 발생한 것, 개시 전 20일 이내에 채무자가 영업활동으로 공급받은 물건 대금 청구권은 공익채권이다(같은 법 제179조 제1항).

개인회생재단채권은 채무자가 정기적으로 납입하는 금액에서 월차로 변제하므로 그 의미가 크지 않다. 회생위원의 보수, 조세, 근로자임금 등 모두 개인회생채권과 함께, 다만 전액을 변제하는 것으로 변제계획을 작성할 뿐이다.

- 재산

채무자의 재산은 채권을 충족하기 위한 기초이다. 따라서 파산절차, 회생절차에서는 재산을 수집하는 것이 가장 큰 과업이다. 그것을 위하여 재산에 대한 채무자의 권리도, 재산과 채무자에 대한 채권자의 권리도, 채무자의 재산을 관리하는 파산관재인, 관리인, 그들의 역할을 하는 채무자 자신은 행사할 수 있다. 민사법상 재산보유자인 채무자 입장에서, 그 채무자에 대한 채권자의 입장에서 할 수 있는 조치는 할 수 있다. 파산관재인은 채무자의 구두에도, 채권자의 구두에도 들어간다는 비유로 설명할 수 있다. 원칙적으로 채무자의 재산은 모두 파산절차, 회생절차에 들어오게 된다. 반면에 채무자에게 속하지 않는 권리는 제한을 받지 않으며, 파산절차에서 파산관재인, 회생절차에서 관리인의 활동이 타인의 권리를 침해할 수 없다. 제3자는 자신의 권리를 돌려달라고 할 수 있다. 이것을 환취권이라고 한다

(채무자회생법 제70조~제73조. 제407조~제410조). 담보권자는 이미 취득한 담보를 유지한다(같은 법 제411조~414조. 제141조 제1항). 주택임차인의 권리, 임금채권자의 권리도 이에 준하여 보아야 할 것이다(같은 법 제415조, 제415조의 2).

자연인의 경우 파산절차에서 처리되는 것은 파산선고 시까지 원인이 발생한 것에 한한다는 한계가 있다(같은 법 제382조). 그 외에도 파산절차로의 편입이 강제되지 않는 면제재산이 있다. 개별집행에서 압류하여 환가할 수 없는 것은 파산절차에서도 존중된다(같은 법 제383조 제1항). 개인회생절차에서도 존중된다(같은 법 제580조 제3항). 회생절차에서는 명시적인 규정이 없으나, 회생계획안을 작성할 때 반영하는 것이 실무이다. 그밖에 법원은 채무자의 신청에 따라 주거용 건물에 관한 임차보증금 반환청구권 중 주택임대차보호법 제8조의 규정에 의하여 우선변제 받을 수 있는 금액 또는 채무자와 그 피부양자의 6월간의 생계비에 사용할 재산을 면제하는 결정을 할 수 있다(같은 법 제383조 제2항). 주거용 부동산은 강제집행 면제재산이기도 하다.

채무자의 재산에 붙은 제한은 파산절차에서도 제한된

다. 파산재단은 채무자가 가진 권리 이상의 것을 가지지 않는다. 예를 들어 피해자인 제3자는 피보험자가 책임질 사고로 입은 손해에 대하여 보험금액의 한도 내에서 보험자에게 직접 보상을 청구할 수 있다(상법 제724조 제2항). 이것은 피보험자의 권리가 제3자의 직접 청구권에 의하여 제한되는 경우에 해당한다. 피보험자가 다른 사유로 파산하였다고 하여도 제3자가 보험금청구권을 직접 행사하는 한도 내에서는 보험금이 채무자의 재산으로 수집될 수 없다. 즉 직접 청구권은 피보험자의 파산으로부터 피해자를 보호한다. 이것은 생명보험의 경우도 마찬가지이다. 보험수익자를 법정상속인으로 규정하여 놓으면, 이들이 상속을 포기하는지 여부와 상관없이 보험사고 발생 당시의 법정상속인들은 보험자를 상대로 한 직접적인 보험금 청구권이 있다. 따라서 피보험자의 상속재산이 파산선고를 받더라도 본래 피보험자의 권리가 아니었던 사망보험금 청구권은 파산재단에 가산될 수 없다(대법원 2001. 12. 28. 선고, 2000다31502 판결. 대법원 2023. 6. 29. 선고, 2019다300934 판결).

사람에게 부여된 면허, 허가는 원칙적으로 양도될 수 없으므로 파산재단, 개인회생재단에 가산할 수 없다. 개인택시 면허, 의사면허, 변호사자격 같은 것이다. 이중 개인택시에 대하여는 그것이 차량과 함께 사실상 양도되고 있으므로 그 양도되는 시가를 개인회생절차를 진행하는 데 있어 청산가치에 가산하는 것이 일부 실무이다. 그것은 그 면허를 사용하여 장래 소득의 흐름을 얻는 것이 개인회생재단에 가산되고 있는 것과 중복하여 변제를 강요하는 것이므로 법률에 어긋난다.

재산이 타인의 명의로 되어 있는 것은 채무자가 타인에 대하여 재산에 대한 청구권을 가지고 있는 것을 의미한다. 채무자가 타인에 대하여 실체법상의 청구권을 주장할 수 있다면 그것은 파산재단에 속할 수 있다. 그렇지 않다면 그것은 남의 것이다. 배우자라도 마찬가지다. 어디까지나 남이다. 향후 이혼하면 재산분할 청구권이 있을 것이기에 잠재적 지분인 2분의 1을 내놓으라는 파산관재인, 그 상당액을 청산가치에 가산하여야 한다는 회생위원이 다수 있었다. 그것은 가정법원이 할 일이다. 부부 사이에는 여러 가지 사정이 있다. 이것을 무시하고 파산절차, 개인회생절차에서 부부의 몫을 정하는 것은 법률이 정한 권한을 벗어난 것이다.

- 채권자의 권리행사

채무자가 재산을 수집할 수 있음에도 이를 행사하지 않을 때, 이와 반대로 채무자가 재산을 채권자들에게 불리하게 처분한 때, 파산절차, 회생절차는 이를 시정한다. 채무자가 행사하지 않은 권리는 그냥 그 절차에서 파산관재인, 관리인이 행사하면 된다. 한편 파산관재인, 관리인은 채무자가 절차 개시 이전에 제3자에게 이전한 재산에 대하여 부인권을 행사하여 회복할 수 있다. 부인권은 민법 제406조에 정하여진 채권자취소권보다는 그 적용 범위가 광범위하다. 즉 사해행위에 해당하는 행위를 부인하는 고의부인 이외에도, 위기부인, 무상부인 등의 행위유형이 규정되어 있다(채무자회생법 제100조 제1항 제2, 3, 4호 및 제391조 제2, 3, 4호). 그런데 우리나라 민사재판 실무에서 사해행위가 인정되는 범위는 매우 넓다. 예를 들어 가족, 친지 사이에서의 변제는 조자룡이 헌 칼 쓰듯 마구 사해행위라고 판정되는 경우가 대부분이다. 재산의 이전과 맞교환으로 이루어진 경우에도 그것이 현존한다는 소명이 충분치 않으면 사해행위로 취급당한다. 그리하여, 민사상의 사해행위와 부인권을 구분할 이익은 실체법적으로는 크지 않다. 부인권은 재산 이전의 원인행위를 한 후 오랜 기간 등기, 등록, 채권양도통지 같은 것이 이루어지지 않고 있다가 도산에 임박하여 재산이 이전된 경우에도 인정된다(같은 법 제103조, 제394조). 그와 같은 상태는 실수로 일어나기도 하고, 채무자의 재산이 사실상 특정 채권자에게 이전하였다는 것을 알리지 않기로 채무자와 그 채권자가 공모하였기 때문일 수도 있다.

     기업이 파탄에 이르는 과정은 서산에 해가 지듯 천천히, 지속해서 일어나는 것이 대부분이다. 수입이 줄거나 지출이 늘거나 둘 다 진행되는 과정에서 채무자의 재산은 줄어들고 그것이 감당하여야 할 부채는 늘어난다. 파국을 예상하는 채무자와 내부자뿐만 아니라 이러한 상황을 알 수 있는 일부 채권자들은 제각기 이익을 찾기 위한 전략적 행동을 한다. 지급불능이 임박하기 전에 파산, 회생 전문가 앞에 상담을 구하는, 특정 채권자를 위하여 재산을 처분하거나 아예 자신을 위하여 행동할 것을 질문하는 경우가 많다. 이런 때에는 사업과 생활을 지속할 수 있는 경우를 제외하고는 건드리지 않는 것이 가장 좋다는 답을 얻을 때가 많다.

- 미이행 쌍무계약

쌍방 당사자의 채무가 모두 이행되지 않은 계약이 있을 수 있다. 예를 들어 건축공사에서 공사 진행에 따라 발주처로부터 순차적으로 지급받을 수 있고, 또 아파트 분양계약을 체결하고 계약금, 중도금까지 결제된 경우가 전형이다. 동업으로 부동산에 투자한 사람들 사이의 계약도 마찬가지이겠다. 이러한 계약관계는 재산이기도 하고 반대로 부담이기도 하다. 이 경우 파산, 회생절차가 개시된 쪽에서 이 계약을 유지할지 말지 선택권을 가진다(채무자회생법 제335조 제1항, 제119조 제1항). 상대방은 확답을 구할 수 있고 답이 없으면 파산절차에서는 해제, 회생절차에서는 이행선택으로 간주한다. 해제한 경우, 상대방은 채무불이행으로 인한 손해배상청구권 및 원상회복 청구권이 있다. 손해배상청구권은 파산채권, 회생채권이다(같은 법 제337조 제1항, 제121조 제1항). 다만 채무자에게 인도하였던 물건에 대하여 환취권을 행사하거나 그 가액에 대하여 공익채권자가 된다. 이행 선택이 이루어진 때에는 상대방의 청구권은 재단채권, 공익채권이 된다(같은 법 제473조 제7호, 제179조 제7호).

- 상계권

원칙적으로 상계는 허용되지만, 회생절차에서는 시기상의 제한이 있다(채무자회생법 제416조, 제144조 제1항). 실무상 은행 등 금융기관의 상계가 자주 이루어진다. 절차 개시 무렵에 채무자의 자력은 현저히 떨어져 있다. 말하자면 부실한 채권이다. 이를 저렴하게 양수하여 경제적 가치가 충분한 자신의 채무를 상계하는 데 이용한다면, 다른 채권자의 이익을 해치게 된다. 따라서 절차 개시 후에 이를 알고 채무자에 대하여 채무를 부담한 때 또는 타인의 채권을 취득한 때에는 상계를 제한한다(같은 법 제422조, 제145조). 그렇지만 회생 계획의 동의 여부에 결정적인 의결권을 가진 은행을 상대로 하여 상계 금지를 주장하기는 힘들 수 있다. 운영자금이 금융기관의 상계로 감소해 버려 회생절차의 진행에 지장을 받지 않도록 사전 조치를 강구하기도 한다.

3. 도산절차의 배역과 관할

- 법원과 관리위원회

도산절차의 중심은 법원에 있다. 채권자가 자신의 채권을 실현하기 위하여 개별적으로 소송과 강제집행을 하는 것에 법원이 조력하는 것이 상당하다면, 모든 채권자가 소송하고 집행하는 것을 하나로 축약한 것이라고 할 수 있는 도산절차를 법원이 담당하는 것은 당연한 일이다. 법원은 법관으로 구성된다(헌법 제101조 제1항). 법원은 도산절차에 있어서 채권자 등 관계인의 권리의무를 확정하는 한편 적절한 현금배당과 권리의 재배분이 이루어지는 과정을 주재한다. 또한 절차를 운영하는 플레이어들을 포괄적으로 감독한다. 회생절차의 관리인, 파산절차의 파산관재인은 일반적으로 법원의 감독을 받는다(채무자회생법 제81조 제1항, 제358조). 개인회생절차에서 회생위원은 채무자의 재산 및 소득에 대한 조사 등 몇 가지 직무를 법원의 감독을 받아 시행한다. 우리 도산 법제가 강학상 용어로 '직권주의적'인 체제를 취하고 있으므로 도산절차에서 법관 즉 판사이 역할은 결정적이다. 도산법정에서 판사는 전능하다고 가정해도 큰 무리는 없겠다.

민사법상의 권리를 집합적으로 행사하는 것이 도산절차라면, 굳이 도산 사건을 배타적으로 다루는 특별법원을 새삼스럽게 설치할 필요는 그다지 절실하지 않다고 볼 수 있다. 따라서 전통적으로 지방법원의 일부 섹터에 파산부를 설치하고 판사를 배치하는 방식으로 운영해왔다. 그러다 '전문화'라는 목소리에 힘이 실리면서 2017년 서울회생법원이 설치되고, 2023년에 수원회생법원과 부산회생법원이 설치되었다. 그 이외의 법원에서는 지방법원이 회생법원의 역할을 겸한다. 향후 회생법원이 추가로 설치될지, 판사의 '전문 법관'이라는 임용 경로를 채택하여 배타성을 보일지는 지켜보아야 할 듯하다. 포괄적이고 강대한 권한이 오로지 판사에게 집중되는 것에는 금융산업과 금융감독당국 입장에서도 우려가 없을 수 없다. 물론 그것은 일반 국민의 입장도 마찬가지다. 실제로 1997년 이전에는 파산 사건을 겪은 판사가 거의 없어 전문성에 대한 우려도 상당 기간 지속되었다. 그 결과 전국의 모든 회생법원, 지방법원에 순차적으로 관리위원회를 설치하게 되었다(채무자회생법 제15조, 규칙 제13조 제1항). 관리위원은 3년을 임기로 하여 변호사, 공인회계사, 전직 은행원 및 예금보험공사, 자산관리공사직원, 상장기업에 재직하던 사람, 법학, 경영학, 경제학 등 학문에서 석사 학위 이상을 취득한 사람 중에서 해당 회생법원장이 위촉한다(같은 법 제16조 제2항, 제3항). 관리위원회는 관리인과 파산관재인, 회생위원 등 선임 여부에 관한 의견을 제시하고 이들 업무수행의 적정성에 대한 감독, 평가를 시행하며, 회생계획안, 변제계획안의 심사, 채권자협의회의 구성과 채권자에 대한 정보제공, 관계인집회 및 채권자집회와 관련한 업무, 관리인 및 파산관재인의 업무수행 지도 또는 권고 기타 의견의 제시 등 광범위한 권한을 행사하는데, 이 또한 법원의 지휘를 받는다(같은 법 제17조, 규칙 제22조). 일견 조직상 독립적인 것처럼 보이지만, 법원에 대하여 견제와 균형을 기대할 수는 없다. 다만 기술적인 사항이 많이 발생하는 회생절차에서 관리위원이 판사들을 대체, 보조하는 역할을 행한다. 말하자면 비정년트랙의 법원공무원으로 운용되는 셈이다. 회생절차에서 법원으로의 권한 집중은 속칭 '갑'과 '을'의 권력관계 문제를 야기한다. 보통은 절로 존경심을 자아내는 분들이 법원 구성원의 대부분이겠지만, 사람이 운영하는 모든 제도는 나름의 흠을 가지고 있다. 이 때문에 실제 파산 사건을 처리하지는 않지만 도산 관련 정책의 수립, 제도 개선에 관한 자문과 도산절차의 체계적, 통일적 운용을 목적으로 2013년에 법원

행정처에 회생파산위원회를 설치했다. 이 위원회는 정책적 사항 이외에도 관리위원회의 설치, 구성 및 운영에 관한 기준의 심의 및 자문, 관리위원, 관리인, 조사위원, 파산관재인, 회생위원 등 후보자의 선발·관리·선임·위촉 기준과 절차의 심의 및 자문 및 이들 위원이 수행한 업무에 대한 전반적인 평가와 자문을 제공할 수 있다. 현업의 평가가 좋지 않은 파산관재인들은 가끔 퇴출되는 경우가 있다.

- 채권자와 채권자협의회

집합적 채권추심이라는 도산절차의 본질을 고려한다면, 파산, 회생, 개인회생 절차에서 가장 존중을 받아야 하는 것은 채권자들이다. 채권자들의 의지는 파산절차의 방향과 운명을 정하는 최종적 요소이다. 채권자들의 역할이 두드러지는 것은 회생절차이다. 본래의 권리를 변경하는 회생 계획의 인가를 위하여는 주주, 지분권자를 포함할 수 있는 관계인집회에서 가장 큰 목소리를 낼 수 있는 채권자들의 동의를 받아야 하기 때문이다. 파산절차에서도 마찬가지이다. 비록 파산재단 수집과 관리의 권한이 전적으로 파산관재인에게 집중되지만, 채권자들은 채권자집회의 결의를 통하여 이를 견제할 수 있다. 회생절차, 파산절차에서 채권자들의 집합적 결정이 우월한 것은 평상시 주주총회의 결의가 회사의 운명을 결정하는 것에 비견된다. 현실은, 각 채권자 대부분은 파산절차, 회생절차에 무관심하다. 절차에 참여하는 비용이 적지 않은 반면, 한 채권자의 노력이 다른 이해관계인에게도 미치는 무임승차자 문제(free-rider problem)가 있다. 주식회사에서 개별 소수주주가 소극적인 것과 마찬가지이다. 도산절차에서는 채권자와 주주가 자신의 권리를 양도하고 이탈하는 것도 쉽지 않을 것이라고 예상할 수 있다. 회생에 공적이 있는 채권자에게 비용 상환과 보상금이 제공되지만, 법원이 정하도록 되어 있다(채무자회생법 제31조 제1항). 실무상 활용도는 의문이다. 이 문제에 대처하기 위하여 회생절차와 파산절차에서는 신청이 있고 난 후 관리위원회가 주요 채권자를 구성원으로 하는 채권자협의회를 구성한다. 다만 개인이나 중소기업에 해당하지 않는 규모의 법인인 채무자에 대하여는 채권자협의회를 구성하지 않을 수 있다(같은 법 제20조 제1항). 주요 채권자는 채권자협의회 구성에 대한 의견을 관리위원회에 제시할 수 있다(같은 조 제4항). 신청의 초기 단계에서 관리위원회는 채무자 회사의 상황을 잘 알지 못하므로 신청인인 채무자가 제시하는 채권자 목록에 따라 채권자협의회에 포함할 범위를 정한다. 그리하여 신청인이 채권액이 많아 회생절차로부터 영향을 많이 받고 또 회생절차의 진행에 결정적인 영향을 줄 수 있는 상거래 채권자를 배제하려고 적당하지 않은 목록을 제출하는 경우가 있었던 듯하다.

법원은 채권자들의 대표체인 채권자협의회의 운영에 필요한 비용을 채무자의 부담으로 한다고 결정할 수 있다(채무자회생법 제21조 제3항). 그렇지만 채무자의 재산으로부터 이를 받기 위해서는 그 자체가 법원의 재판을 거쳐야 할 뿐만 아니라, 직접비용의 상환에 그칠 뿐 절차 참여로 인한 기회비용에 해당하는 보수를 제공해 주지는 않으므로, 이것만으로는 적극성을 기대하기 힘들다. 물론 생존 가능성 높은 기업의 정상화나 인수합병 과정에서 자신의 이익을 충분히 관철하려는 특정 채권자는 적극적으로 채권자협의회의 권위를 이용할 수 있을 것이다. 그러나 이것은 그 나름대로 채권자 공동의 이익을 해하는 전략적 행동을 야기할지도 모른다. 회생에 공적이 있는 채권자에게 비용 상환과 보상금이 제공되지만, 이것 또한 법원이 정하도록 되어 있다(같은 법 제31조 제1항). 실무상의 활용도는 아직 의문이다. 그리하여, 채권자협의회의 적극성은 케이스 바이 케이스이나, 보통은 소극적이라고 가정할 수 있다.

그래서 채권자들의 집합적 행동을 집행할 기관이 필요하다. 이것은 채권자협의회가 적극적이라고 하더라도 그러하다. 법인에서 사원총회, 주식회사에서 주주총회가 직접 업무를 집행하지 못하듯이, 채권자들이 직접 채무자의 재산을 접수하여 나누어 주는 사무를 할 수 없다. 나랏일을 국민이 직접 하지 못하여 국회를 두고, 지방자치단체를 두지만 그 어느 조직도 직접 업무를 집행하지 못하는 것과 마찬가지이다. 채무자의 재산을 관리, 수집하고 이를 배당하는 기관은 도산절차의 핵심에 있다. 제2편의 회생절차에서는 관리인이라고 한다(같은 법 제74조 제1항). 제3편의 파산절차에서는 파산관재인이라고 한다(같은 법 제355조). 이들은 도산절차 이외에서 채권자가 행사할 수 있었던 모든 권한을 행사하는 한편, 채무자의 재산은 결국 채권자들에게 귀속되어야 하므로, 도산절차 외에서 채무자가 행사할 수 있었던 모든 재산을 관리한다. 비유적으로 말하면, 관리인, 관재인은 채권자의 구두에도 들어가고, 채무자의 구두에도 들어간다. 채권자가 쓰던 모자를 쓰기도 하고, 채무자가 쓰던 모자를 쓰기도 한다고 말해도 되겠다.

- 관리인

제2편의 회생절차에서 원칙적으로 관리인을 선임하지 않고 채무자가 관리인의 직을 수행하게 하거나, 채무자 또는 그 대표자를 관리인으로 선임한다(채무자회생법 제74조 제2항, 제3항). 즉, 제3자가 아닌 내부자로 하여금 채권자들을 위하면서 채무자도 위하는 중첩적 역할을 맡긴다. 흔히 디아이피(DIP, debtor-in-possession)라고 말하는 제도인데, 계속기업의 경우 지속해서 경영에 관여하였던 채무자, 대표자로 하여금 채권자들을 위해 관리를 지속할 것을 기대하는 것이 현실적이라는 과거의 운용경험으로부터 확립된 실무이다. 물론 예외는 있다. 재정적 파탄의 원인이 된 재산의 유용 또는 은닉이나 중대한 책임이 있는 부실경영에 기인하는 때에는 법원은 채무자나 대표 자신을 배제하고 제3자를 관리인으로 선임할 수 있다. 그렇게 하기 위하여는 채무자나 대표자를 심문하여야 한다(같은 조 제5항). 기존의 경영진을 교체하는 결과를 낳는 것이므로 반론의 기회를 주기 위한 것이라고 이해하면 되겠다. 사실심리와 규범적 판단에 따라 재량을 행사할 권한을 법원에 준 것인데, 과거에는 비교적 광범위하게 행사되었으나, 회생절차의 실무가 정착하면서 처음부터 제3자 관리인을 선임하는 경우는 희귀해졌다고 가

정할 수 있다. 물론 회생절차의 진행 중에 관리인의 부적합한 점이 드러나는 경우 사임, 해임 절차를 거치기도 한다.

관리인을 선임하지 않는 경우 채무자 또는 그 대표자를 관리인으로 보는데, 법인의 경우는 대표자를 선임하는 기관 즉 사원총회나 주주총회의 결의로 회생절차 진행 중이라도 관리인 역할을 하는 사람을 바꿀 수도 있다. 이론상의 가능성이지만 규모가 큰 상장회사에서는 충분히 시행될 여지가 있다. 관리인은 복수로 선임할 수 있고 또 각자대표 또는 공동대표의 정함에 따라 법인의 경우도 복수의 대표자를 관리인으로 간주할 수 있다. 이 경우 공동으로 직무를 행한다(같은 법 제75조 제1항). 개인의 경우 제3자를 관리인으로 선임하는 예는 희귀한데, 채무자 자신 및 제3자 1인을 공동관리인으로 선임하는 예가 종종 있다. 채무자가 회생절차의 진행을 위한 문서 작업을 원활하게 하지 못할 때 이를 보충하기 위한 목적일 수 있고 채무자를 감시하기 위한 의도에서 나온 조치일 수도 있다. 법률에는 규정되어 있지 않지만, 법원은 관리인과의 사적인 근로계약으로 씨알오(CRO, chief restructuring officer)를 채무자의 계산으로 고용하도록 하는 예가 있다. 채무자에 대하여 관건이 되는 채권, 담보권을 가진 주요 금융기관이 추천하는 자를 채용하는 경향이 있다. 회생절차를 공정하게 진행한다는 인식에 도움이 될 수 있고 또

주요 채권자와의 의사소통에도 도움을 줄 가능성도 있지만, 채무자의 일상 업무에 대한 간섭이 지나치다는 민원도 종종 있다. 절차 개시 전의 조치로 보전관리인이 선임되는 예도 있다 (채무자 회생법 제87조). 관리인에 관한 규정을 따른다(같은 법 제88조).

- **파산관재인과 감사위원**

제3편 파산절차에서는 파산관재인이 핵심적인 역할을 한다. 법률상의 자격 제한은 없고, 법인도 파산관재인이 될 수 있다. 다만 금융기관이 파산한 경우는 거의 예외 없이 예금보험공사를 파산관재인으로 임명하게 되어 있다(금융산업의 구조 개선에 관한 법률 제15조 제1항). 수도 없이 많은 예금주가 파산채권자로 권리행사를 하는 상황이 되는 한편 예금보험공사 자체가 최대의 채권자가 되기 때문에 예금보험공사 자신을 파산관재인으로 임명하는 것이 정책적으로 합당하다.

실무상으로는 대부분 법률실무를 하는 변호사를 파산관재인으로 선임한다. 재산 환가와 채권 회수 등은 법률 지식을 필요로 하는 사무이고, 기존의 소송관계를 정리하고 부인권 행사 등 새로 소송을 하기 위해서는 어차피 소송대리인이 필요한

데 변호사를 파산관재인으로 임명하면 굳이 법률비용을 추가로 지출할 필요가 없으므로 불가피한 조치이다. 가끔 공인회계사를 선임하기도 한다. 개인사업자의 파산에 관하여 회계적 관점에서 심사가 필요하다는 발상에서 일부 법원에서 시도해 본 조치이지만 일반화되지는 않은 듯하다. 규모가 큰 법원에서는 파산관재인 후보자 명부를 운영하면서 지원을 받아 시험을 통하여 공무원 비슷한 전형 절차를 거친다. 파산 사건의 대부분을 차지하는 개인파산 사건에서, 파산관재인은 면책을 허가하지 않을 사유가 있는지 조사할 권한이 있고 또 면책신청에 대하여 이의를 제기할 수 있다(채무자회생법 제560조, 제562조). 파산관재인이 채무자에게 적대적인 태도를 취하며 지위를 남용한다는 민원이 가끔 있기는 하나, 대부분의 파산관재인은 사무적인 태도로 법원의 지침에 따라 업무를 처리한다. 파산관재인이 모든 사무를 직접 처리할 능력은 되지 못한다. 문서의 수발과 정리, 채권자표, 배당표와 같은 계산표와 보고문건의 작성과 같은 사무를 지원하는 사람이 필요할 수 있다. 그러므로 법은 파산관재인이 법원의 허가를 받아 파산관재인 대리를 선임할 수 있도록 하고 있다(같은 법 제362조 제1항). 이 대리인은 파산관재인에 갈음하여 재판상, 재판 외의 모든 행위를 할 수 있는 지위에 있다(같은 조 제4항). 마치 상업 사용인의 1인으로서 지배인 같은 지위에 있다. 그런데 이것은 이용되지 않는다. 대부분의 사무는 파산관재인 자신이 할 수 있기 때문이다. 그리하여, 법률에 나오지 않는 보조인을 사용한다. 통상은 변호사 사무실의 직원이지만, 상시 고용되어 있지 않은 독립한 용역 제공자들일 수도 있다. 이들은 대리인이라기보다는 사무보조자인데, 많은 경우 보조인들이 파산관재인의 업무를 떠맡아서 한다. 파산절차에서, 특히 면책 여부가 문제되는 개인파산 절차에서 강력한 권한을 가지는 파산관재인의 권위에 기대어 속칭 '갑질'을 하는 보조인의 사례가 종종 보고된다.

파산선고에 따라 파산재단이 관념적인 실체로 형성된다. 일종의 법인이라고 인식할 수 있다. 채무자가 가졌던 모든 재산과 파산선고 전에 생긴 원인으로 장래에 행사할 청구권은 원칙적으로 모두 파산재단으로 귀속된다(채무자회생법 제382조 제1항, 제2항). 이 파산재단을 관리할 책임은 파산관재인에게 전속한다(같은 법 제384조). 채권자들에 대한 배당이 예상되는 상황에서 파산관재인의 활동은 채권자들의 이해관계에 결정적인 영향이 있다. 그런데, 본인-대리인의 문제(agency problem)는 파산절차의 진행에서도 예외가 아니다. 법률은 파산절차에서 열리는 제1회 채권자집회에서 감사위원이 필요하다는 제안이 있는 경우에는 그 설치 여부 및 감사위원의 수를 의결할 수 있도록 하고 있다(같은 법 제376조). 이렇게 채권자집회에서 선임되는 감사위원은 파산재단에 대한 이해관계가 없는 법률이나 경영에 관한 전문가여야 하며, 법원의 인가를 받아야 한다(같은 법 제377조). 감사위원은 파산관재인의 직무집행을 감사한다(같은 법 제379조 제1항). 또 파산관재인이 재단에 속하는 재산을 처분할 때 법원의 허가와 아울러 감사위원의 동의를 받아야 한다(같은 법 제492조). 이것은 주주총회에서 선임하는 감사가 이사의 직무집행을 감사하는 것과 비견할 수 있다. 실무상 감사위원이 선임되는 예는 거의 없다. 제1회 채권자집회에서 감사위원이 필요하다는 제안을 내고 파산채권자에게 조언을 할 정도의 법률가도 그다지 많지 않은 것 같고, 법원으로서도 감사위원의 선임에 관하여 집회에 참석한 채권자들에게 안내하고 있지 않다.

- 개인회생절차에서 채무자와 회생위원

　　　　제4편에 규정된 개인회생절차에서는 관재인이나 관리인이라는 관념이 없다. 채무자 자신이 재단을 관리한다(채무자회생법 제580조 제2항). 소규모의 재산 관리를 위하여 제3자인 관리인, 관재인을 두는 것은 그 가치가 크지 않고 또 개인의 생활에 대하여 제3자가 간섭하는 것은 인권침해의 소지가 있기 때

문이다. 변제계획에서 다르게 정할 수 있다는 위 조항의 단서는 실무상 적용될 여지가 희박하다. 누가 타인의 생활을 감시하겠는가. 그것은 채권자라도 마찬가지일 것이다. 그리하여 개인회생절차에서 채권자를 위하여 재단의 관리를 하는 것으로 가정된 채무자를 감시하고 견제할 실효적인 수단은 사실상 없다. 이것 또한 문제이다. 그래서 회생위원이라는 배역이 규정되어 있다. 회생위원은 재단을 관리하지 않지만, 채무자가 주장하는 재산, 소득의 조사, 채무자가 하기를 꺼리는 부인권을 행사하도록 명해 달라고 하는 신청의 제기 및 부인권 절차에의 참가, 채권자집회의 진행 이외에 담보목적물의 평가 및 변제계획에 정하여진 금액을 납입받아 채권자에게 배당하는 업무를 포함하여 법원의 보조기관 역할을 한다(채무자회생법 제602조, 채무자 회생 및 파산에 관한 규칙 제88조). 여기서도 법원의 역할은 두드러지고, 회생위원은 구체적인 사항에 관하여 감독을 받는다. 따라서 법원의 직원 비슷한 기능을 한다. 법률에 따르면 관리위원, 법원사무관, 변호사, 공인회계사, 법무사, 전직 법원 검찰 직원, 전직 은행원, 신용 관계 기관 경력자 등 여러 배경의 전문가들을 회생위원으로 임명할 수 있도록 하고 있다(같은 법 제601조 제2항). 그런데 법원의 일반직 공무원을 개인회생위원으로 임명하는 경우가 많고, 그렇지 않은 경우라도 사실상 법원의 보조기관으로서의 역할을 수행한다. 회생위원의 계좌개설과 개인회생채권자에 대한 배당은 법원의 전산시스템에 의존한다. 우리나라에서 공적 기관의 역할이 큰 것은 법원도 예외가 아니다.

- 채무자

파산절차에서 채무자는 원칙적으로 아무런 목소리와 역할이 없다. 채무자나 대리인, 이사, 대표자는 파산관재인, 감사위원 또는 채권자집회의 요청에 따라 파산에 관하여 필요한 설명을 하여야 하고, 구인될 수 있고 필요한 경우 파산선고 전이라도 구인될 수 있다(채무자회생법 제317조, 제321조, 제322조). 채무자는 자신의 재산을 관리당하는 자로서, 파산절차에서는 제3자이다. 따라서 그 이전에 진행되던 소송절차에서도 채무자는 배제된다(민사소송법 제239조). 채무자는 채권조사기일에 출석할 수 있고 의견을 진술할 수 있지만, 파산채권에 대한 이의를 하더라도 확정을 저지할 권능은 없다(같은 법 제451조 제1항, 제458조 참조). 하지만 실제로는 채무자가 재산에 가장 근접하여 있던 자이기에 파산재단의 재산 수집 활동은 채무자에 많이 의존할 수 있다. 본래 파산한 채무자에게 면책을 부여하였던 것도 채권자들을 위한 재단 수집 활동에 협력하기를 기대하였던 것에 연원이 있다고 한다. 물론 앞에서 보았듯 회생절차에서는 원칙적으로 관리인의 역할을 하고, 개인회생절차는 예외 없이 채권자를 위하여 행동할 것이 기대된다. 그것은 어디까지나 채무자와 관리인, 관재인의 역할이 한 사람에게 중첩되게 귀속되는 것으로 보아야 할 것이다.

후술하듯이 법에 정해진 규칙을 어기지 않는 한 개인인 채무자는 절차에 들어온 과거의 채무로부터 절연되는 면책을 얻는다. 채무자는 파산재단에 편입시키지 않았던 재산(면제재산)과 절차 개시 후 새로이 얻은 재산(신득재산)을 기반으로 하여 독립된 경제생활을 재개할 희망을 품을 수 있다.

- 전문직업인과 산업으로서의 도산절차

(1) 대리인으로서 변호사와 법무사

파산이 없는 자본주의는 지옥이 없는 종교와 같다는 말이 있다. 현대 사회에서 파산이라는 현상은 보편적이다. 실패한 기업과 가계를 정돈하는 도산절차의 역할은 그 중요성이 증대한다. 아울러 도산절차의 기술성, 전문성은 법원과 채권자, 채무자 그리고 관리인, 파산관재인 사이의 대립, 감독 관계로 끝나지 않는다. 이들에게 조언하고 이들을 대리할 수 있는 전문가 그룹의 일도 창출해 낸다. 변호사는 권력과 금력이 있는 정부 기관과 기업에 맞서 개인을 옹호하는 것을 주된 직무로 하는 자로서 채무자를 대리하기에 적합하다. 그것은 채권자의 입장도 마찬가지이다. 민사상 권리를 주장하고, 상사거래의 구조를 설계하는 역할도 법률 사무에 속하기 때문이다. 한편, 최근에는 개인파산, 개인회생에 관하여 법무사도 변호사에 준하는 포괄적인 대리권을 가지게 되었다(법무사법 제2조 제1항 제6호). 개인파산, 개인회생의 영역에 있어서 일감의 창출을 구하는 광고는 매우 공격적이다. 고금리 대출 권유만큼이나 자극적이며, 실제 개인파산, 개인회생 현업 종사자 중 상당수는 채권자, 추심인 쪽에서 배출되기도 한다. 그와 같은 과도한 캠페인은 서비스의 대량생산을 불가피하게 하며 그 과정에서 변호사, 법무사의 일은 본직 자신보다는 보조인들에게 맡겨지는 상황도 있다. 변호사, 법무사의 직원으로 등재한 뒤 자기 계산 하에 업무를 행하는 사람들의 사례도 눈에 띈다.

(2) 조사위원과 감정인, 비영리단체

주로 기업에 적용되는 제2편 회생절차의 등장인물로 조사위원이 있다(채무자회생법 제87조 제1항). 채무자의 현재와 과거의 재산 상태, 미래의 예상에 관하여 전문적인 의견을 제공한다(같은 법 제87조 제3항, 제90조~92조). 조사위원을 반드시 선임하여야 하는 것은 아니며, 조사위원이 될 자격에는 법률상 제한이 없지만, 예외 없이 조사위원을 선임하고 보통 공인회계사들로 구성된 회계법인을 지명하는 것이 전통적인 실무이다. 이들은 기업의 회계장부를 검토하고 자산, 부채 상태를 방문, 서면 조사 등 실사를 통하여 보고서를 제출한다. 과거 채무자의 사업 운영에 있어서 부정한 행위는 없었는지, 재산의 사외유출은 없었는지, 기업의 가치는 얼마인지 조사한다. 관리인은 조사위원의 보고서를 받아 그것을 관리인 명의로 수정하고 제출하는 경우가 많다. 회생절차 개시 전에 이들에 대한 보수를 예납하게 하는데, 현금이 고갈된 상태에서 절차에 들어가는 기업에는 상당한 부담을 준다. 간이회생절차에서는 회계법인을 선임하기도 하지만 회생위원이 될 수 있는 다른 전문가를 간이조사위원으로 선임할 수 있다(채무자회생법 제293조의 7 제1항, 제2항).

조사와 마찬가지로 재산의 평가는 관리인의 직무이지만, 부동산 등 주요 자산의 평가는 전문적인 감정을 행하는 감정평가법인에 맡기는 것이 보통이다. 그 외에도 도산절차를 둘러싸고 마치 정원에 피어 있는 식물처럼 다종다양한 직업의 사람들이 활동한다. 앞에서 본 유사 법률가와 법률가의 보조인 이외에도, 지방정부 산하의 재단과 자발적인 시민단체들도 영리를 목적으로 하지 않는 활동임을 표방하고 봉사한다. 이들은 개인채무자들의 편에서 과도한 소비자금융 내지는 약탈적 금융의 폐해를 지적하고 상담과 각종 신청의 진행에 조력하며, 적당한 법률구조를 알선하기도 한다. 반대편에는 신용상담소가 있다. 소비자가 도산절차에 의한 보호를 청원하는 상황을 줄이기 위하여 채권의 상담과 조정 알선 서비스를 제공한다. 예를 들어 신용회복위원회, 신용회복기금, 국민행복기금 등이다. 최근에는 기업구조조정전문가들의 활동도 활발하다. 이들의 활동은 개인채무자와 기업채무자가 굳이 법원의 도산절차로 이행하지 않을 수 있도록 조력한다는 면에서 긍정적이라고 평가 받을 수 있는 반면에, 조기에 합당한 구조조정을 행할 가능성을 저해한다는 비판을 받을 수도 있다.

- 관할

도산 사건의 관할, 즉 어느 법원에 절차의 개시를 신청할 것인가는 우선 이해관계자의 접근 편의성이라는 면에서 그 합리성이 평가되어야겠지만, 각 법원의 실무 관행의 차이가 있음을 고려한 포럼 쇼핑의 차원에서도 제법 중요하다. 예를 들어 어떤 사람은 서울회생법원의 신속성과 진보적인 판단을 구할 수도 있지만, 어떤 실무가는 자신의 자율성을 존중받을 수 있는 한적한 법원의 관할을 구한다. 획일적인 기준으로 관할 법원이 어느 한 곳으로 고정되어 있다면 그렇게 선택할 여지가 없겠지만, 법률은 원칙과 다종다양한 예외를 만들어 놓고 있다. 그러면서도 전속관할이므로 관할은 복잡한 요소를 고려한 전략적 선택이 될 수도 있다. 원칙은 채무자의 보통재판적이 있는 곳 또는 채무자 자신의 주된 사무소나 영업소가 있는 곳, 채무자가 계속하여 근무하는 사무소나 영업소가 있는 곳을 관할하는 회생법원의 전속관할이다(채무자회생법 제1조 제1호). 예를 들어 주소를 수원에 두고 서울에서 개인사업장을 운영하며 인천에 있는 회사에 직원으로 근무하는 사람은 수원, 서울, 인천의 각 회생법원 중 한 곳에 신청할 수 있다. 나아가 회생 사건, 파산 사건은 주된 사무소, 주된 영업소의 소재지를 관할하는 고등법원 소재지 회생법원에도 관할이 있는 것을 비롯하여, 계열사, 법인의 대표자와 법인 사이, 주채무자와 보증인, 연대채무자, 부부 등 관련재판적도 있고, 규모가 큰 경우에는 서울회생법원이 관할하기도 하며, 강원도 영동지방인 경우 강릉지원, 울산이나 경남인 경우 부산회생법원에도 신청할 수 있다. 심판의 편의를 위하여 이송을 시행하기도 한다(같은 법 제4조). ●

4. 법인파산의 절차

- 절차의 구조: 누가, 무엇을?

집합적 채권추심에서 가장 원초적인 것은 채무자회생법 제3편에 규정되어 있는 '파산절차'라고 말할 수 있다. 그 기본 구조는 채무자로부터 재산관리권을 채권자들의 대표인 파산관재인이 접수하여 채무자의 재산을 현금으로 유동화(환가)하고, 권리의 우선순위와 채권 금액의 비율에 따라, 채권자들에게 배당하는 것이다. 부채의 청산 수단인 금전을 지급하는 것이므로 채권자들의 동의 여부는 중요하지 않다. 그러기 위해 모든 채권자가 자신의 권리를 주장하는 장을 제공하고, 또 인정된 권리에 따라 그에 맞는 배당을 하는 관리기구의 작동이 파산절차에 관한 법률 규정이다. 그렇다면 파산법의 기본 구조는 누가(who), 무엇을(what) 가지고 갈 것인가에 관한 실체적 권리와 그것을 어떻게(how) 구현할 것인가에 관한 절차적 규칙을 담는 것이겠다.

첫째, 누가(who)라는 질문에 응답해 보자. 파산절차에 가담시킬 권리는 무엇이며, 어느 정도까지 인정하고 어떻게 확정할 것인가.

실체법상의 권리에는 우선순위가 있다. ❶파산절차의 본질상 다른 채권에 비하여 우선적으로 배려되어야 하는 것도 있고, 보통의 채권보다 뒷줄에 서야 하는 것도 있다. ❷민사법상 확보된 타인의 소유권과 담보물권, 용익물권을 존중할 필요가 있다. 또 법률에 정하여진 우선특권도 파산절차에서 존중될 필요가 있다. ❸사적 자치의 원칙도 존중되어야 한다. 파산절차의 목적에 반하지 않는다면, 다른 이해관계자가 없는 한 그러하다. 예를 들어 파산절차의 당사자 모두가 수용하는 배당의 순위와 방법은 파산절차에서도 존중되어야 한다. 구체적으로 말하면, ❶파산재단에 대하여 주장하는 권리가 이유 있는 것인지, 즉 파산절차에 가담하여 목소리를 내고 배당을 받을 수 있는 성질의 것인지 ❷그것이 파산절차와 상관없는 보장을 받는 것인지 아니면 파산재단 자체의 의무가 되어 다른 이해관계인보다 먼저 받아 갈 수 있는 것인지, 다종다양한 다른 채권과 마찬가지로 점심 값 정도라고 말할 수 있는 극히 일부의 배당 밖에 받아 가지 못하는 것인지, 아니면 그나마 선순위권리자에게 밀려 한 푼도 받지 못하고 그저 바라만 보고 있어야 하는 후순위 권리인지 ❸이와 같은 권리를 주장하고 인정받는 방법은 무엇인지의 질문에 답하여야 한다. 파산채권과 재단채권, 별제권 정도가 문제 된다.

둘째, 무엇을(what) 나누어 줄 것인가의 문제이다. 파산제도는 절차의 개시와 함께 채무자의 재산을 모두 접수하여 이를 기초로 하여 만든 현금을 배당한다. 이 재산의 관념적 집합체를 파산재단이라고 한다. 채권자 입장에서 파산재단은 크면 클수록 좋다. 물론 거기에는 제3자의 권리를 침해할 수 없다는 한계가 있다. 어느 민사법에서나 이것은 마찬가지이다. 외견상 채무자가 점유하여 파산재단이 이를 승계하였지만, 타인의 소유에 속하는 물건은 그 물건을 타인이 환수하여 갈 수 있어야 한다. 이를 환취권이라고 한다(채무자회생법 제407조). 세탁소 주인이 파산한 경우, 세탁소 주인에게 바지의 세탁을 맡긴 사람은 바지를 찾아갈 수 있어야 한다. 물론 세탁소 주인이 바지의 주인에게 세탁비를 받을 때까지 바지를 반환하지 않을 수 있는 권리가 있고, 파산재단도 그 권리를 행사할 수 있는 것은 별개의 문제이다. 또 채무자가 보유하였던 재산이 타인 권리의 목적이 된 때, 그 타인의 권리는 파산에도 불구하고 존속한다. 이를 별제권이라고 한다(같은 법 제411조). 별제권은 파산절차에 의하지 않고 행사한다(같은 법 제412조). 그렇게 파산절차 외에서 권리행사가 예정되어 있으므로 별제권이 있는 채권자는 별제권을 포기하거나 별제권 행사로 만족하지 못하는 채권액에 관하여 파산채권을 행사할 수 있다(채무자회생법 제413조). 반면에 절차 개시시에 채무자의 재산으로부터 이탈하여 있더라도 그것이 채권자 공동의 이익을 해하는 방식으로 이전한 것이라면, 그러한 거래를 부인하고 파산재단에 가산할 수 있다(같은 법 제391조, 제394조).

      채무자의 재산을 채권자들에게 나누어주는 원칙적인 방식은 현금이 원칙일 것이다. 금전 즉 국가가 인정한 법화는 모든 채무의 청산 수단이므로 채권자는 이를 거부하지 못한다. 그것을 위한 제도가 제3편에 정하여진 파산제도이다. 회생은 당장 현금배당보다는 지급을 장래로 이연하거나 새로운 권리를 배당하는 것 즉 권리를 재규정하는 것이므로 파산의 변형된 형태라고 이해하면 되겠다. 파산과 회생은 현금변제와 대물변제에 각 해당되는 것이니, 회생에서는 원칙적으로 채권자들의 동의를 필요로 한다. 간이회생, 개인회생은 회생의 간소화된 형태라고 할 수 있다.

- **파산신청**

(1) 파산신청의 실체적 요건

파산을 신청하기 위한 요건은 지급불능(支給不能)이다(채무자회생법 제305조 제1항). 이것은 채무자가 변제능력이 부족하여 즉시 변제해야 할 채무를 일반적, 계속적으로 변제할 수 없는 객관적 상태를 말한다(대법원 1999. 8. 16.자, 99마2084 결정). 지급을 정지한 때 즉 일반적인 지급거절이 있는 때에는 지급불능으로 추정한다(같은 조 제2항). 법인의 경우 부채의 총액이 자산의 총액을 초과할 때 즉 채무초과(債務超過)일 때에도 파산을 신청할 수 있다(같은 법 제306조 제1항). 본질상 조합인 합명회사, 합자회사는 채무초과가 파산의 원인이 되지 않는다(같은 조 제2항). 무한책임을 지는 사원(社員)들이 개인적 책임을 지기 때문이다. 상속재산도 법인에 준한다. 상속재산으로 상속채권자 및 유증을 받은 자에 대한 채무를 완제할 수 없는 때 즉 채무초과 상태가 파산원인이다(같은 법 제307조).

(2) 파산신청을 할 수 있는 자

채권자도 채무자도 파산을 신청할 수 있다. 다만 채권자가 신청할 때에는 자신의 채권이 존재한다는 점 그리고 파산의 원인 사실을 소명하여야 한다(채무자회생법 제294조). 특정 채권자 단독으로 신청할 수 있는가? 집합적 채권추심절차임을 고려한다면, 채권자가 파산을 신청할 때 자신의 채권만을 주장하여 혼자서 신청하는 것은 적합하지 않은 감이 있지만, 법률은 그러한 요건을 두고 있지 않다. 필자가 겪은 실무에서도 다른 채권자를 인식하지 않은 채권자 단독의 신청에 대하여 개별적 강제집행에 호소함이 적당하다는 권고를 내리는 예도 있었다. 다른 한편, 채권이 민사소송으로 확정되지도 않고 다른 방식으로 형식적으로 집행력을 취득하기 전에 채권자 단독의 신청을 받아들인 예도 있었다. 채무자가 법인인 경우 그 법인의 이사, 무한책임사원, 청산인이 신청할 수 있고, 이들 전원이 하는 경우가 아니라면 (마치 채권자가 신청하는 때와 마찬가지로) 파산의 원인인 사실을 소명하여야 한다(채무자회생법 제295조 제1항, 제2항, 제296조). 법인격 없는 사단, 재단인 경우도 대표자, 관리자가 있으면 법인에 준한다(같은 법 제297조). 상속채권자, 유증을 받은 자, 상속인, 상속재산관리인 및 유언집행자가 파산을 신청할 수 있다(같은 법 제299조 제1항). 상속재산관리인, 유언집행자 또는 한정승인이나 재산분리가 있은 경우의 상속인은 채무초과를 발견한 때에는 지체없이 파산신청을 하여야 한다(같은 법 제299조 제2항). 상속인, 상속재산관리인 또는 유언집행자가 파산신청을 할 때는 파산의 원인인 사실을 소명하여야 한다. 원칙적으로 재산의 분리를 청구할 수 있는 기간 즉 상속이 개시된 날로부터 3개월 이내에 신청할 수 있지만, 한정승인 또는 재산분리가 있는 때에는 상속채권자 및 유증을 받은 자에 대한 변제가 아직 종료하지 아니한 동안에도 신청할 수 있다(같은 법 제300조, 민법 제1045조). 상속재산의 파산은 재산의 정리가 목적이고, 이미 죽어버린 개인인 피상속인과 관련하여 신선한 새 출발은 문제 되지 않는다.

(3) 파산신청의 방식

법인에 대한 파산신청은 채무자 및 그 대표자가 누구인지, 파산을 구하는 신청 취지와 그 원인, 채무자의 사업목적과 업무의 상황, 채무자의 자산, 부채 및 자본에 관한 사항, 채무자의 재산에 관한 다른 절차 또는 처분으로서 신청인이 알고 있는 것, 채권자가 신청하는 때에는 그 채권액을 기재한 서면으로 제출하여야 한다. 신청과 동시에 또는 지체없이 채권자 목록, 재산 목록, 채무자의 수입 및 지출에 관한 목록을 첨부하여야 하며, 채무자의 등기사항전부증명서, 정관, 파산신청에 관한 이사회 회의록 기타 소명자료를 제출하여야 한다(채무자회생법 제302조 제1항). 개인 채무자의 파산신청에 제공되는 것 같은 표준 양식은 정형화되어 있지 아니하며, 결국 채무자의 과거, 현재, 미래를 묘사하고, 재무제표를 비롯한 회계자료와 이를 보강하는 법적 증거를 첨부하는 것이겠다.

- **견련파산**

형식적인 파산신청이 없는데도 파산절차가 개시되는 경우가 있다. 즉, 채무자회생법 제2편에 정하여진 회생절차에서 파산절차로 이행하는 경우이다. 이것을 흔히 견련파산(牽連破産)이라고 한다. 회생계획이 인가된 후 회생절차 폐지의 결정이 확정된 경우, 법원은 채무자에게 파산의 원인이 되는 사실이 있다고 인정하는 때에는 직권으로 파산을 선고하여야 한다(채무자회생법 제6조 제1항). 흔히 인가 후 폐지의 경우에는 필요적 폐지라는 말을 사용한다. 회생절차개시신청을 기각한 경우, 회생계획 인가 전에 회생절차가 폐지된 경우, 회생계획 불인가 결정이 내려진 경우에 법원은 채무자 또는 관리인의 신청에 의하거나 직권으로 파산을 선고할 수 있다(같은 조 제2항). 인가 후 폐지된 경우 파산선고를 하지 않는 예도 있으며, 인가 전 폐지의 경우 채무자나 관리인이 굳이 파산을 원하지 않는 때는 법원이 파산선고를 잘 내리지 않는 것이 실무이다. 일거리가 늘어나는 것도 반가울 리가 없고, 채무자가 자주적으로 정리하고 사태를 수습할 기회를 주는 것으로 이해할 수 있다. 이렇게 회생절차에서 파산절차로 이행한 경우, 두 절차 사이에는 상당한 호환성이 있는 것으로 보인다. 파산절차를 진행함에 있어, 회생절차에서 행하여진 신고, 이의와 조사 또는 확정은 파산절차에서 행하여진 것으로 보고, 회생절차에서 행하여진 법원, 관리인 등의 처분, 행위 등은 파산절차에서도 유효한 것으로 본다(같은 법 제6조 제6항, 제7항).

- 파산선고와 그 효력

(1) 절차의 개시: 파산선고

파산절차는 법원이 파산을 선고함으로써 개시된다(채무자회생법 제311조). 채무자는 자신의 지급능력이나 자산, 부채 상태에 관하여 가장 잘 알 것으로 가정할 수 있다. 그렇다면, 채무자가 파산을 신청한 경우는 파산신청의 실체적 요건에 관하여 굳이 심리할 필요가 없을 것이다. 채권자가 신청할 때 또는 채무자의 이사 등 전원이 신청하는 것이 아닐 때, 신청인은 파산의 원인 사실을 입증하도록 요구받는다. 반대해석으로서 채무자가 확실한 의사로 파산절차의 진행을 원할 때는 원칙적으로 지급불능 또는 채무초과를 증명할 필요가 없다. 그렇다면, 채무자가 신청할 때는 자동으로 파산절차가 개시되는(오토매틱 스테이, automatic stay) 미국의 입법례가 타당할 것으로 보인다. 채무자가 신청할 때는 재정적 어려움을 겪는 초기 단계에서 도산 상태 즉 지급불능 또는 채무초과의 증명을 요구하지 말자는 것은 유엔국제상거래법위원회의 입법지침이기도 하다. 오토매틱 스테이를 도입한다고 할 때, 채무자가 충분히 지급 가능함에도 불구하고 전략적으로 신청하는 때에 대처할 수 없다는 염려가 있을 수 있지만, 절차의 남용에 해당한다고 판단되는 경우는 신청을 기각할 수 있는 일반조항도 있으므로, 걱정할 사항은 아니다(채무자회생법 제309조 제2항). 어느 시스템을 택하든지 간에 부적절한 파산신청을 걸러내는 차이는 있지만, 파산선고의 여부와 그 시기를 마음대로 판사에게 맡긴 현 시스템은 권력 남용의 우려가 있다.

　　채권자가 신청한 사건에서 파산선고가 내려졌을 때 채무자가 즉시항고 할 수 있지만, 집행을 정지하지 못한다(같은 법 제316조 제1항, 제3항). 항고법원은 즉시항고가 이유 있다고 인정하는 때에는 원래의 결정을 취소하고 사건을 원심법원에 환송하여야 한다(같은 조 제5항). 파산선고는 나지만 절차가 개시되지 않는 경우도 있다. 즉 법원은 파산재단으로 파산절차의 비용을 충당하기에 부족하다고 인정되는 때에는 파산선고와 동시에 파산폐지의 결정을 하여야 한다(같은 법 제317조 제1항). 흔히 이것을 동시폐지라고 한다. 현재 실무상 거의 활용되고 있지 않다. 이에 대하여는 즉시항고를 할 수 있으나 역시 집행정지의 효력은 없다. 물론 신청인이든 채무자이든 파산절차의 비용을 충당하기에 충분한 금액을 미리 납부한 경우에는 그러하지 아니하다(같은 법 제318조).

(2) 파산선고시 법원의 조치

법원은 파산절차의 총감독이다. 법적인 절차이기 때문이다. 법원은 파산선고와 동시에 파산관재인을 선임하고, 채권신고 기간, 제1회 채권자집회의 기일, 채권조사기일을 정해야 한다(채무자회생법 제312조 제1항). 채권신고 기간과 제1회 채권자집회의 기일은 병합할 수 있다(같은 법 제2항). 실제로도 그렇게 한다. 오히려, 대부분의 법인파산에서 파산채권에 대한 변제가 이루어지지 않는 경우가 대다수다. 이 경우 채권신고 기간을 정하고 채권조사기일을 정하는 것은 낭비적인 요소가 있다. 개선의 제안으로는 채권신고 기간을 추후 지정하는 방식이 있는데, 법인파산의 경우에는 채택하지 않는 듯하다. 개인파산의 경우에는 채권신고 기간 및 채권조사기일을 추후 지정하는 실무가 행하여지고 있지만, 법률의 규정에는 반한다. 입법 조치가 필요한 부분이다. 아울러 파산선고와 동시에 파산관재인이 법원의 허가나 감사위원의 동의를 받지 않고 집행할 수 있는 금액의 한도를 정하기도 한다. 보통 300만원이다.

파산결정의 주문, 파산관재인의 성명 및 사무소, 채권신고 기간과 집회기일, 파산선고를 받은 채무자의 채무자와 파산재단에 속하는 재산의 소유자는 파산선고를 받은 채무자에게 변제하거나 그 재산을 교부하여서는 아니된다는 뜻의 명령, 파산선고를 받은 채무자의 채무자와 파산재단에 속하는 재산의 소유자에 대하여 채무의 부담, 재산의 소지, 별제권을 가진 경우에는 그 뜻을 파산관재인에게 신고하여야 한다는 명령을 공고하여야 한다(채무자회생법 제312조 제1항). 채무자가 신청서에 첨부하여 제출한 채권자 목록에 기재되어 알고 있는 채권자, 채무자 및 재산 소지자에게는 위 공고사항을 송달한다(같은 조 제2항). 신고를 게을리한 자는 파산재단에 생긴 손해를 배상하여야 한다(같은 조 제4항). 법인의 설립이나 목적 사업에 관하여 행정청의 허가가 있는 때에는 파산선고 사실을 주무관청에 통지한다(같은 법 제314조 제1항). 파산절차가 종료한 때에도 같다(같은 조 제2항). 검사에 대한 통지를 할 수도 있다(같은 법 제315조). 다만 실무상 잘 하지 않는다. 법원은 절차 진행을 위하여 필요한 경우 채무자나 그 법정대리인, 이사, 지배인, 상속인을 구인할 수 있다(같은 법 제319조, 제320조, 제322조). 그러나, 실무상 잘 하지 않는다.

(3) 실체법적 효력

파산절차가 개시되면, 채무자의 재산관리권이 파산재단의 대표자로서 파산관재인에게 이전한다. 그 결과 채무자를 둘러싼 기존의 법률관계에 미치는 몇 가지 실체법적 효력이 있다. 당연히 파산재단에 속하는 재산에 관한 채무자의 행위는 효력이 부인된다(채무자회생법 제329조 제1항). 채무자의 처분행위에 의하지 않고 권리를 취득한 경우도 마찬가지이다(같은 조 제2항). 파산선고 전의 채무이행으로서, 파산선고 후에 한 등기, 가등기도 부인된다(같은 법 제331조 제1항 본문). 파산재단은 파산선고와 동시에 채무자의 재산에 등기한 것으로 간주되는 것이다. 다만 등기권리자가 선의로 등기를 마친 때에는 그러하지 아니하다(같은 항 단서). 파산재단은 원칙적으로 모든 재산에 대하여 선의의 제3취득자의 지위에 서는 것이나, 특별히 예외를 둔 것으로 볼 수 있겠다. 다만 파산선고 전에 행하여진 원인행위에 대하여 부인권을 행사할 수 있는지는 별개의 문제이다. 파산선고 후에 한 선의의 변제는 유효하게 취급되고 악의의 변제도 파산재단에 귀속된 한도에서는 그러하다(채무자회생법 제332조).

파산재단은 쌍방미이행 쌍무계약을 해제, 해지하거나, 반대로 채무자의 채무를 이행하고 상대방의 채무이행을 청구할 수 있다(같은 법 제335조 제1항). 상대방은 그 선택을 최고할 수 있고 확답이 없을 때는 거절한 것으로 본다(같은 조 제2항). 해제, 해지된 때 상대방은 손해배상을 받을 권리가 있지만, 그것은 파산채권이다. 실무상 사업을 계속하는 회생절차에서 자주 문제된다.

역무의 제공에 관한 민법의 전형계약 규정에도 파산선고의 효과가 규정되어 있다. 임차인이 파산한 경우, 임대차 기간의 약정이 있는 때에도 파산관재인은 해지 통고를 할 수 있다(민법 제637조 제1항). 이 경우 각 당사자는 상대방에 대하여 계약해지로 인하여 생긴 손해의 배상을 청구하지 못한다(같은 조 제2항). 고용관계에서 사용자가 파산선고를 받은 경우, 고용 기간의 약정이 있는 때에도 노무자 또는 파산관재인은 계약을 해지할 수 있다(같은 법 제663조 제1항). 이 경우 각 당사자는 계약해지로 인한 손해의 배상을 청구하지 못한다. 도급인이 파산선고를 받은 때에는 수급인 또는 파산관재인은 계약을 해제할 수 있다. 이 경우 수급인은 일의 완성된 부분에 대한 보수 및 비용에 대하여 파산재단의 배당에 가입할 수 있다(같은 법 제674조 제1항). 역시 손해배상을 상호 청구하지 못한다(같은 조 제2항). 이들 규정은 역무의 제공에 관한 계약에 있어서는, 양 당사자 사이에 대체 불가능한 특이한 사정이 있을 수 있고, 역무의 대가를 주는 자가 파산하는 경우 해제, 해지할 수 없다고 한다면 다른 채권자들의 몫을 현저히 저하시킬 것이다. 그 밖에 임대차, 도급, 위임, 상호계산, 공유자 파산, 부부재산 약정 등에 관한 특칙이 있다(채무자회생법 제340조 내지 제345조).

(4) 절차법적 효력

민사소송법 책에서는 파산절차를 일반집행이라고 부른다. 말하자면, 집합적 채권추심을 위한 노력이다. 모든 채권자가 채무자를 상대로 소송을 제기하는 등 방식으로 자신의 권리를 주장하고 채무자의 재산 모두에 대하여 강제집행을 실시하고 있는 상황을 하나로 축약한 상황을 상정해 보자. 또 민사법상 채무자가 낭비하거나 빼돌린 재산을 원상회복하고 채무자가 수집을 게을리하는 재산을 직접 수집하는 것은 채권자의 권리이기도 하다. 이와 같은 채권자의 권리를 전부 파산재단이 행사할 수 있으니, 파산절차가 진행되는 이상 개별적인 노력은 불필요하게 된다고 가정할 수 있다. 물론 실무상으로는, 가정일 뿐이다. 파산선고가 내려지면 소송절차는 중단된다(민사소송법 제239조). 이 중단은 파산절차가 유효하게 진행되는 한 지속된다(같은 조 단서 및 제240조). 이들 중 파산재단에 속하는 재산에 관한 소송은 파산관재인 또는 상대방이 이를 수계할 수 있다. 미이행 쌍무계약으로 파산관재인이 채무를 이행하는 경우 상대방이 가지는 청구권에 관한 소송도 이와 같다(채무자회생법 제347조 제1항). 강제집행도 마찬가지이다. 파산채권에 기하여 파산재단에 속하는 재산에 대하여 행하여진 강제집행·가압류 또는 가처분은 파산재단에 대하여는 그 효력을 잃는다(같은 법 제348조 제1항 본문). 다만, 파산관재인은 파산재단을 위하여 강제집행 절차를 속행할 수 있다(같은 항 단서). 어차피 파산관재인이 경매하여야 할 재산이라면 기존에 진행되던 집행 절차를 이용할 수 있게 한 것이다. 다만 매각 대가는 파산재단으로 우선 수집하고 배당도 파산절차에 따를 뿐이다.

파산선고 전에 행하여진 조세 체납처분은 파산선고의 영향을 받지 않는다(같은 법 제349조 제1항). 다만 파산선고 후에는 새로운 체납처분을 할 수 없다(같은 조 제2항). 파산재단에 속하는 재산에 관하여 행정청에 계속된 사건이 있는 때에도 그 절차는 수계 또는 파산절차의 종료가 있을 때까지 중단된다(같은 법 제350조). 이미 계속된 사해행위 취소소송도 중단된다(같은 법 제406조). 이 경우 파산관재인 또는 상대방이 수계할 수 있다(같은 법 제347조 제1항). 수계 후 부인권 소송으로 청구취지를 변경하게 된다. 채권자대위소송도 이에 준한다(대법원 2013. 3. 28. 선고, 2012다100746 판결). 파산채권의 이행을 구하는 소송은 그 자체가 파산재단에 속하는 재산에 관한 것이 아니므로 당연히 중단된다고 할 수는 없다. 다만, 파산채권의 조사절차에서 신고한 채권에 대한 이의를 받은 채권자가 권리의 확정을 구하려고 하는 경우, 이의를 제기한 자 전원을 상대로 소송을 수계하여야 한다(같은 법 제464조 제1항). 이의를 하지 않은 경우라면, 소송을 더 지속할 이유가 없으므로 부적법하게 된다(대법원 2018. 4. 24. 선고, 2017다287587 판결).

- 파산절차의 진행

(1) 채권의 조사와 확정

파산절차에 참가하려는 파산채권자는 법원이 정하는 채권신고 기간 내에 그 금액과 발생원인, 일반의 우선권이 있을 때는 그 권리를 신고하여야 한다(채무자회생법 제447조 제1항).

민사소송에서 처분권주의가 적용되는 것과 마찬가지이다. 저당권, 질권과 같은 별제권이 있는 때는 그 목적물과 행사에 의해 변제를 받을 수 없는 채권액을 신고하여야 한다(채무자회생법 제447조 제2항). 별제권이 있는 한도 내에서는 파산절차에 참가할 수 없기 때문이다. 파산채권에 관한 소송이 계속되어 있을 때는 그 사건을 특정할 수 있는 법원, 당사자, 사건명 및 사건번호를 신고하여야 한다(같은 조 제3항). 다만, 금융기관이 파산하여 예금보험공사가 파산관재인으로 진행하는 때에는 파산참가기관이 예금자표를 작성하여 제출함으로써 채권신고 기간 내에 신고된 것으로 본다(금융산업의 구조개선에 관한 법률 제21조 제2항). 법원은 이 신고에 따라 파산채권자표를 작성한다(채무자회생법 제448조 제1항). 이 파산채권자표 및 채권신고 서류는 이행관계인이 열람할 수 있다(같은 법 제449조 제1항). 채권조사기일에는 신고한 채권에 관하여 조사를 시행한다(같은 법 제450조). 채권신고 기간이 지난 후에도 파산채권을 신고할 수 있는데 특별한 이의가 없으면 채권조사 일반기일에 조사를 할 수 있다(같은 법 제453조 제1항). 이의가 있으면 다음 특별기일을 정한다. 채권조사의 일반기일 이후에 신고할 수도 있다. 이 경우 특별기일을 정한다(같은 법 제455조). 다른 파산채권자 및 파산관재인이 이의를 제기하지 않으면 채권액과 순위가 확정된다(같은 법 제458조). 확정채권에 관하여 파산채권자표에 기재한 때에는 그 기재가 파산채권자 전원에 대하여 확정판결과 동일한 효력이 있다(같은 법 제460조).

신고한 파산채권에 이의가 있는 경우 파산채권을 주장하는 채권자는 그 확정을 위하여 이의자 전원을 상대로 채권조사확정재판을 조사기일부터 1월 내에 신청할 수 있다(같은 법 제462조 제1항, 제4항). 법원은 이의자를 심문하여 조사확정재판을 한다. "채무자에 대한 파산채권자의 채권은 얼마임을 확정한다" 또는 "채무자에 대한 파산채권자의 채권은 존재하지 아니함을 확정한다"는 선언이다. 이에 대한 불복이 있으면 이 결정서의 송달을 받은 날로부터 1개월 이내에 이의의 소를 제기할 수 있다(같은 법 제463조 제1항). 판결은 조사확정재판의 주문을 인가하거나 변경하는 방식으로 내린다. 이것은 1심 재판이다. 파산채권에 관한 다툼은 4심까지 될 수 있다. 파산채권에 관하여 소송이 있는 경우에는 파산채권자가 이의한 자 전원을 상대로 소송을 수계한다(같은 법 제464조). 다른 파산채권자가 이의한 경우, 이 소송수계에 의하여 민사소송에 끌려 들어가게 된다. 이미 판결, 집행력 있는 공정증서 등 집행권원 있는 채권에 대하여 이의가 있을 때는 파산채권자가 아니라 이의를 제기한 자가 채무자가 할 수 있는 소송절차에 의하여만 이의를 주장할 수 있다. 예를 들어 청구이의의 소이다(채무자회생법 제466조 제1항). 이미 그러한 소송을 채무자가 제기한 경우, 이의를 한 자는 파산채권자를 상대방으로 소송절차를 수계하여야 한다(같은 법 제466조 제2항). 역시 그 기간은 1개월 이내여야 한다(같은 법 제466조 제3항, 제465조, 제463조 제1항). 판례는 1개월의 제소기간 준수에 대하여 엄격하다.

(2) 재산의 환가

파산재단에 속하는 모든 재산은 매각되어 금전으로 수집되어야 한다. 재산의 환가에 적용되는 일반법인 민사집행법에 따르는 것이 원칙이다(채무자회생법 제496조 제1항). 민사집행법에 의하여 경매가 행해지는 경우, 형식적 경매라고 한다(민사집행법 제274조 제1항). 일반적으로 시세가 형성되어 있지 않은 임야, 단독주택, 건물에 관하여 형식적 경매는 유효적절하게 작용한다. 물론 법원의 허가가 있는 경우 영업양도 등 다른 방법으로 재산을 매각할 수 있다(같은 조 제2항). 실무상 법원 인터넷 홈페이지에 게시하는 방식으로 임의매각하는 경우가 많다.

(3) 배당

이런 방식으로 재산을 수집하면 수시로 배당을 실시한다. 채권조사기일이 종료된 후에는 파산관재인은 배당하기에 적당한 금전이 있을 때마다 배당을 실시한다(채무자회생법 제505조). 이를 중간배당이라고 한다. 다만 간이파산(재산액이 5억원 미만인 경우)의 경우에는 최후배당 1회로 한다(같은 법 제549조 제1항. 제555조). 배당을 실시할 때는 법원의 허가를 받아야 하며, 파산관재인이 배당에 참가시킬 채권자의 성명과 주소, 배당에 참가시킬 채권의 액, 배당할 수 있는 금액을 기재한 배당표를 작성하여 제출하여 이해관계인이 볼 수 있도록 해야 하며 또 공고해야 한다(같은 법 제506조~509조).

(4) 재단채권

배당을 실시하기 위한 전제는 배당할 재원이 있을 것이다. 파산재단에 속하는 재산이 없을 수 있다. 또 파산재단에 속하는 재산이 있다고 하더라도 다 배당할 수 있는 것은 아니다. 그것은 재단채권을 먼저 변제하여야 하기 때문이다(채무자회생법 제475조). 이것은 파산재단 그 자체의 채무이다. 파산절차 그 자체를 진행하기 위한 것, 파산재단의 수집을 위하여 기여한 것 그리고 조세나 임금과 같이 정책적인 것이다(같은 법 제473조). 이 재단채권을 전부 다 지급하기에 부족한 경우도 있다. 이것을 파산재단의 파산이라고 표현할 수도 있겠다. 이 경우 원칙적으로 다른 법령이 규정하는 우선권에도 불구하고 아직 변제하지 않은 채권액의 비율에 의한다(채무자회생법 제477조 제1항). 그 중에서도 법령상의 우선순위가 있다(같은 법 제477조 제2항, 제3항). 실무상의 우선순위도 있다. 예를 들어 파산관재인의 보수는 다른 모든 재단채권에 우선하여 지급한다. 이처럼 재단채권을 다 변제하기에도 부족한 경우, 파산채권의 처리에 관한 방식을 따른다(같은 법 제478조). 재단채권을 전부 변제하지 못함이 분명한 때에는 파산채권에 대한 배당을 목적으로 하는 절차는 더 이상 진행할 수 없다.

- **파산폐지**

파산절차 도중에 절차 진행을 그만두는 것을 파산폐지라고 한다. 먼저 채권자들이 동의한 경우이다(채무자회생법 제538조). 파산절차 진행 중 파산재단으로써 파산절차의 비용을 충당하기에 부족하다고 인정되는 때에도 파산폐지를 실행한다(같은 법 제545조 제1항). 다만 파산절차 비용을 충당하기에 충분한 금액이 미리 납부된 때에는 적용하지 아니한다(같은 조 제2항). 대략 재단채권을 전부 변제하지 못하여 파산채권에 대한 배당을 실시할 여력이 없을 때 시행한다. 절대다수의 파산 사건에서 파산채권에 대한 배당은 행해지지 않으며, 재단채권도 전부 변제되지 못한다. 파산선고와 동시에 파산절차에 들어가지 않고 파산폐지를 할 수도 있다(같은 법 제317조 제1항). 실무상 활용되지 않는다.

- 최후배당과 파산종결

파산절차는 최후배당을 실시함으로써 종결한다. 2회 이후의 중간배당 또는 최후배당에서는 종전의 배당에서 제외되었으나 권리가 확정된 자에 대하여 소급하여 이전의 배당에서 받을 수 있는 금액을 합산해서 배당한다(채무자회생법 제518조). 또 종전의 배당에서 배당하지 않고 임치한 금액에 관하여도 이를 확정적으로 제외하거나 추가로 지급하는 조치를 시행한다(같은 법 제519조. 제523조 내지 제526조). 배당을 실시한 후 계산보고의 채권자집회를 하며 집회가 종결된 때에는 법원은 파산종결의 결정을 한다(같은 법 제529조. 제530조). 파산종결 이후에도 파산재단에 속하는 재산이 추가로 발견되어 환가되는 경우가 있다. 환가를 마치면 추가배당을 실시한다(같은 법 제532조).

- **파산절차 종료 이후**

파산절차가 폐지되든 종결되든 법인은 마치 빈 조개껍데기 같은 상황이 된다. 법인에서는 파산절차 이후의 새로운 활동을 사실상 생각할 수 없다. 파산절차 개시와 함께 법인등기를 신청할 수 없으며, 이것은 파산절차 종료 이후에도 마찬가지이다. ●

5. 기업회생절차

- 회생절차의 본질

1962년에 주식회사에만 적용되는 회사정리법으로 도입된 회생절차는 19세기 미국에서 철도의 파산을 정리하던 관행을 입법화한 미국의 1898년 파산법에 기원한다. 비록 파산절차와 그 기원을 달리하지만, 각 계층의 채권자 및 주주의 집합적 권리 실현을 위한 것이라는 점에서 다를 것이 없다는 인식에서 2006년의 법률은 비록 실체 규정을 같은 편에 통합하는 정도까지는 나아가지 못하였지만 하나의 법률로 병렬하였다. 누가, 무엇을, 어떻게 가지고 가는가 하는 도산절차의 기본 구조는 파산절차에서와 다를 것이 별로 없다. 다만, 회생절차에서는 디폴트가 영업을 계속하는 것이라는 연혁적 이유로 인하여 약간 다르다. 물적 담보를 가진 채권자가 파산절차에서는 배제되는 것과 다르게, 회생절차에서는 회생담보권자로 참여가 강제되는 것이 원칙이다. 또 파산절차는 채무자의 재산을 파산재단으로 모아 그것을 매각하여 현금화한다. 그리고 각 권리의 우선순위와 금액에 따라 배당을 실시한다.

화폐는 모든 거래에서 채무 청산을 위한 무제한의 지급수단이다(한국은행법 제48조). 이를 수령하는 채권자는 거부할 수 없다. 파산절차에서의 배당은 채무의 변제가 다른 채권자와의 관계에서 양적으로 제한을 받는 것이라고 이해할 수 있다. 따라서 파산절차에서의 배당에 채권자는 수동적으로 수령할 뿐이다. 변제는 일방적인 행위이기 때문이다. 회생절차는 이것을 뒤집는다. 채무자는 재산을 보유한다. 그 대신에 그 재산으로 실현할 수 있는 미래의 가치를 배분할 것을 채무자는 약속한다. 말하자면 현재 채무자에 대한 권리를 장래의 권리로 대신 바꾸어주는 것이므로 민법상의 대물변제에 상응한다. 대물변제는 채권자의 동의를 얻어야 한다(민법 제466조). 그런데 집합적 채권추심 상황에서 모든 채권자가 동의를 하리라고 가정하는 것은 비현실적이다. 따라서 성질과 이해관계를 달리하는 그룹별로 다수결을 거치도록 한다. 담보가 없는 회생채권은 3분의 2, 회생담보권은 보통 4분의 3, 청산형인 경우 5분의 4, 주주, 지분권자는 2분의 1이다(채무자회생법 제237조). 새로운 권리를 나누어주는 것이므로 채무자 재산의 가치를 평가하여야 하고, 그 재산에 대한 채권자의 실체법상 권리를 반영하여 채권자의 몫을 정하여야 한다. 이것은 개별 재산의 평가뿐만 아니라 (비록 자의적인 추정일 수 있지만) 채무자가 영업을 계속할 때 예상되는 장래 현금 흐름을 자본화한 기업가치를 정할 필요가 있다. 흔히 청산가치와 계속기업가치를 평가한다고 하는데, 보통 조사위원이 그 직무를 보조하여 시행하고, 실무상 조사위원의 역할이 거의 결정적이다.

회생절차는 역사적으로 주식회사의 구조조정 장치로 운용되어 왔고 지금도 회생절차를 이용하는 기업은 주식회사가 많다. 정교한 재무구조를 가진 주식회사에서 채권과 주식은 모두 자본 조달을 위한 기술적 장치라는 점에서 다를 바 없고, 실패의 위험을 지는 쪽에 경영권을 부여한다. 그런데 채무자가 내리막을 걷게 되면 실패의 위험은 주주에게서 채권을 가진 자에게로 이전한다. 또 미리 약정으로 채권 사이에도, 주식 사이에도 변제순위와 지배력 행사에 관한 순위를 두기도 한다. 즉 채권과 주식 사이, 여러 종류의 채권들 사이, 주식들 사이에는 두부를 자르는 것과 같은 명확한 구분선이 있다고 보기보다는, 색깔이 점진적으로 변이하는 무지개 스펙트럼 같은 차이가 있다고 보는 것이 합리적이다. 그렇다면 위기경영에서는 이전에는 안전한 것처럼 여겨졌던 채권자들의 의사가 보다 존중되어 기업의 거버넌스가 이동하도록 하는 것이 합당하다. 법률은 주식회사의 정관변경을 수반하는 합병, 분할, 영업양도 기타 모든 구조조정(채무자회생법 제205조~215조)을 보통 채권자 3분의 2 다수결을 수반하는 회생계획으로 가능하게 하고 있는데, 이것은 상법이 이와 같은 지배구조 재편에 3분의 2 다수결을 요구하는 것에 대응한다(상법 제433조, 제438조 등). 말하자면, 회생절차는 응용회사법이라고 할 수 있겠고, 많은 회생절차는 M&A 절차로 마무리된다.

- 회생절차 개시의 신청

(1) 실체적 요건

파산절차와 본질에 있어서 다르지 않다는 점에 착안하면 파산의 요건인 지급불능, 채무초과 상태가 이미 발생하였을 때 회생절차를 신청할 수 있다고 해도 좋을 것 같다(채무자회생법 제35조). 나아가 그럴 염려가 있을 때도 신청할 수 있다. 법률은 ❶사업의 계속에 현저한 지장을 초래하지 아니하고는 변제기에 있는 채무를 변제할 수 없는 경우, ❷채무자에게 파산의 원인인 사실이 생길 염려가 있는 경우에 채무자는 법원에 회생절차개시의 신청을 할 수 있다고 규정한다(같은 법 제34조 제1항). 지급불능, 채무초과의 상태는 어느 날 갑자기 불운이 닥쳐와 생길 수도 있지만, 서산에 해 넘어가듯이 몇 달간, 몇 년간에 걸쳐 완만하게 찾아올 수 있기에 당장 위기가 없다고 하더라도 적절한 시기에 기업의 구조조정을 단행할 수 있도록 할 수 있는 것이겠다. 다만, 실제로 경영자가 이를 결심하기는 쉽지 않다. 대부분 지급불능 상태가 발생한 후에 파산전문인의 조언을 구하는 경우가 많다.

(2) 회생절차 개시의 신청을 할 수 있는 자

채권자와 주주, 지분권자도 신청할 수 있다. 채무자가 주식회사, 유한회사인 때에는 자본의 10분의 1 이상에 해당하는 채권을 가진 채권자나 같은 금액 이상에 해당하는 주식 또는 지분을 가진 주주, 지분권자, 그 밖의 채무자에 대하여는 5천만원 이상의 금액에 해당하는 채권을 가진 채권자, 주식회사, 유한회사가 아닌 다른 종류의 회사 즉 합명회사, 합자회사 그 밖의 법인 또는 이에 준하는 자에 대하여는 출자총액의 10분의 1 이상의 출자지분을 가진 지분권자도 신청할 수 있다. 회생절차 신청에 관하여 이사들의 의견이 일치하지 않아 채무자가 신청하기 어려울 때 일부 이사, 주주들이 주주나 채권자의 자격에서 신청하는 경우가 자주 있다. 이사회결의를 거쳐야 한다는 요건은 법률에 명문의 규정이 없다. 그럼에도 불구하고 주식회사가 회생절차개시신청을 하는 경우 이사회 결의를 거쳐야 한다는 것이 판례이다(대법원 2019. 8. 14. 선고, 2019다204463 판결). 판례는 나아가 채무자 자신이 파산신청을 할 때도 이사회결의가 필요하고, 다만 이사 전원이 동의하지 않을 때 특정 이사가 개인적으로 신청함에는 파산의 원인인 사실을 소명하면 된다고 한다(대법원 2021. 8. 26. 선고, 2020마5520 결정). 한편 회생계획으로 채권을 출자전환 하여 경영권을 취득하는 등 방식으로 적대적 M&A를 시도하기 위하여 채권자 또는 주주의 자격에서 회생절차를 이용하는 경우도 있다. 이에 대한 법원의 태도는 일정하지 않다. 적대적 M&A를 위한 회생절차 개시신청을 기각하기 위하여 아래 설명하는 개시 전 조사라는 편법을 동원한 경우도 있었다.

(3) 신청의 방식

회생절차개시의 신청은 ❶신청인 및 그 법정대리인의 성명 및 주소 ❷채무자가 개인인 경우 채무자의 성명·주민등록번호(또는 외국인등록번호 또는 국내거소번호) 및 주소 ❸채무자가 개인이 아닌 경우에는 채무자의 상호, 국내에 있는 주된 사무소 또는 영업소의 소재지, 채무자의 국내 대표자의 성명 ❹신청의 취지 ❺회생절차개시의 원인 ❻채무자의 사업목적과 업무의 상황 ❼채무자의 발행주식 또는 출자지분의 총수, 자본의 액과 자산, 부채 그 밖의 재산상태 ❽채무자의 재산에 관한 다른 절차 또는 처분으로서 신청인이 알고 있는 것 ❾회생계획에 관하여 신청인에게 의견이 있는 때에는 그 의견 ❿채권자가 회생절차개시를 신청하는 때에는 그가 가진 채권의 액과 원인 ⓫주주·지분권자가 회생절차개시를 신청하는 때에는 그가 가진 주식 또는 출자지분의 수 또는 액을 기재한 서면으로 하여야 한다(채무자회생법 제36조). 즉 신청인과 채무자는 누구이며 그들 사이의 관계는 어떤지, 채무자는 과거 어떤 경로를 거쳐 현재의 상태에 이르렀는지, 현재의 자산, 부채, 영업의 상태는 어떤지, 미래의 예상과 계획은 어떤 것인지를 밝혀야 한다. 그러기 위하여는 기업의 과거 성과와 현재의 상태를 계량화한 재무제표에 근거한 서술이 필요하다. 작성을 위하여는 회계에 관한 약간의 지식과 실무경험이 필요할 것임을 예측할 수 있다. 실무상 위 서술에 부합하는 증빙 및 관련 자료를 모두 첨부서류로 제출한다. 법인등기사항전부증명서(말소사항 포함), 사업자등록증, 정관, 취업규칙, 주주명부, 회사소개서, 회사 및 제품의 사진, 대표이사의 이력서, 주민등록표, 대표이사의 근로소득원천징수영수증, 임직원 명단(직위, 성명, 취임일/중임일, 업무, 급여 등을 기재한 것), 조직도, 사업장구조도, 위치도, 특허, 상표, 디자인 등록증 및 등록원부, 최근의 채무 부담 내역, 채무자 회사가 현 상태에 이르게 된 경위를 설명하는 진술서, 이사회결의서 또는 주주총회 의사록, 채권자목록과 채권원인서류, 금융기관의 거래확인서, 미지급 임금, 퇴직금 내역, 국세, 지방세 및 사회보험료 체납내역, 매출채권 명세표, 유형자산 및 감가상각 명세표, 임대차계약서, 부동산등기사항증명서, 자동차등록원부, 건설기계등록원부, 감정평가서, 압류, 가압류, 지급명령, 소장 등 법적 절차에 관계된 서류, 주식 등 변동상황명세, 최근 5년간의 재무제표와 해당하는 경우 감사보고서, 연결감사보고서, 최근 매출, 매입실적, 주요 거래처 명부, 각 매출채권별 회수가능성, 회생절차 진행 시 거래단절이 예상되는 업체, 공급과 발주 등 매출 관련 각종 계약서, 향후 사업계획 및 주요 사업전략, 원가절감 및 구조조정계획, 향후 10년간 추정 영업이익 등. 이처럼 정원에 심어진 식물의 종류만큼이나 많은 여러 서류를 제출한다. 신청서류를 바퀴 달린 가방에 운반하였던 시절은 전자소송이 실시되면서 역사가 되었지만, 방대한 서류의 준비는 많은 노력을 소모한다. 당연히 신청대리인에게 위임할 수밖에 없는 것이 현실이다.

신청인은 회생절차개시의 원인인 사실을 소명하여야 한다(채무자회생법 제38조 제1항). 그것은 채무자 자신이 신청하는 때도 마찬가지이다. 채무자 자신이 파산을 신청하는 경우 파산의 원인인 사실을 소명할 필요가 없는 것과 대비되지만, 어차피 채무자가 신청한 경우 자동으로 절차가 개시되는 제도가 인정되지 않는 현행법하에서 실무상으로는 별 차이가 없다. 인지대, 송달료 이외에도 회생절차의 비용을 미리 납부해야 한다(같은 법 제39조 제1항). 예납할 금액은 사건의 대소 등을 고려하여 법원이 정한다(같은 조 제2항). 실무상 신청서 제출 이후 심리를 개시하면서 조사위원의 보수와 후일 파산절차로 이행하였을 때 파산절차의 비용을 예상하여 정하는데, 작은 규모라도 500만원 이상이고, 웬만한 기업의 규모에서는 3,000만원은 보통이며, 상장기업의 경우 1억원을 넘기기도 한다. 물론 채무자 이외의 자가 예납을 하면 우선하여 상환 받을 수 있다(같은 조 제3항, 제4항).

- 심리

(1) 통지와 심문

우선 회생절차의 진행에서 법원의 역할은 단순히 형식적인 재판에 그치지 않는다. 법원은 이해관계인의 신청에 의하거나 그것이 없더라도 직권으로 ❶회생절차의 진행에 관한 이해관계인과의 협의 ❷회생절차의 진행에 관한 일정표의 작성·운용 ❸채무자, 관리인 또는 보전관리인에게 채무자의 업무 및 재산의 관리 상황, 회생절차의 진행 상황, 허가를 받아 차입된 자금의 사용 목적이 정하여진 경우 그 자금 집행 사항, 그 밖에 채무자의 회생에 필요한 사항에 관한 보고 또는 자료 제출을 요구할 수 있고, 관계인집회의 병합, 관계인설명회의 개최 명령, 그 밖에 채무자의 회생에 필요한 조치를 취할 수 있다(채무자회생법 제39조의2 제2항). 공정하다고 가정되는 법원이 이처럼 포괄적인 권능을 갖는 것은 신속히 진행되어야 할 회생절차에서 불가피한 것이라고 볼 수도 있지만, 한편으로는 이해관계인들을 수동적으로 만들 가능성도 있다. 지나치면 심판이 선수를 겸하는 꼴이 될 수 있다.

주식회사인 채무자에 대하여 회생절차개시의 신청이 있는 때에는 법원은 업무를 감독하는 행정청, 금융위원회, 관할 세무서장에게 통지하고 필요한 경우 의견의 진술을 구할 수 있으며 이들 관청도 법원에 회생절차에 관한 의견을 진술할 수 있다(같은 법 제40조). 실제로 이들 관청이 회생절차에 대하여 의견을 내는 일은 거의 발견할 수 없다. 다만 채권자 등 이해관계가 많은 거대 상장기업이 재무위기에 처한 경우, 드물게 신청되는 메가 케이스에서는 공식적, 비공식적으로 의견을 제시할 가능성이 있겠다. 원칙적으로 법원은 채무자 또는 그 대표자를 소환하여 심문하여야 한다(같은 법 제41조 제1항). 파산절차에서는 채무자 또는 그 대표자를 심문하여야 한다는 규정이 없는 것과 대비된다. 물론 파산절차에서도 채무자를 심문하는 것이 관행이다. 채무자 또는 대표자가 외국에 거주하는 경우 또는 이들의 소재를 알 수 없는 경우에 한하여 심문을 생략할 수 있다(같은 법 제2항). 이들이 사망한 때도 같이 보아야 하겠다. 한편 이들이 소환을 받고도 출석하지 않을 때 심문을 생략할 수 있는지는 명확하지 않다. 파산절차와 같이 구인을 할 수 있다는 규정이 없기 때문이다.

(2) 잠정조치

사건을 접수한 법원은 신청인에게 심문기일을 정하여 통지하면서 채무자가 신청한 경우 재산보전처분과 포괄적 금지명령, 그리고 비용예납명령을 내보내는 경우가 많다. 먼저 재산보전처분은 채무자의 행동을 구속하는 처분이다. 법원은 회생절차개시의 신청이 있는 때에는 이해관계인의 신청에 의하거나 직권으로 회생절차개시신청에 대한 결정이 있을 때까지 채무자의 업무 및 재산에 관하여 가압류·가처분 그 밖에 필요한 보전처분을 명할 수 있다. 이 경우 법원은 관리위원회의 의견을 들어야 한다(채무자회생법 제43조 제1항).

보전처분의 주문은, ❶예를 들어 2024. 2. 1. 13:00과 같이 보전처분을 명하는 날짜, 시간 이전의 원인으로 생긴 일체의 금전채무에 대한 변제 또는 담보제공 ❷부동산, 자동차, 건설기계, 특허권 등 등기 또는 등록의 대상이 되는 채무자 소유의 일체의 재산 및 금 500만 원 이상의 기타 재산에 관한 소유권의 양도, 담보권·임차권의 설정 기타 일체의 처분(그러나 계속적이고 정상적인 영업활동에 해당하는 제품, 원재료 등의 처분행위는 예외) ❸명목 여하를 막론한 자금의 차입(어음할인 포함) ❹노무직, 생산직을 제외한 임직원을 금지하는 형식으로 나오는 것이 보통이다. 즉, 현상의 고정 및 일상적 영업의 지속을 명한다. 그런데 보전처분은 채무자를 구속하는 것이므로 그것을 발령하는 것만으로는 채권자의 권리행사를 막을 수 없다. 그리하여 채권자를 구속할 필요가 있다.

기존에 채권자가 진행하던 절차를 중지할 수 있다. 법원은 회생절차개시의 신청이 있는 경우 필요하다고 인정하는 때에는 이해관계인의 신청에 의하거나 직권으로 회생절차개시의 신청에 대한 결정이 있을 때까지, ❶채무자에 대한 파산절차 ❷회생채권 또는 회생담보권에 기한 강제집행, 가압류, 가처분 또는 담보권실행을 위한 경매절차로서 채무자의 재산에 대하여 이미 행하여지고 있는 것 ❸채무자의 재산에 관한 소송절차 ❹채무자의 재산에 관하여 행정청에 계속되어 있는 절차 ❺체납처분 또는 조세채무담보를 위하여 제공된 물건의 처분의 중지를 명할 수 있다(채무자회생법 제44조 제1항). 포괄적 금지명령은, 중지명령에 의하여 회생절차의 목적을 충분히 달성하지 못할 우려가 있다고 인정할만한 특별한 사정이 있는 때, 이해관계인의 신청에 의하거나 직권으로 보전처분을 내림과 함께 회생절차개시 신청에 대한 결정이 있을 때까지 모든 회생채권자 및 회생담보권자에 대하여 회생채권 또는 회생담보권에 기한 강제집행등의 금지를 명하는 것이다(같은 법 제45조 제1항, 제2항). 진행되는 특정 절차를 중지하라고 명하는 중지명령은 실무상의 의미가 크지 않다. 포괄적금지명령으로 진행되는 강제집행 등의 속행이 금지된다고 볼 수 있기 때문이다(같은 법 제45조 제3항, 대법원 2016. 6. 21.자 2016마5082 결정, 2023. 5. 18. 선고 2022다202740 판결). 포괄적 금지명령에 관한 사항은 법원이 공고하고 신청인에게 송달하며, 법원에 명단이 제출된 채권자들에게 송달한다(같은 법 제46조 제1항).

(3) 기각하는 경우

채무자가 보호를 구하는 회생절차개시 신청이 있으면

관할 법원에 따라 다르지만 통상 2~3 영업일 이내에 재산보전처분과 포괄적금지명령을 받는다. 따라서 채무자 신청의 경우에는 자동으로 절차가 개시되는 것을 디폴트로 하고 이해관계인이나 감독관청의 다른 의견이 있으면 예외적으로 절차 진행을 거부하는 방식을 추구하는 것이 합리적일지도 모르겠다. 그런데 그렇게 하지 않는 경우가 있을지도 모른다는 점 때문에, 채무자가 제출하는 회생절차개시 신청이라도 초기부터 법원의 심리를 받도록 하고, 절차 개시 여부까지 잠정조치를 따로 규정하는 번거로움이 있다.

기각할 수 있는 사유는 추상적으로 규정되어 있다. ❶회생절차의 비용을 미리 납부하지 아니한 경우 ❷회생절차개시신청이 성실하지 아니한 경우 ❸그 밖에 회생절차에 의함이 채권자 일반의 이익에 적합하지 아니한 경우이다. 채무자의 대표자에게 범죄 스캔들이 널리 보도된 경우 회생절차 개시신청을 대표자 심문도 거치지 않고 기각한 사례가 있었고, 한편 개시 전 조사 명목으로 청산가치가 계속기업가치를 초과한다는 이유로 기각하는 사례는 종종 눈에 뜨인다.

- 개시결정과 그 효력

(1) 개시결정

법원의 결정으로 회생절차는 개시된다. 채무자가 회생절차개시를 신청한 때에는 법원은 회생절차개시의 신청일부터 1월 이내에 회생절차개시 여부를 결정하여야 한다(채무자회생법 제49조). 무릇 도산 절차는 채무자의 재산이 공적으로 관리되는 상태를 의미한다. 회생절차의 개시도 마찬가지이다. 파산절차에서는 파산선고와 동시에 실체법적 권리가 파산재단으로 이전하는 법적 허구에 기초하여 파산재단의 대표자인 파산관재인이 절차의 중심에 서게 하는 것과 달리, 회생절차에서는 회생재단이라는 개념을 사용하지 않고 채무자의 재산을 관리하는 관리인을 선임하여 채무자의 업무를 수행하는 것으로 정하고 있지만, 채무자 자신의 이익 추구가 후퇴한다는 점에서 본질적인 차이는 거의 없다고 할 수 있다. 법원은 회생절차를 개시하는 결정을 함과 동시에, 관리인을 선임하고 또 관리인과 이해관계인들이 준수하여야 할 ❶채권자 등 목록 제출 기간 ❷채권 등 신고 기간 ❸목록에 기재되거나 신고된 채권 등의 조사 기간 ❹회생계획의 제출 기간을 정해야 한다. 이 기간은 제한이 있으나 법원의 결정으로 연장할 수 있다(같은 법 제50조). 절차의 지연을 방지하기 위한 훈시규정으로서 비교적 잘 지켜지는 편이다.

법원은 채무자에게 회생절차를 개시하였다는 취지의 주문, 관리인의 성명, 위 회생절차의 진행 일정으로 정한 기간 및 기일, 채무자의 재산을 소지하고 있거나 그에게 채무를 부담하는 자는 채무자에게 재산을 교부하여서는 아니된다는 뜻이나 채무를 변제하여서는 아니된다는 뜻과 회생절차가 개시된 채무자의 재산을 소지하고 있거나 그에게 채무를 부담하고 있다는 사실을 일정한 기간 안에 관리인에게 신고하여야 한다는 뜻의 명령, 회생계획을 제출할 수 있다는 취지를 공고하고, 알고 있는 채권자들에게는 송달까지 한다(채무자회생법 제51조 제1항, 제2항). 이 사항은 채무자의 업무를 감독하는 행정청, 법무부장관, 금융위원회에 통지한다(같은 법 제52조). 즉시항고를 할 수 있지만, 확정을 기다리지 않고 회생절차는 진행된다. 즉 집행정지의 효력이 없다(같은 법 제53조 제1항, 제3항). 이것은 파산절차와 마찬가지이다.

(2) 실체법적 효력

회생절차에서 법률은 파산절차와 달리 '재단'이라는 개념을 인정하지 않는다. 그렇지만, 관리인이라는 기관을 두고 있고, 채무자의 재산에 대한 관리권이 채무자에게서 관리인에게로 이전한다는 점은 회생절차에서도 개념법학적인 가상의 실체라고 할 수 있는 '재단'으로 인식하는 것이 편하다. 그렇게 입법한다면, 각 제도별로 실체법상의 효과를 따로 규정하고 있는 현행 법률의 정합성이 높아질 수도 있겠다.

관리인은 취임 후 즉시 채무자의 업무와 재산의 관리에 착수한다(채무자회생법 제89조). 다만 실제로 관리인으로 임명되는 사람은 예외적이고, 법률상의 원칙과 실무에 따라 보통은 채무자 자신 또는 채무자의 대표이사일 것이다(같은 법 제74조). 채무자 또는 그 대표자, 대리인의 자격을 함께 보유하게 되는 채무자 겸 관리인(흔히 DIP, debtor in possession이라고 함)에 대한 역할 기대는 채무자 자신을 위하여 재산을 사용한다는 것이 아니고, 채무자의 재산을 채권자들을 위하여 보관하고 관리하는 것이며, 채무자의 이익을 위하여가 아니라 채권자들의 이익을 우선하는 것이겠다. 보통은 채무자의 이익이 채권자들의 이익이기도 하다. 왜냐하면 일반 채권자가 기나긴 푸닥거리를 거쳐 점심값에 해당하는 소액이라도 받을 가능성은 채무자의 재산이 적절하게 관리되고 약간이라도 수익이 창출되어야 하기 때문이다. 채무자가 신청할 절차의 진행 여부에 관하여 변호사에게 조언을 구하는 것은 보통 채무자 자신 또는 채무자 회사의 대표이다. 이들이 자신의 운명에 관하여 묻는 것은 자연스럽다. 특별히 잘못하지 않는 한 디폴트로 그들 자신이 관리인의 역할을 할 것이다. 또 소유와 경영이 분리되지 않은 중소기업 수준을 벗어나지 않은 경우는 실제로 대안이 없다. 채무자 아닌 다른 자가 기업을 운영하는 것은 능력을 벗어나는 것이기도 하고, 오로지 재무적으로 이해관계를 맺은 자들의 선호에 맞지 않는다. 물론 체계적인 기업조직을 갖추고 있는 대기업이나 여기에 계열화 즉 사실상 종속된 중견, 중소기업의 경우에는 장차 재무구조가 재조직될 채무자의 기업활동을 접수하려고 노리는 이해관계인들도 있다. 이들은 채무자 자신이 아닌 관리인 선임을 구하는 경우도 종종 있다. 그런데 상장기업이나 외부의 투자를 받은 기업에서는 절차 진행 이전에 행하여진 계약상, 회사법상의 조치를 통하여 이사회의 구성이 채권자들 또는 다른 진영의 주주들에게 이전하여 있는 경우가 많으므로, DIP는 채권자들의 이익을 그대로 반영할 것으로 기대된다.

채무자의 재산관리권이 관념적으로 관리인에게 이전하는 결과 채무자를 둘러싼 기존의 법률관계에 미치는 몇 가지 실체법적 효력이 있는 것은 파산절차에 있어서와 비슷하다. 다만,

재단이라는 관념을 형식적으로 인정하지 않기 때문에 채무자의 재산에 관한 행위가 당연히 효력을 부인되는 것도 아니고, 절차 이전에 발생한 채무이행으로서, 절차 개시 후에 이루어진 등기, 가등기도 당연히 부인되지 않으며 절차 개시 후의 변제도 유효하다. 채무자회생법 제329조, 제331조, 제332조에 대응하는 규정이 회생절차에는 없기 때문이다. 다만 이런 조치를 방지하기 위하여 재산보전처분을 한다(같은 법 제43조 제1항). 관리인은 쌍방미이행 쌍무계약을 해제, 해지하거나, 반대로 채무자의 채무를 이행하고 상대방의 채무이행을 청구할 수 있다(같은 법 제119조 제1항). 상대방은 그 선택을 최고할 수 있고 확답이 없을 때에는 해제권 또는 해지권을 포기한 것 즉 이행을 선택한 것으로 본다(같은 조 제2항). 파산절차에서는 해제, 해지된 것으로 보는 것과 대비된다. 해제, 해지된 때 상대방은 손해배상을 받을 권리가 있지만, 그것은 회생채권이다.

임차인 파산, 사용자 파산, 도급인 파산과 같이 역무의 제공에 관한 민법의 전형계약 규정에도 파산선고의 효과가 규정되어 있는 것(민법 제637조, 제663조, 제674조)과 달리 회생절차의 개시에 관하여는 민법이 침묵한다. 이것은 민법이 법률 제471호로 처음 제정될 때인 1958년 당시에는 회생절차의 전신인 회사정리 제도가 없었던 점(회사정리법은 법률 제1214호로 1962. 12. 12. 제정되어 1963. 1. 1. 부터 시행) 때문이라고 추측할 수 있다. 그 밖에 임대차, 상호계산, 정기금채권 등에 관한 특칙이 있다(채무자회생법 제124조, 제125조, 제135조 등). 통상의 경우나 파산절차가 진행되는 경우와 다른 점에 관한 상세한 논의는 민사실체법의 영역에 속할 것이다.

(3) 절차법적 효력

진행되는 민사절차에 회생절차가 미치는 영향이나 앞으로 민사절차를 차단하는 효력은 파산절차와 비슷하다. 계속기업을 추구하는 것이 디폴트이므로 다만 담보권의 실행을 위한 절차에도 영향을 준다는 점 정도가 다르다.

채무자의 재산에 관한 소송절차는 중단된다(채무자회생법 제59조 제1항). 이들 중 회생채권 또는 회생담보권과 관계없는 것은 관리인 또는 상대방이 이를 수계할 수 있다(같은 조 제2항). 이 중단은 회생절차가 유효하게 진행되는 한 지속된다(같은 조 제3항, 제4항, 제5항). 강제집행뿐만 아니라 파산절차, 임의경매를 비롯하여 회생담보권에 기한 담보물 처분 및 체납처분도 마찬가지이다(같은 법 제58조 제2항). 당연히 새로운 처분은 할 수 없다(같은 조 제1항). 물론 회생에 지장이 없다고 인정하는 때에는 법원은 신청에 의하거나 직권으로 중단된 절차의 속행을 명할 수 있고, 반대로 중단되었던 절차의 취소를 명할 수도 있다(같은 조 제5항). 파산선고 전에 행하여진 조세 체납처분은 파산선고에 의해 영향을 받지 않는 것과 대비된다(같은 법 제349조 제1항). 회생절차에서도 이미 계속된 사해행위 취소소송은 중단된다(같은 법 제113조 제1항). 이 경우 회생절차에 의하여 해결하여야 할 권리 즉 회생채권 또는 회생담보권과 관계없는 것은 관리인 또는 상대방이 수계할 수 있다(같은 조 제2항, 제59조 제1항). 이 경우 수계 후에는 부인권 소송의 그것으로 청구취지를 변경하게 된다. 명문의 규정이 없으나 채권자대위소송도 이에 준한다는 판례가 파산절차에 관하여는 있다(대법원 2013. 3. 28. 선고. 2012다100746 판결). 회생절차에 달리 볼 이유는 희박할 것 같다. 회생채권이나 회생담보권의 이행을 구하는 소송은 그 자체가 당연히 중단된다고 할 수는 없다. 다만, 채권의 조사절차에서 신고한 채권에 대한 이의를 받은 채권자가 권리의 확정을 구하려고 할 경우, 이의한 자 전원을 상대로 소송을 수계하여야 한다(같은 법 제172조 제1항). 이의를 하지 않은 경우라면, 소송을 더 지속할 이유가 없으므로 부적법하게 된다는 것이 파산절차에서의 판례이다(대법원 2018. 4. 24. 선고.

2017다287587 판결). 달리 볼 이유가 없다.

- 절차의 진행

누가, 무엇을 가지고 갈 것인가를 정하는 집합적 권리행사 절차의 본질은 파산절차에 있어서나 회생절차에 있어서나 다를 바가 없다. 차이는 회생절차에 있어서는 사업의 계속을 디폴트로 하여 금전의 배당에 갈음하여 또는 보충하여 새로운 권리를 나누어주거나 기존의 권리를 변형하는 것에 있다. 이로 인하여 파산절차와 약간의 차이가 있을 수 있다.

(1) 채권의 조사와 확정

파산절차에서의 조사확정과 차이는 담보권의 조사 및 확정도 회생절차에서 이루어진다는 점 및 채권자들의 능동성이 덜 요구된다는 점 정도이다. 파산절차에서 담보권이 있는 채권자가 원칙적으로 절차 외에서 자신의 권리를 행사할 수 있는 것과 달리 회생절차에는 담보를 가진 채권자도 조사, 확정의 대상이 되며, 또한 주주 등 지분권자들도 마찬가지이다. 일단 관리인에게 권리의 목록을 제출할 책임이 있다(채무자회생법 제147조 제1항). 목록에는 권리자의 성명과 주소, 권리의 내용과 원인,

의결권, 우선권, 담보물의 가치 등을 기재한다. 즉 누가 얼마의 권리를 가지고 있는지를 관리인이 능동적으로 제출한다(같은 조 제2항). 이 목록은 당연히 이해관계인이 열람할 수 있도록 법원은 조치하여야 한다(같은 조 제3항). 이것은 회생절차의 이해관계인이 수도 없이 많을 수 있어, 채권자들의 능동적 신고에만 의존하게 하면 행정부담이 지나치게 될 수 있는 점을 배려한 것으로 생각된다. 관리인이 제출한 목록에 기재되어 있는 채권자나 주주 등은 그 권리의 범위가 자신들의 것과 같을 때는 굳이 신고를 제출할 필요가 없다. 이 목록에 기재된 범위 내에서 권리자가 신고한 것으로 보기 때문이다(같은 법 제151조). 물론 이들 권리가 있는 자들도 자신들의 권리를 신고할 수 있다(같은 법 제148조~제150조). 목록에 기재되어 있음에도 불구하고 굳이 신고하는 권리자들도 있다.

파산절차에서는 신고 기간이 지난 후에 신고하여도 파산채권자로서의 권리행사에 원칙적으로 제한이 없지만, 회생절차에서는 신고 기간 이후의 신고는 책임을 질 수 없는 사유로 인하여 신고하지 못한 때 1월 이내에 신고를 보완할 수 있는 것으로 되어 있다(같은 법 제152조 제1항). 신고 기간이 지난 후에 생긴 채권에 관하여도 마찬가지이다(같은 법 제153조 제1항).

다만 실무는 비교적 너그러운 편이다. 보통 추완신고를 받아준다. 다만 회생계획안 심리를 위한 관계인집회가 끝나거나 회생계획안을 서면결의에 부친다는 결정이 있고 난 뒤에는 이 추완신고를 하지 못한다(같은 법 제152조 제3항). 목록에 기재되거나 신고된 권리에 대하여는 그 각각에 대하여 표가 작성된다. 법문상 법원 직원이 작성하여 관리인에게 교부한다(같은 법 제158조, 제159조). 이렇게 권리자별로 작성된 표는 목록 및 신고에 관한 서류와 함께 이해관계인의 열람을 위하여 법원에 비치하여야 한다(같은 법 제160조). 목록에 기재되거나 신고 기간 내에 제출된 권리에 대하여는 신고 기간이 지난 후 조사 기간이 정해져 있다(같은 법 제50조 제3호). 파산에서 채권조사기일이 정하여진 것과 달리 1주 이상 1개월 이하의 기간이 정해져 있다. 실무상 1주 또는 휴가 기간이 있는 때에는 2주 정도로 조사 기간을 정한다. 조사 기간 안에 관리인과 권리자들의 이의가 없는 때에는 그대로 권리의 내용과 의결권의 액수, 우선권 여부가 확정된다(같은 법 제166조).

실무상 관리인은 모든 이의가 있는 권리에 대하여 그 이의의 범위, 이유와 향후 처리계획 등을 기재한 시부인표라고 통칭하는 문서를 제출한다. 목록 제출과 함께 이것은 관리인 및 그를 보조하는 대리인의 주된 사무이다. 시부인표를 작성함에 있어 목록에 기재된 권리에 대하여 신고가 제출된 경우, 신고된 권리의 범위에 포함되는 한도 내에서 목록이 효력을 잃은 것으로 인식하여 기재한다. 물론 각 권리자는 다른 권리자의 권리에 대하여 이의를 제출할 수 있다. 신고 기간 이후의 신고, 즉 추완신고에 대하여는 특별조사기일이 정해진다(같은 법 제162조). 실무상 회생계획안을 심리하기 위한 관계인집회 기일과 같은 시간, 장소를 정하여 의결 직전에 실시한다. 이에 대하여도 관리인은 시부인 여부를 기재한 문건을 준비하여 진술하고, 다른 권리자들도 해당 기일에 구술로 이의를 할 수 있다. 목록에 기재되거나 신고된 권리에 대하여 이의가 제기되지 않으면 권리의 내용과 의결권의 액수, 우선권 여부도 확정된다(같은 법 제166조). 채권의 조사 결과는 회생채권자표 및 회생담보권자표에 기재되며, 그것이 확정되었다는 기재는 확정판결과 동일한 효력이 있다(같은 법 제167조, 제168조).

이의가 제기된 권리자에 대하여 법원은 이의통지서를 발송한다(같은 법 제169조). 이의를 당한 채권자는 그 권리의 확정을 받기 위하여 이의자 전원을 상대방으로 하여 조사 기간의 말일 또는 특별조사기일로부터 1월 이내에 조사확정의 재판을 청구할 수 있다(같은 법 제170조). 법원은 이의자를 심문하여 조사확정재판을 한다. "채무자에 대한 신청인의 회생담보권 또는 회생채권은 얼마임을 확정한다" 또는 "채무자에 대한 신청인의 채권은 존재하지 아니함을 확정한다"는 선언이다. 이에 대한 불복이 있으면 이 결정서의 송달을 받은 날로부터 1개월 이내에 이의의 소를 제기할 수 있다(채무자회생법 제171조 제1항). 판결은 조사확정재판의 주문을 인가하거나 변경하는 방식으로 내린다(같은 조 제6항). 이것은 민사소송이지만 회생 사건이 진행되는 법원에 전속한다. 1심이므로 4심까지 될 수 있다(같은 조 제2항). 회생절차 개시 당시 이미 민사소송이 진행되고 있을 때 권리의 확정을 구하고자 하는 자는 이의자 전원을 상대방으로 하여 소송절차를 수계한다(같은 법 제172조). 다른 권리자가 이의를 제기한 경우, 이 소송수계에 의하여 민사소송에 끌려 들어가게 된다. 판결, 집행력 있는 공정증서 등 집행권원 있는 채권에 대하여 이의가 있을 때는 파산채권자가 아니라 이의를 제기한 자가 채무자가 할 수 있는 소송절차에 의하여만 이의를 주장할 수 있다. 예를 들어 청구이의의 소이다(같은 법 제174조 제1항). 이미 그러한 소송을 채무자가 제기한 때에는 이의를 한 자는 회생채권자, 회생담보권자를 상대방으로 소송절차를 수계하여야 한다(같은 조 제2항). 역시 그 기간은 1개월 이내여야 한다(같은 조 제3항).

회생채권 또는 회생담보권의 확정에 관한 소송의 목적의 가액은, 회생계획으로 얻을 이익의 예정액을 표준으로 회생계속법원이 정한다. 실무상 소를 제기하는 자는 회생계속법원에 소가결정신청을 제출하고 그 접수증명을 교부받아 인지 없이 또는 소액의 인지를 붙이고 소를 제기하며, 소가결정신청 접수증명을 제출한다. 민사소송을 받은 법원은 회생계획법원의 소가결정과 함께 이에 합당한 인지대가 납부되면 완전한 소 제기로 취급하여 소송절차를 진행하는 것이 실무이다. 목록에 기재되거나 신고된 회생채권 또는 회생담보권이 권리의 동일성을 잃지 않고 이전되는 경우가 있다. 채권양도, 대위변제 등이 그 전형일 것이다. 이 경우 그 명의를 변경하는 방식으로 해결한다(같은 법 제154조). 물론 어떠한 사유로 권리가 소멸한 때도 있다. 그 변동은 추완신고된 권리와 함께 나중에 제출될 회생계획안에 반영하는 방식으로 인식한다. 조사확정재판도 확정되었다면 마찬가지로 인식한다.

(2) 재산의 관리와 현황의 조사

파산절차에서 채권자에 대한 배당을 위하여 현금을 수집하는 것에 비하여, 회생절차에서는 새로운 권리를 나누어주는 것을 목적으로 한다. 그렇다면, 위와 같이 내용을 달리하는 권리자들에게 나누어줄 새로운 권리의 내용과 범위를 정하기 위하여 영업 혹은 기업이라는 용어로 표현되는 집합재산을 정리하고, 그 가치를 전체적으로 또는 개별 재산별로 평가할 필요가 있다. 각 권리자에게 어떠한 새로운 권리를 얼마나 귀속시킬 것인가를 정할 필요가 있다. 법률은, 관리인은 채무자의 업무와 재산의 관리를 하는 한편 채무자에게 속하는 모든 재산의 회생절차 개시 당시의 가액을 평가하고, 재산목록 및 대차대조표를 작성하여 제출하여야 하며, 채무자가 회생절차의 개시에 이르게 된 사정, 채무자의 업무 및 재산에 관한 사항, 보전처분 또는 채무자에게 손해를 가한 자에 대한 조사확정재판을 필요로 하는 사정의 유무 기타 채무자의 회생에 관하여 필요한 사항을 조사하여 보고하여야 한다고 규정한다(채무자회생법 제89조~제93조). 이 관리인 조사보고서는 실무상 조사위원에게 맡긴다. 회계법인에 소속된 공인회계사가 수행하는 가치평가에 대하여 다툼이 있는 일부 사건을 제외하고는 관리인은 보통 조사위원이 제출한 조사보고서에 제출인 명의를 관리인으로 바꾸어 법원에 제출하는 방식을 사용한다. 이 관리인 보고서의 내용을 알도록 하기 위해 관계인집회가 열릴 수 있지만, 보통은 관계인 설명회 기타 적당한 방식으로 공개하는 방식을 택하며, 관계인 설명회는 회생절차의 개시 이전에도 허용된다(같은 법 제98조, 제98조의2). 이 보고

결과에 따라 회생절차는 계속 진행되기도 하고, 그렇지 않기도 한다(같은 법 제99조). 조사위원의 트리아지(triage) 역할에 의하여 많은 채무자가 이 단계에서 회생절차로부터 이탈한다.

(3) 회생계획안의 제출과 의결

회생절차의 핵심은 당연히 회생계획안에 있다. 채무자의 재산을 정돈하는 제1차적 책임자인 관리인은 반드시 회생계획안을 제출하여야 한다(채무자회생법 제220조). 물론 채무자뿐 아니라 목록에 기재되어 있거나 신고를 제출한 회생채권자, 회생담보권자, 주주 및 지분권자도 회생계획안을 작성하여 제출할 수 있다(같은 법 제221조). 드물게는 회생절차 개시 전에 회생계획안을 제출하기도 한다(같은 법 제223조). 회생계획에는 관리인이 조사하여 보고한 바에 기초하여, 회생채권자, 회생담보권자, 주주 및 지분권자에 대한 권리의 변경, 공익채권의 변제, 변제자금의 조달 방법, 예상된 액을 넘는 수익금의 용도, 알고 있는 개시 후 기타 채권이 있는 때에는 그 내용을 정하여야 하며, 그 밖에 영업이나 재산의 양도, 출자나 임대, 경영의 위임, 정관의 변경, 이사, 대표이사의 변경, 자본의 감소, 신주나 사채의 발행, 주식의 포괄적 교환 및 이전, 합병, 분할, 분할합병, 해산, 신회사의 설립 그 밖의 회생을 위하여 필요한 사항을 정할 수 있다

(채무자회생법 제193조 제1항, 제2항). 즉 주식회사에서 정관의 변경에 준하는 조치를 모두 회생계획에 정할 수 있는 것이다. 회생채권자, 회생담보권자, 주주, 지분권자의 권리를 변경하는 때에는 회생계획에 변경되는 권리를 권리가 있는 자별로 명시하고, 제각기 변경 후의 권리의 내용을 정하여야 한다(같은 법 제194조 제1항). 실무상으로는 같은 종류의 권리를 유형화하여 항목을 분류하여 표를 만들고 원래의 권리 금액, 이들에 대하여 새로이 배정되는 권리의 종류와 금액을 표시한다. 물론 회생계획에 의하여 영향을 받지 않는 자도 있을 것이고, 그럴 때는 그 취지를 명시하여야 한다(같은 조 제2항).

회생계획에 의하여 새로운 채무를 부담하거나 기존 채무의 기한을 유예하는 경우, 그 기한은 담보물의 존속기간 또는 10년을 넘지 못하는 것이 원칙이다(같은 법 제195조). 회생계획의 제출 시까지 확정되지 않는 채권도 있다. 존부와 범위에 관하여 다툼이 있거나 조건부, 불확정기한부 채권이 그것이다. 이 경우 그 권리 확정의 가능성을 고려하여 회생계획에 적당한 조치를 정한다(같은 법 제197조). 실무상으로는 법률전문인들의 의견을 받아 현실화 가능성을 수치화하여 그에 상당하는 금액을 유보하고(자주 에스크로우 계좌에 입금하고 권리 확정을 기다린다), 일단 회생계획에 의한 변제나 새로운 권리부여에서 제외하였다가, 권리가 확정되면 확정된 권리자에게 지급하고 남은 금액이 있으면 추가 배당하기도 하고, 채무자의 운영자금에 가산하기도 한다. 변제된 회생채권, 회생담보권도 회생계획에 명시하여야 하고, 공익채권은 이미 변제한 것과 장래 변제할 것에 관한 사항을 정하여야 한다(같은 법 제198조, 제199조).

회생계획은 권리의 순위를 고려하여 공정하고 형평에 맞는 차등을 두어야 한다(같은 법 제217조 제1항). 회생계획의 조건은 같은 성질의 권리를 가진 자 사이에는 평등하여야 하지만, 약간의 예외가 있다(같은 법 제218조 제1항). 다만 특수관계가 있는 권리는 조금 더 감축을 겪기도 한다(같은 조 제2항). 당연히 회생계획에 의하지 않는 특별한 이익 부여도 무효이다(같은 법 제219조). 회생계획안은 금전채무의 지급 외에 권리의 변환을 포함하는 것이므로, 급부의 수령자로부터 동의를 얻어야 하는 대물변제가 그러한 것처럼, 수령할 자들의 동의를 얻어야 하므로 이들에게 설명하고 의견을 들어야 한다(같은 법 제225조). 기업을 둘러싼 이해관계인들인 감독행정청, 법무부장관, 금융위원회의 의견, 노동조합 또는 근로자 대표의 의견도 듣도록 하고 있다(같은 법 제226조, 제227조). 실무상 이들이 반대의견을 표하는 경우는 거의 없다. 회생계획안은 관계인들이 의사결정을 하기 전에 제출자가 수정할 수 있고 법원도 수정을 명할 수 있다(채무자회생법 제228조, 제229조). 법원은 회생계획안을 결의에 붙이기 위하여 관계인집회를 소집하여야 하지만, 제출된 회생계획안이 법률의 규정을 위반한 경우, 회생계획안이 공정하지 아니하거나 형평에 맞지 아니한 경우, 회생계획안의 수행이 불가능한 경우 이를 배제 즉 관계인집회의 심리 또는 결의에 부치지 않는 결정을 내릴 수 있다(같은 법 제232조, 제231조). 또 채무자인 회사에 제재할 사유가 있을 때도 배제할 수 있다(같은 법 제231조의2). 회생계획안의 제출자는 권리자들에게 불리한 영향을 주지 않을 때는 관계인집회에서 법원의 허가를 받아 회생계획안을 변경할 수도 있다.

권리는 회생담보권자의 조, 일반의 우선권을 가진 회생채권자의 조, 그 이외의 회생채권자의 조, 우선적 지위를 갖는 주식 또는 지분을 가진 주주 또는 지분권자의 조, 그 이외의 주주, 지분권자의 조로 분류하여 그 조별로 결의한다(같은 법 제236조 제1항, 제2항). 가장 단순하게는 회생담보권자, 회생채권자, 주주의 조로 분류할 수 있다. 물론 회생담보권자 중에서 또는 회생채권자 중에서 권리의 속성이 다른 그룹이 있을 수 있다.

경우에 따라 법원은 권리의 성질과 이해관계를 고려하여 2개 이상의 조를 하나의 조로 묶기도 하고, 하나의 조를 2개 이상의 조로 나눌 수 있다(같은 조 제3항). 예를 들어 우선주와 보통주를 하나의 주주 조로 묶는 것이 될 수 있고, 한편으로는 신탁수익권을 가진 채권과 그렇지 않은 채권을 다른 회생채권자의 조로 분류하는 것이 될 수 있다. 물론 회생담보권과 회생채권, 주주, 지분권자 사이에서는 조의 병합을 하지 않는다. 이처럼 조 분류의 변동을 인정하는 경우 게리맨더링, 즉 원하는 대로 표결 결과를 얻기 위한 조의 조작이 이루어질 가능성이 있다. 그리하여 관리인이나 채무자, 목록에 기재되어 있거나 신고한 회생채권자, 회생담보권자, 주주, 지분권자는 조의 병합이나 분류에 관하여 의견을 진술할 수 있다(같은 법 제4조).

가결을 얻기 위한 요건은 회생채권자의 조에서는 행사할 수 있는 의결권 총액의 3분의 2, 회생담보권자의 조에서는 원칙적으로 4분의 3, 청산을 목적으로 하는 경우는 5분의 4, 주주, 지분권자의 조에서는 2분의 1 이상의 동의이다. 실무상 이 가결 또는 부결을 얻기 위하여 위임장의 유치가 이루어진다. 가결 또는 부결을 구하는 관리인, 이해관계인들은 의결권을 가진 자들에게 지지를 호소하고, 상당한 비율의 의결권을 가진 자들은 전략적으로 행동하기도 한다. 첫 기일에 가결이 되지 않는 경우, 상당한 비율의 의결권을 가진 자들 모두의 동의가 있을 때는 속행기일을 지정할 수 있다(채무자회생법 제238조). 회생계획안의 변경을 통하여 가결될 가능성을 기대할 수 있을 때 마지막 기회를 제공하는 것이다. 다만 회생계획안은 관계인집회의 제1기일부터 2월 이내에 하여야 한다(같은 법 제239조 제1항). 이 기간은 1월 이내에서 연장할 수 있다(같은 조 제2항). 또 회생절차개시일부터 1년 이내여야 한다. 물론 6월 더 연장할 수 있다(같은 조 제3항). 가결된 때에는 법원은 즉시 또는 예고한 기일에 인가 여부를 결정한다(같은 법 제242조 제1항). 인가를 위하여는 회생절차 또는 회생계획이 법률의 규정에 적합하고, 회생계획이 공정하고 형평에 맞아야 하며, 수행가능해야 하고, 회생계획에 대한 결의는 성실, 공정한 방법으로 하였어야 하고, 회생계획에 의한 변제방법이 채무자의 사업을 청산할 때 각 채권자에게 변제하는 것보다 불리하지 않게 변제하는 내용일 것, 즉 청산가치가 보장될 것 및 회사법상의 요건을 갖추었을 것이 요구된다(같은 법 제243조 제1항). 부결된 경우, 즉 모든 조에서 요구되는 동의 비율을 얻지 못한 경우가 있다. 이런 경우라도 법원은 회생계획안을 변경하여 동의하지 않는 조의 권리자들을 위하여 담보를 유지하거나, 매각 대금을 공탁하는 등 권리보호조항을 정하고 회생계획을 인가할 수 있다(같은 법 제244조 제1항). 이를 강제인가라고 한다. 선순위의 조에서 반대하고, 후순위의 조가 동의할 경우, 후순위자의 신청에 의하여 이루어지는 경우가 종종 있다. 회생계획안에 대한 의견을 수집하고 위임장을 유치하는 과정에서 회생계획에 동의하지 않을 것임을 명백히 표시한 선순위 권리자를 위한 권리보호조항을 추가하고, 회생계획안을 미리 제출할 수 있다(같은 조 제2항). 잘 이용되지는 않는다.

회생계획은 인가결정이 있는 때부터 효력이 발생한다(같은 법 제246조). 인가결정, 불인가결정에 대하여는 즉시항고를 할 수 있지만, 회생계획의 수행을 방해하지 않는 것이 원칙이다(같은 법 제247조 제1항, 제3항). 인가의 결정이 있는 때에는 회생채권자, 회생담보권자, 주주, 지분권자의 권리는 회생계획에 따라 변경된다(같은 법 제252조 제1항). 이 권리변경의 효력은 불가역적이다. 즉 후일 회생계획이 이행되지 않더라도 원래의 권리가 되살아나지는 않는다. 또 회생채권 또는 회생담보권에 기하여, 회생계획에 의하여 인정된 권리에 관한 회생채권자표 또는 회생담보권자표의 기재는 인가결정이 확정된 때에는 확정판결과 동일한 효력이 있다(같은 법 제255조 제1항). 회생절차 종결 후 이 표에 의한 강제집행도 가능하다(같은 조 제2항).

나아가 회생계획인가의 결정이 있는 때에는 회생절차 개시에 의하여 중지되었던 파산절차, 강제집행, 가압류, 가처분, 담보권실행을 위한 경매절차는 모두 그 효력을 잃는다(같은 법 제256조 제1항).

- **회생계획의 수행**

　　　　회생계획의 수행은 관리인이 한다(채무자회생법 제256조 제1항). 회생계획은 법인의 조직변경을 위한 실체법에 의해 요구되는 창립총회, 주주총회, 사원총회, 이사회 같은 결의 절차를 생략할 수 있게 해 준다(같은 법 제260조). 왜냐하면 근본적인 변경에 관하여 회생계획의 결의라는 과정을 겪었기 때문이다. 회생계획에 따라 영업양도, 정관변경, 이사 변경, 자본감소, 신주발행, 사채발행, 포괄적 주식교환, 포괄적 주식이전, 합병, 분할, 분할합병, 신회사의 설립, 해산 등 상법 회사편에 규정된 구조조정을 모두 회생계획의 수행으로 할 수 있고, 주식, 사채 발행에 있어서 증권법규에 의하여 요구되는 신고도 면제된다(같은 법 제261조~277조). 신회사가 설립되는 경우 인허가, 조세채무, 퇴직금 등은 당연히 이전한다(같은 법 제279조~281조). 회생계획은 완전하지 않을 수 있고, 그 전제가 되는 경제적 여건에 변화가 있을 수 있다. 따라서 인가 이후라도 부득이한 사정이 있는 경우에는 회생절차가 법원에 계속되는 동안 변경할 수 있다. 물론 관리인이나 채무자, 권리자들의 신청이 있어야 한다(같은 법 제282조 제1항). 이 경우 변경으로 불리한 영향을 받을 것으로 예상되는 자에 대하여는 회생계획안의 제출이 있는 경우와 마찬가지의 설명과 의결 절차를 거쳐야 한다(같은 조 제2항). 다만, 출석하지 않은 자는 동의한 것으로 본다(같은 조 제4항).

- 절차의 종료

(1) 종결

회생계획에 따른 변제가 시작되면 법원은 관리인이나 목록에 기재되어 있거나 신고한 회생채권자 또는 회생담보권자의 신청에 의하여 회생절차를 종결한다(채무자회생법 제283조 제1항). 회생절차가 종결되면 법원의 감독을 받지 않는 정상적인 회사로 복귀한다. 물론 회생계획 자체에 회사 거버넌스의 변경이 생기는 것은 별개의 문제이다. 실무상, 회생계획 인가 후 즉시, 법원은 관리인에게 채무자의 가용현금이 있는 한도에서 준비 연도 또는 제1차 연도에 변제할 금액을 일부라도 변제하고, 종결신청을 제출하도록 지도하는 경우가 많다. 그리하여 회생계획이 인가된 후 1개월 이내에 종결되기도 한다. 과거 회사정리법 시절에는 계획에 따른 변제가 시작된 이후 정리계획의 수행에 지장이 없다고 인정되는 때에 종결의 결정을 하는 것으로 규정되어 있었다(구 회사정리법 제271조 제1항). 물론 법률도 위 종결의 근거 규정 단서로 회생계획의 수행에 지장이 있다고 인정되는 때에는 그러하지 아니하다고 규정하고 있다. 종결에 관하여 포지티브(positive) 시스템에서 네거티브(negative) 시스템으로 바꾼 것이므로 실질적 효과는 없다고 볼 수도 있겠고, 법률의 시행 초기에는 실무가 쉽게 변하지 않았다. 그러나, 회생절차에 들어와 있는 기업은 비록 현금흐름을 꾸준히 창출하더라도 계획을 이행하여야 한다는 본원적인 한계가 있으므로 다른 경쟁기업에 비하여 약세에 처할 수 있다. 여기에 금융산업 쪽에서 새로운 신용공여를 기피하는 압도적인 태도가 있다. 나아가 채무불이행을 한 적이 있다는 일종의 낙인효과가 상사거래의 공급자나 고객에게 미칠 가능성도 있다. 그리하여 회생계획이 인가되었더라도 회생계획의 이행 가능성을 감시받기 위하여 절차 내에 잔류하는 사이에 회생계획에 따른 변제를 제대로 이행하지 못하고, 그렇다고 절차 종결도 하지 못하여 파산을 선고받는 상황이 많이 발생하였다. 그렇게 진행되는 파산절차에서는, 별제권을 실행하는 회생담보권자를 제외하고 나머지 회생채권자들은 점심값도 받지 못하게 되었다. 이러한 결과는 채권자들의 희생 하에 내리막을 겪는 한계기업의 수명을 연장하며 바로 파산절차를 시행하는 것과 다르지 않다는 비판을 받을 수 있다.

이에 반응한 실무는 첫째는 인가 후에 M&A를 시행하는 것이다. 인수인이 출연하는 현금을 바탕으로 회생담보권과 회생채권을 일시에 변제하고 부채가 없는 회사로 변신하는 것이 전형적이다. 그렇게 되면 실질은 조업을 계속하면서 기업 전체를 양도하는 파산절차가 시행되는 것과 별로 다를 것이 없게 된다. 둘째가 현재 실무로 확립된 조기 종결이다. 향후 채무자가 회생계획을 이행할지 그렇지 않을지는 어차피 불확실하다. 그것을 법원이 책임질 사항으로부터 배제하고, 이해관계인이 회생계획을 수용할 것인가의 여부의 의사결정에 있어서 고려하여야 할 배경 사실로 내부화한 정책이라고 할 수 있다. 일단 회생절차가 종결된 회사는 회생계획을 이행하지 않는다고 하여 다시 강제로 재산을 관리당하지 않는다. 회생절차 개시 이전의 의무가 살아나는 것도 아니다. 파산절차로 이행하는 것은 누군가 신청하였을 때이지만, 그런 경우는 많지 않다. 대부분의 회사는 회생절차가 종결된 후 회생계획을 이행하지 못하고 마치 레이더 스크

린에 별안간 출연하여 잠시 반짝이다가 사라지는 비행체처럼 기업활동의 실체를 마친다고 하지만, 그렇다고 그것이 회생절차가 별로 도움이 안되거나 불필요한 제도라는 것을 의미하지 않는다. 소수의 채무자는 회생절차를 겪는 과정에서 자본구성과 생산방식을 가지런히 정리한 후 회생절차 이전의 한계를 뛰어넘어 발전하기도 한다. 그것은 회생절차를 거치지 않은 기업도 마찬가지이기 때문이다. 대다수가 실패하고 소수의 기업만이 성장한다. 무릇 사람이 하는 일에는 시간이 필요하다. 비록 회생절차가 불가피한 파국을 지연하는 정도의 효과만이 있다고 하더라도, 재정적 현실을 수용하고 불가피한 결과에 적응할 잠시의 여유를 가지는 것은 결코 쓸모없는 일이 아니다. 소송을 진행하고 강제집행을 실시하여 채권 회수에 나섰으나 소송비용을 회수하기는커녕 점심값도 받지 못하는 상황은 개별 채권자에게 흔히 발생한다. 그 지출을 유보하고 지켜보아도 성공을 기대하기는 힘들지만, 그래도 내 주머니에서 현금이 당장 나가는 것보다는 나을 수 있다. 물론 전략적 고려에서 개별 행동에 나서는 것은 별개 문제이다.

(2) 폐지

법률이 예정하는 회생절차의 공식적인 목적인 회생절차

의 종결에 이르기 전에 회생절차를 중단하는 것을 폐지라고 한다. 드물기는 할 것이지만, 채무자가 그 의무를 전부 이행할 수 있을 때는 굳이 회생절차를 진행하여 번거롭게 할 필요가 없다. 채무자가 목록에 기재되어 있거나 신고한 회생채권자와 회생담보권자에 대한 채무를 완제할 수 있음이 명백하게 된 때가 그 실질적 요건이다(채무자회생법 제287조 제1항).

회생계획안 제출이 없거나 제출된 모든 회생계획안이 관계인집회의 심리나 결의에 부칠만한 것이 되지 못할 때, 회생계획안이 부결되거나 시한 내에 가결되지 않은 때에는 법원은 회생절차 폐지의 결정을 하여야 한다(같은 법 제286조 제1항). 한편, 회생계획안의 제출 전 또는 그 후에 채무자의 사업을 청산할 때의 가치가 사업을 계속할 때의 가치보다 크다는 것이 명백하게 밝혀진 때에는 청산 등을 내용으로 하는 회생계획안의 작성을 허가하는 경우를 제외하고는 회생절차 폐지의 결정을 할 수 있다(같은 조 제2항). 즉 "청산가치〉계속기업가치" 상태는 사업의 계속을 내용으로 하는 회생계획안 성립에 장애 요소로 작용한다. 그렇게 회생계획안이 작성되어 결의에 붙여진다고 하더라도 정상적으로 인가될 수 있는 상태는 아니다(같은 법 제243조 제1항 제4호). 실무상 이 규정을 근거로 회생절차 폐지가 이루어지는 경우가 많다. 시장의 완전함을 전제한다면 사실 청산가치와 계속기업가치는 같지만, 사람이 하는 일에 완전함은 있을 수 없다. 청산가치의 인식과 계속기업가치의 인식에도 오류가 있을 수 있지만, 보통은 조사위원의 보고를 수용한다. 회생계획이 인가된 이후에도 회생계획을 수행할 수 없는 것이 명백하게 된 때에는 법원은 회생절차 폐지의 결정을 하여야 한다. 이 경우 채무자에게 파산의 원인이 되는 사실이 있다고 인정하는 때에는 반드시 파산절차가 진행되어야 한다(채무자회생법 제6조 제1항). 이에 반하여 회생절차개시 신청이 있었으나 기각한 경우 또는 개시 결정이 있었으나 인가 전에 폐지된 경우에는 파산선고를 할 수 있지만 하지 않을 수도 있다(같은 조 제2항 제1호, 제2호, 제3호). 실무상 법원은 직권발동을 통하여 파산절차를 개시하지 않으려고 한다. 채무자 입장에서도 보통 잘 하지 않는다. 채권자의 신청은 직권발동을 촉구하는 의미로 받아들여야 할 것이다. 파산절차로 이행하면 회생절차에서 행하여진 행위의 효력을 거의 승계하게 된다(같은 조 제4항~제10항).

- **간이회생**

정식의 회생절차는 비용이 많이 들 수 있다. 법률대리인의 보수, 회계전문가의 보수, 조사위원 비용, 구조조정 임원 급료에, 때에 따라 부동산 등 재산 감정 비용이 들 수 있다. 법원과 채권자의 관리, 감독에 응하기 위한 보고와 허가를 구하는 비용도 만만치 않다. 모두 그만한 가치가 있으리라고 가정하고 절차에 진입하는 것이겠으나, 소규모 기업은 이를 감당할 수 없어 회생절차로의 진입을 망설일 수 있다. 가족이 경영하는 식당처럼 영세한 기업은 개인회생 및/또는 파산제도를 이용하여 사업을 재구성하고 청산할 수 있지만, 그보다 약간 큰 기업은 개인회생을 이용할 규모를 초과할 수 있다. 어떤 경우에는 담보채권의 변제를 계획에 포함시키지 못하는 개인회생이 적합하지 않을 수 있다. 한편, 작은 기업이라도 법인화되어 있는 경우라면 개인회생은 아예 이용할 수 없다.

2014년 12월의 개정으로 도입된 간이회생은 회생절차에 대한 특례를 규정하고 있다. 그것을 제외하고는 모두 회생절차의 규정을 적용한다(채무자회생법 제293조의 3). 따라서, 지금까지 회생절차에 관한 서술은 모두 간이회생절차를 포함하는 것으로 읽어도 될 것이다. 법문상의 표현은 소액영업소득자에 대한 간이회생절차이다. 부동산임대소득, 사업소득, 농업소득, 임업소득, 그 밖에 이와 유사한 수입을 장래에 계속해서 또는 반복적으로 얻을 가능성이 있는 채무자를 영업소득자라고 규정하고, 회생절차개시의 신청 당시 채권 총액이 50억원 이하의 범위에서 대통령령으로 정하는 금액 이하인 채무를 부담하는 영업소득자를 소액영업소득자라고 정의한 후 소액영업소득자가 간이회생절차를 신청할 수 있다고 규정한다(채무자회생법 제293조의 2, 제293조의 4 제1항). 현재 간이회생절차를 실시할 수 있는 자가 부담하는 부채의 한도는 50억원이다(같은 법 시행령 제15조의 3). 원칙적으로 관리인을 선임하지 않으며, 조사위원도 정식의 회계법인을 임명하기도 하지만 법원 공무원 등 개인회생절차에서 회생위원의 자격을 갖춘 자로 지명할 수 있다. 실질적인 특례는 회생계획안의 가결요건에 있다. 회생채권자의 조에서는 3분의 2 다수결을 갖추지 못한 경우라도, 채권액을 고려하지 않은 의결권자 과반수의 동의가 있으면, 이들이 가진 의결권이 회생채권 총액의 2분의 1이기만 하면 회생채권자의 조에서는 가결된 것으로 본다. 따라서 소액의 상거래채권자들이 회생계획에 찬성할 가능성이 높다고 가정할 수 있다면, 그만큼 가결될 가능성이 높다고 할 수 있다. ●

6. 개인의 신선한 새 출발
: 개인파산과 개인회생

부자는 가난한 자를 주관하고
빚진 자는 채주의 종이 되느니라.
(잠언 22:7)

- 개인 채무자의 노예화

사회학적으로 법인은 어떤 방식으로든 특정 개인에게 지배되지만, 법인이라는 의제에 의하여 법인은 그 지배자나 그 밖의 구성원으로부터 독립된 실체로 관념된다. 법인 자신의 재산에 대하여만 채권자는 권리를 행사할 수 있으며 사주, 대주주, 사원 어느 명칭으로 불리든 개인에 대하여는 채권자의 권능이 미치지 않는다. 따라서 채권자가 지급받지 못한 채권을 영구히 추급한다고 하더라도 헛손질에 그칠 뿐이다. 그것은 채무자인 법인에 대하여 파산절차나 회생절차가 개시되어 종결되든, 도중에 폐지되든 마찬가지이다. 나라의 등기부상으로 존재하는 것으로 되어 있다고 한들, 마치 속살 다 파먹은 껍데기처럼 사업으로서의 실체가 없는 상태로 방치된다. 현실적으로 회수 가능성은 없어진다. 따라서 공정 타당한 회계원칙에서는 채권의 가치가 전부 손상된 것으로 인식할 것을 요구한다. 그러나 법적으로 이러한 채권을 인식하고 계속 행사하는 것도 헛손질이고, 그렇다고 채권의 행사를 금지하는 것도 헛손질을 금지하는 것과 마찬가지인 헛손질이다. 물론 재판의 축소라는 공익적 목적을 위하여 소멸시효 제도를 운영하는 것은 별개 문제이다. 개인은 그렇지 않다. 피와 살이 있는 개인은 전반적인 채무불이행 상태에서도 생활하여야 한다. 그러면서도 노동을 통하여 경제적 가치를 창출한다. 개인은 그 자체가 인적 자본이다. 즉 개인이 미래에 창출하는 가치를 현재 시점에서 인식한 것이다. 그 가치에 채권자가 접근할 수 있다면 채권자는 약간이라도 만족을 얻게 된다. 개인은 현재 가진 재산뿐만 아니라 장래 벌어들이는 소득으로 채무를 이행하도록 채권자는 강제할 수 있다. 인적 자본에 대한 고대의 채권 행사는 더욱 직접적이었다. 채권자들에게 채무자의 신체를 마음대로 처분할 수 있게 하였다. 로마의 12표법은 채무자를 죽이거나 노예로 팔아 나누어 가졌다는 것이다. 역사시대 이전에 여러 문명에 식인의 풍습이 있었다고 하지만, 고전 그리스, 로마 시대에 죽은 자가 남긴 육신의 조각이 효용이 있었을 리는 없고 실제로 시행되었는지도 의문이지만, 채무자와 그와 가까운 자들에 대한 경고의 역할이겠다.

그 후 발전해 온 로마법의 전통은 채권의 행사로 채권의 효력을 손상하려고 시도하지 않았다. 노골적으로 반유태주의를 선전하는 것으로 평가되는 희곡 베니스의 상인에 등장하는, 심장 가까운 곳에서 살을 베어내는 일을 허용하는 계약이 이를 시사한다. 그렇지만 다른 한편, 근대 초기에는 약속을 강제하는 채권자의 권능도 살인을 금지하는 도덕적 규범에 의하여 제한을 받는다는 것, 공공의 질서가 성립되기 시작하였다는 것도 엿볼 수 있다. 노예제도는 사람에 대하여 소유권이 행사되는 상태이다. 문명권과 나라에 따라 다르지만 비교적 오랜 기간 지속되어 왔다. 고대에는 전쟁으로 노예가 된 사례가 많았겠지만, 지금까지 지속된 노예제도의 원천은 채무 노예, 즉 채권자가 채무자를 노예로 팔거나 채무자 자신이 스스로 채권자가 노예가 되는 관행이었다. 대부분의 문명권에서 중세를 거쳐 근대, 그리고 산업혁명 이후 세계화를 이루면서 대부분의 나라에서 노예제도는 금지되었다. 또 세계인권선언 제4조는 노예제도의 금지를 인류 공통의 규범으로 선언한다. 물론 이런 규범이 있다는 것은 채무 노예의 인습이 근절되지 않았다는 것을 의미한다.

잔치 비용을 지역의 대금업자에게 빌려 인습에 의하여 강요되고 있는 결혼식을 올리고서 도시로 나가 몇 년 동안 매춘을 하여 갚고 나서야 실질적 결혼생활이 시작된다는 나라도 있고, 지역의 지주에게 빌린 돈을 농업노동으로 상환하는데 그 노동의 가치를 화폐로 계산하여 상환을 주장할 수 있는 지력이 없는 사람이 죽을 때까지 그렇게 산다는 나라도 있다. 사실 우리나라도 노비제도가 끈질기게 지속된 사회다. 고려 시대 후기 몽골은 몇 차례 노비제도를 개혁하려고 시도하였다가 고려의 옛 습속을 보존하라고 하였다는 쿠빌라의 약속을 들먹이며 고려지배층이 강하게 반발하여 실패하였다고 하며, 조선 후기에도 왕실 주도의 노비제 개혁은 실패하다가 동학혁명의 의제가 되고 일본의 침략과 함께 실시된 갑오개혁에 의하여 법적으로 금지되지만, 그 이후인 광무 연간에도 자신과 가족을 노비로 판다는 자매문기(自賣文記)가 작성된 것이 박물관에 남아 있는 것을 보면, 아무리 나쁜 것이라고 하더라도 수천 년의 전통을 버리기는 쉽지 않은 것이리라. 그것은 이 제도에 의하여 이익을 보는 사람들이 권력을 쥐고 있었다는 것을 의미한다. 서유럽의 법제를 수용한 이후 노비 문서는 사라졌다고는 하지만, 풍속업 종사자들 사이에 마이킹(일본어의 '마에킨(前金)'을 의미한 듯하다.)이라고 불렸던 선금을 젊은 여성에게 고리대금으로 주어 단기간에 사용하게 하고, 그것을 업소에서 일하게 하면서 일수로 갚도록 착취하며, 다른 업자로부터 선금을 빌려 빚을 갚도록 하게 하는 단계에 이르면 일상적인 폭력 여부와 관계없이 이것은 채무 노예, 성 노예인 것이다. 이 상태를 견디다 못해 도망가 버린 여성에 대하여 "변제할 의사와 능력이 없이" 마치 (성노예 생활을 지속하여) 변제할 것처럼 가장하여 돈을 빌렸다는 이유로, 잡혀 온 여성이 사기죄를 저질렀다면서 징역을 보냈던 것이 최근까지의 일이다. 이와 같은 편향성은 지금도 도처에서 발견된다.

일찌감치 노예제를 폐지하여 인적 자본에 대한 직접적 접근을 금지한 서유럽 국가들도 채무자를 가두어 두고 친족, 친지의 변제를 기대하는 채무자 감옥(debtor's prison) 제도는 유지하였으나, 이 간접강제 제도도 점차 폐지하였다. 그러나 우리나라에서는 고리대금을 하는 사람들을 포함하여 모든 부류의 채권자들은 심사능력이 없는 바보라고 가정된다. 그리하여 채무를 이행하지 못한 채무자는 결과적으로 사기를 저지른 것으로 판정되어 징역을 간다. 그러한 기제가 채무자가 아무 자산도 없음에도 불구하고 주로 가족에게, 친지에게 다시 돈을 빌리고 심지어는 속이고 빼앗아서라도 돈을 마련하여 집요한 채권자에게 가져다주는 간접강제로 작용하고 있는 것이 현실이다. 이것은 채무자 탄압을 넘어 야기되는 외부성(externality)이다. 그나마 근대적인 경영기법을 따르는 은행들은 전문적으로 수집된 자료에 의하여 가공된 신용지표에 따라 여신을 실행하고 있어, 더 이상 변제할 의사와 능력이 없음을 숨겼다는 이유로 과거의 고객을 처벌하여 달라는 청원을 하지 않는다. 교도소를 보내는 처벌이 없어도, 보통의 채무자들은 성실하게 빚을 갚는다. 그것은 대부분의 채무자가 현금으로 환가할 재산이 거의 없는 상태에서 이르러서야 파산 법정의 보호를 받기 위하여 상담을 구한다는 점이 이를 시사한다. 서약한 바를 지키라는 양심의 긴장에 따르는 것이라고 단언할 수는 없다. 사람들이 모두 다 성실하고 양심적이라고 가정할 수 없기 때문이다. 그것보다는 채무를 이행하지 않는 자에 대한 제재가 강력하다는 점을 지적하고 싶다. 빚을 떼먹은 자에 대한 주위의 시선은 그다지 곱지 않다. 한편, 이러한 평판시스템은 민사법, 형사법에 내재한 것이기도 하다. 예를 들어 신용훼손은 허위의 사실을 적시하였을 때만 처벌된다. 누구든지 화폐를 예금의 형태로 보존해야 하고, 일상생활의 소비와 주택과 차량, 작은 영업자산 마련을 위하여 금융기관의 여신에 의존하여야 하는 현대 사회에서, 금융기관에 대한 부채를 갚지 않는다는 것은 경제생활의 파탄을 의미하기 때문이다.

채무가 있다고 하여 집주인에게 내는 월세, 전기료, 수도료, 가스료나 의료보험료, 국민연금, 부가가치세, 소득세 등을 내는 것이 면제되지는 않는다. 또 배우자와 자녀도 부양하여야 한다. 사회적 인간으로 존속하기 위하여 치러야 하는 이런 비용을 넘어 금융채무를 감당할 수 없는 사람들이 그 생활을 지속하는 것은 경제외적인 강제가 없다고 하더라도 경제적으로는 노예 비슷한 처지에 이르게 된다. 이들에게는 복권에 당첨되거나 강도 행각을 하거나 부자와 결혼하지 않는 이상, 이 생활에서 벗어날 수 있다는 희망이 없다. 압박의 지속은 도피를 결과한다. 형편이 되고 모험적인 노예는 외국으로 간다. 어떤 사람은 다른 세상으로 도피한다. 월세를 남기고 장례비를 남기고 자살한 송파세 모녀 사건은 그 전형이다. 한국의 자살률은 OECD 최고이고, 합계출산율은 최저라고 한다. 아이를 낳아 키우는 대신에 애완동물을 키우는 사례가 많아지는 것은 젊은이들이 교육비 부담을 매우 크게 인식하고 있는 것을 시사한다. 국민국가로서 대한민국의 미래는 어떻게 변할 것인가. 누가 그 많은 주택과 공장을 채울 것이며, 누가 세금을 내서 나라를 지키고, 누가 연금을 부담할 것인가.

- **역사상의 채무 취소**

> 바빌론에선 왕이 자신의 신 마르둑의 우주 창조를 재연하는 행사에서 부채탕감이 이루어졌다. 부채와 죄의 역사는 씻어지고 모든 것을 다시 시작할 시간이었다. 그러나 그들이 그렇게 하지 않는 경우 예상할 수 있었던 것 또한 분명했다. 세상이 카오스에 빠졌을 것이다.
> 농민들은 변방으로 달아나 유목민에게 합류할 것이고,
> 그렇게 붕괴가 계속되면 돌아와 도시를 파괴하고
> 기존의 경제질서를 완전히 파괴하고 말 것이다.
> -『부채, 첫 5000면의 역사』 390p, 데이비드 그레이버 지음, 정명진 옮김 -

　　　　혁명적인 대량 채무 취소로 예속된 사람들로부터 자유인을 만들어낸 사건은 역사 곳곳에서 발견할 수 있다. 그리스어와 이집트어로 쓴 로제타스톤이 이집트 상형문자의 번역을 가능하게 한 열쇠가 되었다는 사실은 널리 알려져 있다. 그러나 그 석비가 적은 글의 진정한 의미를 아는 사람은 별로 없다. 그것은 원래 프톨레마이오스 5세가 B.C. 196년에 채무자와 죄수들에게 내린 사면을 선언하도록 세운 것이었다. 또 B.C. 7세기 그리스 아테네에서 부자와 빈자들의 타협으로 입법자가 된 솔론이 행한 개혁도 인신을 담보로 한 채무를 취소하고 금지하는 것이었다. 가난한 자들에게서는 부자들의 부동산을 빼앗아 자신들

에게 나누어주지 않는 배신자라는 소리를 들었고, 그 결과 사회적 긴장이 완화되고 경제도 활성화된 것은 당시 아테네 지역에서 생산한 검은색 도기가 지중해 연안 곳곳에 수출되었음이 고고학적 발굴을 통하여 증명된다는 것이다. 고대 로마의 그라쿠스 형제가 토지를 몰수하여 무산자들에게 나누어주려다가 암살당한 것과 비교된다. 구약성경에도 7년마다 부채를 면제하여 주라는 교훈이 나온다(신명기 15:1~11). 금전으로 표시된 부채는 그것을 활용한 성과와 상관없이 이자와 함께 갚아야 한다. 현대에는 사업에 실패하였을 때, 실업으로 직장을 잃었을 때일 것이다. 구약성경은 또 기근이 들었을 때 요셉이 이집트 사람들의 땅을 다 사서 전부 파라오의 것으로 만들고 종속시켰다고 전한다(창세기 47:13~24). 이런 현상은 어느 시대에나 있는 일이다. 경주 최부자의 여섯 가지 교훈 중 네 번째가 "흉년에 땅을 사지 마라"는 것이라고 한다. 혁명이든 개혁이든, 부채를 취소하는 이런 조치는 왜 필요했을까? 평화로운 사회를 유지하기 위하여 불가피했으리라. 미국의 독립혁명도 런던의 대부업자들과 이들의 이익을 충실히 대변하는 미국의 대리인들에게 금전으로 표시된 부채를 갚지 못하게 된 버지니아의 담배 농장 주인들이 주동하였다는 역사해석도 있다.

1929년의 대공황 이후 미국 사회의 변화도 기업과 농민 그리고 노동자들의 광범위한 채무이행 능력의 상실에서 촉발되었다. 금융산업과 자산가들의 반발이 있었지만, 그들은 위기에 처한 중산층과 근로자들을 지켰고 혁명과 파시즘을 피했다. 멀리 갈 것 없다. 1961년 5월 16일의 군사 쿠데타 주동세력은 그로부터 10일이 채 되지 않은 25일자로 '농어촌고리채정리령'(국가재건최고회의령 제12호)을 그날 정오를 기하여 시행한다. 그 내용은 연이율 2할을 초과하는 채권, 채무를 농어촌고리채로 정하여 채권행사를 일단 정지하고, 관계기관에 신고하게 하되 신고가 없으면 소멸한 것으로 간주하고 신고된 농어촌고리채에 대하여는 이를 심사하여 정부보증융자금으로 정리한다는 것이다. 위반자를 엄벌에 처하고 시행에 필요한 사항은 세칙으로 다시 정한다는 육군 중장의 포고는 단순한 선언이고 다시 15일 뒤 '농어촌고리채정리법'(법률 제620호)로 구체화된다. 농어촌의 지역 단위별 고리채정리위원회에 신고된 부채를 농업은행이 발행하는 연 1할 2푼의 농업금융채권으로 대위변제하고 채무자는 농업은행에 변제하는 것을 내용으로 하였는데, 농어촌의 하층민들이 이를 제대로 상환할 수 있었을 리가 없다. 1969년 8월 4일 제정되어 즉시 시행된 '농어촌고리채정리법중변제의무에관한특별조치법'은 농업협동조합중앙회에 변제할 채무에 대하여 기초자치단체의 장의 변제능력 없음을 확인받아 이를 면할 수 있게 하고, 정부는 채권자의 손실을 보상하도록 하였다. 3선개헌을 위한 국민투표(1969년 10월 21일)를 앞두고 민심을 얻기 위한 정치적 동기에서 단행한 것이라는 비판은 늘 가능하지만, 이전에 농지개혁으로 자영농이 된 농민이 부채 때문에 다시 소작농으로 전락하는 사태를 어느 정도 막아 주었을 것으로 추측된다. 즉 농지개혁의 실효성을 뒷받침하는 것이다. 여러 차례에 걸쳐 농지개혁을 단행하였음에도 불구하고 대농장 체제가 유지되고 있는 다른 나라를 보면 농지를 나누어주더라도 잠시뿐이고, 결국 농가부채에 의하여 다시 대지주가 사들였다는 것이다.

그 시절 부채 문제 대책의 역동성은 유신체제 확립 직전에도 표출된다. 1972년 8월 3일의 '경제의안정과성장에관한긴급명령'이다. 흔히 '8.3긴급금융조치' 또는 단순히 8.3조치로 부르는 이 명령은 기업이 소비대차계약에 의하여 금융기관이 아닌 자에 대하여 부담하고 있는 금전채무에 대하여 변제를 금지하고 당좌예금의 지급을 정지한 후, 사채의 신고를 받아 변제기와 이율을 변경하고 과점주주의 채권은 출자전환 하도록 하는 등의 내용을 담았다. 말하자면 앞에서 말한 '회생'절차를 행정적으로 한꺼번에 모든 기업채무자에 대하여 실시한 것이라 하겠다. 농어촌고리채 정리와 아울러 영업감찰(현재의 사업자등록증)을 교부받고 영업을 하는 자 모두를 포함하는 기업의 사채 정리를 단기간 내에 실행한 것이다. 그 효과에 대하여는 경제사학자들의 연구를 필요로 하지만, 역사상 가장 치열한 계급투쟁은 채권자와 채무자 사이에 벌어진다는 주장을 수긍할 수 있을 듯하다. 그러한 갈등은 집권과 독재체제의 유지에 기여할 수 있다. 연체된 국세에 관하여도 비슷한 조치가 있었다. 쿠데타 세력은 조세징수임시조치법(1961. 7. 29. 법률 제667호)이라는 이름으로 조세 체납자를 일소한다면서 연대납세의무와 납세의무 납세담보 공매 등 조세채권 확보를 위한 조치를 규정하였지만, 그러면서도, 1960년 말 이전에 납기가 경과한 대부분의 조세 채무는 1962년 1월 31일에 소멸시효가 완료된 것으로 한다는 체납조세의납부의무면제에관한특별조치법(법률 제1023호, 1962. 2. 12. 제정)이라는 소급입법을 시행하기도 하였다. 이러한 조치가 한국 현대사에서 가지는 의미는 농지개혁만큼 주목받지 못하고 있지만, 고대 중근동과 통치자 교체기마다 한 번씩 시행하였다는 채무 취소에 비견하지 못할 바 아니겠다. 로마제국도 라티푼디움(장원)의 확대가 진행됨과 함께 자유인이 몰락하여 노예가 되거나 변방으로 달아나 버려 기후 변화에 따라 내몰린 게르만인의 대이동에 맞설 힘을 잃었다는 것이다. 쇠퇴하는 체제는 인구부터 줄어든다.

- 개인파산과 개인회생 절차 개관

개인에게 적용되는 절차의 진행은 본질적으로 법인에 진행되는 파산절차 및 회생절차와 비슷하다. 다만 개인, 즉 피와 살이 있는 자연인에 대하여는 절차 이후의 삶에 대하여 국가적인 이해관계가 있어서, 채무자 대부분의, 채무 대부분에 대하여 면책을 부여한다는 점으로 인하여 실체적, 절차적 규칙을 달리하는 부분이 있다. 신선한 새 출발을 하기 위하여 개인채무자는 ❶과거의 채무로부터의 면책을 부여받고 ❷채권자들에 대한 배당을 위하여 바치는 절차로부터 면제되는 재산 ❸절차 후 새로이 얻는 재산을 자신의 이익을 위하여 저축할 수 있다는 세 가지 요소를 필요로 한다. 이들 중 어느 하나라도 결여된다면 정책목표는 심하게 손상을 입는다. 개인에 대하여는 파산제도만이 인정되다가 2004년 개인회생 제도가 도입되고, 2006년에는 주식회사에 대하여만 인정되던 회사정리제도가 모든 채무자에게 범위를 확대하여 회생제도로 개칭되고, 또 2015년에는 간이회생의 특례가 도입되었다. 개인은 이 모든 절차를 이용할 수 있다. 본질적으로 개인의 지급불능 상태를 집합적으로 처리한다는 면에서 같은 목적을 가지지만, 그 방법이 다를 뿐이다.

법인의 회생절차가 당장 돈을 나누어 주는 파산절차 대신에 새로운 권리를 나누어주는 것이듯, 개인회생도 다르지 않다. 개인파산을 신청하는 채무자는 현존하는 재산을 원칙적으로 포기하도록 강제된다. 그 대신에 장래의 소득을 보유한다. 개인회생은 이러한 절차를 뒤집은 것이다. 여기서 채무자는 원칙적으로 현재의 재산을 지킨다. 다만 장래 벌어들이는 수입 중 일부를 채권자에게 나누어줄 수 있도록 회생위원에게 납부한다. 현재 지킬 것이 있는 채무자는 현상의 변경을 강요하지 않는다는 점에 의의가 있다. 주로 기업이 이용하는 회생절차, 간이회생절차는 개인도 이용할 수 있다. 개인은 기업을 운영하는 사람이거나, 변호사일 수도 있고 의사일 수도 있다. 개인사업자는 법인이라는 형식을 이용하지 않고 개인 재산과 부채는 사업상의 것과 섞여 있다. 회생계획의 인가를 위한 원칙은 같다. 그러나 영업재산과 구분되는 실체를 유지하므로 장래의 소득만을 변제에 제공하고, 위자료나 자녀양육비와 같이 면책을 인정할 수 없는 부채는 비용으로 공제된다. 회생절차에서 채권자들은 개인 채무자가 제출하는 회생계획안을 받아들이지 않을 수 있다. 그러나 보통 조사결과에 따른 계획을 수용하는 경향이 있다. 그것은 채무자가 파산절차로 이행하여 즉시 전부 면책을 얻을 수 있기 때문이다.

법률은 각 해당 규정에서 신청의 요건을 규정하고 있지만, 각 제도는 다른 제도의 이용자격을 배제하지 않는다. 따라서 어느 제도를 이용할 것인지 말 것인지는 신청하는 자의 선택에 맡겨져 있다. 그러나 실무가들로서는 특정 부류의 채무자들은 그에 대응하는 절차를 일대일로 대응시키는 방식을 따르는 것이 편할 수 있다. 예를 들어 채무자의 인구학적인 데이터와 경제활동 수준에 비추어 채무자가 빠른 시일 이내에 면책을 얻을 수 있는 파산절차를 이용하지 못하게 하는 것이다. 이렇다 할 재산이 없는 채무자에게 개인회생제도는 장래 인적 자본의 활용 결과를 고스란히 바쳐야 한다는 점에서 신선한 새 출발점을 변제 기간 뒤로 이연하는 효과가 있다. 원칙적으로 채무자에게 신선한 새 출발을 부여한다는 입법정책을 실무가 비틀 수 있다는 것을 의미한다.

확립된 제도에 대하여 부정적 이해관계를 가진 자들로서는 대안을 제공할 인센티브가 있다. 워크아웃(workout)은 파산을 피하기 위한 채무자와 채권자들의 협상을 의미한다. 신용회복위원회는 금융기관들의 자율적 연합체로 존재하며 개인 채무자들에 대한 게이트키핑 역할을 해오다가 법률상 근거도 획득하였다. 상당한 규모의 대부업자까지 포함하여 거의 모든 금융산업계를 망라하는 채권자들에 대한 개인의 채무를 조정하는 협의를 주선하는데, 가입한 채권자는 채무조정안에 거의 동의한다. 그렇지 않을 경우, 개인채무자는 공식적인 절차로 갈 가능성이 크기 때문이다. 최근에는 개인파산과 개인회생까지도 알선한다.

- 절차 개시의 원인과 신청

개인파산의 신청 요건은 지급불능의 점에서는 법인의 그것과 다르지 않다. 다만 채무초과는 개인에 있어서는 파산의 원인이 아니다(채무자회생법 제305조, 제306조). 채무자는 장래의 소득으로 현재의 부채를 상환할 것을 선택할 수 있기 때문이다. 개인인 채무자는 보통 면책을 얻기 위하여 신청한다. 채권자도 신청할 수 있다(같은 법 제294조 제1항). 그렇지만 개인인 채무자는 파산절차 종료와 동시에 면책을 얻을 가능성이 크기 때문에 채권자로서는 파산신청을 하여 얻는 것 없이 채무자 좋은 일만 한 것으로 끝날 수 있다. 그래서 채권자가 신청하는 경우는 드물다. 다만, 채무자를 압박하기 위하여 또는 재산관리권 박탈을 통하여 다른 목적을 추구하는 전략적 동기에서 채권자는 파산을 신청하기도 한다. 법률은 "신청이 성실하지 않은 때" 파산신청을 기각할 수 있고, 또 채무자에게 파산 원인이 존재하는 경우도 파산절차의 남용에 해당한다고 인정되는 때에는 심문을 거쳐 파산신청을 기각할 수 있다는 일반조항을 두고 있다(같은 법 제309조 제1항 제5호, 제3항). 이 조항은 개인의 면책을 거부하는 방향으로 활용되고 있다(대법원 2009. 5. 28. 선고, 2008마1904, 1905 결정, 2010. 8 11. 선고, 2010마888 결정, 2020. 9. 20. 선고, 2010마868 결정, 2011. 1. 25. 선고, 2010마1554, 1555 결정 등).

개인회생은 파산의 원인인 사실이 있거나 그러한 사실이 생길 염려가 있는 자로서 개인회생절차개시의 신청 당시를 기준으로 하여 담보가 있는 채권은 15억원, 그 이외의 무담보채권은 10억원 이하의 부채가 있는 정기적, 계속적 수입이 발생하는 채무자가 신청할 수 있다(같은 법 제588조, 제579조 제1호~제3호). 지급불능이 현실적으로 발생하였을 것은 필요하지 않다. 금융기관에 대한 채무의 연체 이전에 미리 신청하는 것 당연히 허용된다. 다만, 개인회생을 채권자가 신청할 수는 없다. 회생절차에 대하여는 채무자만이 신청할 수 있다는 법률상의 제한은 없지만, 회생계획이 채무자의 장래 생활을 구속할 수 있다는 점을 고려하면 소극적으로 보는 것이 정당하다고 여겨진다. 한편으로는 상당한 규모의 사업을 운영하는 채무자에 대하여 채권을 제대로 행사하지 못하는 일반 채권자가 구조조정을 요구하는 것까지 허용되지 않는다면 지나친 감이 있다. 담보가 있지도 않고, 우선권도 없는 일반 채권자로서는 개별적인 권리행사로서 강제집행도 주효하지 않은데 기업 자체의 재조직을 구할 권리도 없다면 아무 데도 호소할 곳이 없어지는 것이다.

개인회생 대신에 간이회생을 신청할 수 있다. 간이회생 절차를 이용할 수 있는 소액영업 소득자에는 채무액 기준의 하한이 규정되어 있기 때문이다(채무자회생법 제293조의 2 제2호). 개인회생과 간이회생은 각기 그 장단점이 있어 채무자가 어느 절차를 이용할지는 전략적인 선택의 여지가 있다. 개인파산이든 개인회생이든 각기 수만 건의 신청이 법원에 접수된다. 보통은 법원이 제공하는 표준 양식에 기입하여 신청서와 부속서류를 작성하고, 이를 소명하는 자료를 첨부하여 소액의 인지와 송달료를 납부하는 방식으로 신청한다.

- **신청 시 목록과 변제계획의 제출**

파산제도는 본래 상인 즉 기업의 파산으로부터 시작되었으나 역사적 연원과 무관하게 현대의 개인파산제도는 주로 소비자를 위한 면책 절차로 작용하고 있다. 물론 연혁에 충실하게 그것은 개인사업자 즉 중소기업과 자영업자에 대한 청산절차로 이용할 수도 있다. 또 법인의 지배주주, 기업주, 사주가 법인의 채무에 대하여 보증을 제공한 경우, 개인사업자와 마찬가지의 입장에 처한다.

기업인은 파산절차를 밟고 싶어 한다. 사업상 채무뿐만 아니라 개인적 채무도 면책되기 때문이다. 따라서 채무자가 신청하는 개인파산은 거의 면책을 얻기 위한 것이다. 자산이 많은 개인이 파산절차에 들어오는 희귀한 사례가 있었으나, 많은 재산을 정리하기 위하여 채권자가 신청한 사건이었다. 그리하여, 개인파산신청에서의 주된 관문은 채무자가 면책을 받을만한 합당한 사유가 있는지에 대한 심사를 거치는 것이다. 일반 민사절차에서는 그러한 조사나 의견 제시는 반대 당사자가 시행할 것이 기대되는데, 집합적 권리행사에서는 그것을 개별적 채권자에게 기대하기 힘들다. 그러한 역할은 채무자에게 떠넘겨져 있는 것이 실무이다. 개인파산과 개인회생 절차에 진입하는 채무자에게는 자신에게 면책을 방해할만한 사유가 없음을 입증하여야 하는 부담이 있다. 운용하기에 따라서 이런 방식은 채무자의 보호를 거절하는 구실로 작용할 수 있다. 악마가 존재한다는 증명은 쉽지만 존재하지 않는다는 증명은 불가능한 것과 마찬가지이다. 어디까지 설명과 증명을 요구할 것인가에 관하여 실무는 진동한다.

먼저, 채무자는 채권자가 누구인지, 그에게 얼마를 빚지고 있는지를 밝힐 것이 기대된다. 개인파산과 개인회생 신청에서 채무자가 작성할 것이 요구되는 채권자 목록의 양식을 보면, 채권자별로, 채무자가 언제 얼마를 어떤 원인으로 채무를 부담하였고, 그중 얼마가 소멸하여 신청 무렵 원금이 얼마, 이자가 얼마 남아 있는지를 기입하게 되어 있다. 이것을 채무자가 자신의 장부와 기억에 의존하여 완벽하게 실행하기는 힘들다. 그리하여, 채권자가 금융기관인 경우는 부채증명을 받아 그 기재를 보고 채권자 목록을 작성하고, 검증을 위하여 그것을 첨부하도록 한다. 그런데 채무가 발생한 거래마다 위와 같이 자세하게 설명한 것이 아니라 원금 잔액과 연체이자 정도만 부채증명에 나타내 주는 채권금융기관도 있다. 당연히 채권자의 정확한 성명, 명칭과 주소, 연락처까지 채무자가 적어 제출하여야 한다. 경우에 따라서는 채권자가 누구인 지조차 모를 수 있다. 채권자가 자신의 정확한 인적 사항을 드러내지 않고 상호나 별명, 예명 같은 것으로 행사하는 경우가 그러하다. 휴대 전화번호조차 채권자가 아닌 다른 사람의 명의로 개통된 것일 수 있다. 연체를 피하려고 이곳에서 빌려 저곳을 갚는 속칭 '돌려막기' 식으로 투쟁해 온 복잡한 채무자의 경우 흔히 있는 일이다. 어떤 경우에는 채권자가 있는지조차도 모를 수 있다. 사람이 하는 일은 그렇다.

개인파산을 신청하는 경우, 진술서라는 서면으로 과거 학력, 경력, 가족관계, 형사처벌 경험, 파산이나 개인회생 신청 경험, 할부대금을 지급하지 않고 물건을 처분한 경험, 소송을 받은 경험, 파산신청에 이르게 된 사정을 진술하여야 하고, 현금, 예금, 보험, 임차보증금, 대여금, 매출채권, 퇴직금, 부동산, 차량, 기타 귀금속, 최근 재산 처분, 이혼 재산분할, 상속재산 등 모든 재산의 목록을 제출하고 직장, 수입, 살고 있는 주거형태 등 현재의 생활상황과 수입과 지출의 목록도 설명하여야 한다. 개인회생에서도 비슷하다. 채권자 목록, 재산목록, 수입과 지출에 관한 목록, 진술서 등을 낸다. 진술서의 내용은 조금 간단하다. 채무의 일부라도 갚겠다는 것이고, 개인파산과 달리 전면적으로 면책을 불허할 수 없으므로, 사기 등 범죄의 전과나 적절하지 못한 재산 처분과 같이 과거 채무자를 비난할만한 사유를 굳이 심하게 다룰 필요가 없기 때문이다. 정해진 서식의 빈칸에 체크 표시를 하거나 기입하는 것과 같이 이론상 매우 단순한 것처럼 보이는 작업이라 하더라도, 심리적으로 위축된 채무자들로서는 어렵게 느끼게 된다. 자기 자신의 파산신청을 하는 것은 스스로 뇌수술을 하는 것만큼이나 부담스럽다는 말도 있다. 따라서 신청 단계에서 직업적인 대리인들의 역할이 크다. 개인파산의 경우 대다수 채무자는 채권자들에게 배당하여 줄 만한 재산이 없다. 굳이 파산절차를 진행할 것이 없을 정도이다. 바로 절차를 폐지할 수 있다(채무자파산법 제317조). 우리나라에서 파산제도를 실시한 초기에는 그렇게 하였다. 최근에는 대부분 사건에서 동시폐지를 하지 않는다. 파산관재인으로 하여금 채무자를 추가로 조사하게 한다. 파산관재인은 신청할 때 법원의 양식에 기재되지 않은 서류를 추가로 내게 하는 경우가 많다. 그래서 직업적인 대리인은 미리 해당하는 자료들을 낸다.

개인회생을 신청하는 경우, 채무자는 신청일로부터 14일 이내에 변제계획안을 제출하여야 한다(같은 법 제610조 제1항). 실무상, 신청서와 동시에 변제계획안을 낸다. 변제계획은 변제계획인가일부터 1개월 이내에 변제를 개시하여 원칙적으로 3년 동안 매월 일정한 날에 채무의 일부를 변제하는 내용을 포함하여야 한다(같은 법 제611조 제4항, 5항). 변제계획은 청산가치를 보장하여야 한다. 즉 변제계획의 인가 결정일을 기준일로 하여 평가한 개인회생채권에 대한 총변제액이 채무자가 파산하는 때에 배당받을 총액보다 적지 않아야 한다(같은 법 제614조 제1항 제4호). 청산가치라고 할 만한 것이 없고 동정할 만한 사유가 있는 청년인 경우, 변제기한은 2년으로 단축되기도 하고, 3

년의 변제로는 청산가치 이상의 이행을 할 수 없는 재산이 있는데 그 재산 처분을 원하지 않는 경우 5년의 기간까지 변제기한을 연장할 수 있다(같은 법 제611조 제5항). 변제 기간 연장으로 청산가치 이상의 변제를 할 수 없는 때에는, 변제계획안에 재산을 처분하여 변제하는 안을 하나 추가한다. 예를 들어 인가 후 특정 시점까지 재산을 처분하여 그 매각 대가를 변제에 투입하는 안이다. 개인회생에서도 담보권은 별제권을 구성하므로 담보된 한도 내에서는 절차에 참여하지 못한다. 다만 담보권 행사로도 변제받지 못할 금액을 추정하여 그 금액에 해당하는 부분을 미확정채권과 같이 유보하였다가 담보권 실행 후 부족분이 확정된 후 처리한다. 실무상 담보물은 시가의 70%에 경락되는 것으로 가정한다. 피담보채권액(채권최고액) 전액과 시가의 70%에 이르기까지의 피담보채권액 중 낮은 금액을 담보권자가 회수하는 것으로 가정하고, 이 금액을 넘어서는 채권이 있으면 일단 해당 채권액에 대한 배당액을 계산하여 다른 채권자에 대한 배당액과 함께 배당을 위하여 유보한다. 그 후 담보물이 예상보다 비싸게 처분되는 경우 유보된 금액을 다른 개인회생채권자들에게 더 지급하는 것으로 하는 것이 현재의 실무이다. 예상보다 싸게 처분된 경우에 대하여는 표준 변제계획안이 침묵한다. 담보권자가 약간 손해를 보겠다.

법률상 청산가치 보장을 하는 한 구체적으로 얼마나 변제하여야 할지는 채무자의 자율에 맡겨져 있다. 사람마다 사정이 다 다르기 때문이다. 사는 지역에 따라, 부양가족의 교육, 투병 사정에 따라, 월세를 내고 사는지 여부에 따라 장래 채무자에 대한 변제 여력은 다를 수밖에 없다. 또, 채무자의 선호도 어느 정도는 존중될 필요가 있다. 물론 채무자가 마음대로 변제액을 정하는 것에 대하여는 반대가 있을 수 있다. 회생계획의 인가 여부가 채권자들의 다수결에 의한 동의에 의존하는 것과는 달리, 채권자들이 반대하는 것과 관계없이 개인회생의 변제계획이 인가를 받기 위해서는, 채무자는 가용소득의 전부를 변제 기간 동안 변제에 제공하여야 한다(채무자회생법 제614조 제2항). 물론 채권자나 회생위원이 반대하는 경우에 그러하다는 것이다. 실무는 채권자나 회생위원이 늘 반대하는 것을 전제로 가용소득의 전부를 투입하라고 지도한다. 그런데 가용소득이란 무엇인가? 소득이란 무엇인가조차도 엄밀한 규정이 어려운 것인데, 그 중 어느 것이 가용소득인가는 더욱 정하기 어렵다. 1년 동안 어떤 경우 그보다 짧은 기간의 소득을 월별로 나누기도 하고, 통계소득을 인정하기도 한다. 장래의 소득증가 예상은 미리 반영하지는 않는다. 생계비는 국민기초생활보장법에 따라 공표된 기준 중위소득(median income)의 60%를 원칙으로 한다는 것이다

(같은 법 제579조 제4항 다목). 예를 들어 대도시에서 월세를 지급하는 경우, 미성년 수험생의 학비 같은 것을 인정받을 여지가 있다. 이런저런 말 나오는 것이 싫으면 법원은 프로크루스테스적인 방식을 쓴다. 획일적 기준에 집착하면 구체적 타당성을 잃어 버린다.

채무자가 즉시 면책을 얻는 파산의 신청에 상당수 판사가 적대적인 태도를 보였던 적이 있다. 이러한 상황에서는, 신청 대리를 직업으로 하는 사람 중 절차를 단기간에 수월하게 진행하여야 하는 실천적 이유가 있는 부류에서는 "소득이 있으면 개인회생"이라는 정책을 주장하였다. 그러다 보니 아무것도 없는 사람들에게조차 가용소득 월 10만원~30만원짜리 변제계획을 제출하는 일이 수도 없이 많았다. 필자도 그러하였다. 그런데 이 정도 수준의 변제는 행정력의 낭비이다. 그것은 법원뿐 아니라 채권자들 입장도 그러하다. 그 후 채권자가 이의하면 총변제액이 3천만원에 미달하면 채권액이 5천만원 미만인 경우 채권액의 5%, 그 이상이 경우에는 100만원 및 채권액의 3% 이상을 변제하는 것을 정하여야 한다는 규정이 추가되었다. 제614조 제2항 제3호. 실무상 채권자들이 이의한 예를 들어본 적은 없다. 형편이 어려운 사람들은 개인회생을 신청하더라도 취하하고 파산을 신청하도록 지도하는 실무경향을 보이는 법원도 있다.

- **절차의 개시와 그 효력, 진행**

일본의 도쿄지방법원에서는 채무자의 신청에 대하여 그 날 또는 그다음 영업일에 파산절차를 개시하는 결정을 내림으로써 사실상 자동적 절차 개시 및 금지명령, 중지명령(automatic stay)의 효과를 달성한다고 한다. 우리나라의 경우 그런 것은 없다. 파산신청서를 넣으면 그것을 굳이 법원이 심리하여 파산선고일을 정하고 파산관재인을 지정하고, 파산관재인을 통하여 채무자를 언제, 어느 법정으로 오라고 소환한다. 지정된 기일에 법정에 가면 강의실에 모인 학생처럼, 극장에 모인 청중처럼 출석을 부르고 파산관재인을 만나고 온다. 그리고는 절차를 주도하는 것은 파산관재인이다. 개인파산절차에서 대부분의 채무자는 파산관재인의 처분에 따라 행동하고 면책을 얻는다. 가끔 파산관재인은 채무자가 접근을 시도할 수 있는 재산을 채권자들에 대한 변제를 위하여 내놓을 것을 요구할 때가 있다. 보통은 정당한 요구이지만, 그렇지 않을 경우도 있다. 전문적인 지식과 경험을 갖춘 법률전문가는 이때에도 도움이 될 수 있다.

파산선고로 채무자가 일상생활에서 특별히 제한받는 것은 없다. 다니던 직장에 다닐 수 있고, 은행에 예금을 할 수 있다. 은행이 예금을 상계하겠다고 나설 가능성이 있으니 거래가 없었던 은행에 계좌를 여는 것이 보통은 좋다. 업무를 위한 출국도 가능하고 관광도 제한받지 않는다. 새로 버는 돈을 채권자에게 건네줄 필요는 없다. 채권자도 새로 소송을 하지 않는다. 그런데, 예전 입법 당시까지는 파산은 채무자가 잘못을 범한 것의 하나라는 관념이 남아 있었다. 그리하여, 파산을 규정한 법률에는 없지만, 다른 법률에 파산선고를 받은 채무자에 대하여 취임의 제한을 둔 경우가 많이 있다. 대표적으로, 파산선고를 받고 복권되지 않은 자는 변호사가 될 수 없다(변호사법 제5조 제9호). 경력직 공무원도 그러하다(국가공무원법 제33조 제2호). 국가공무원이라도 선거로 취임하는 정무직에 대하여는 이 규정이 적용되지 않는다(같은 법 제3조 제2항, 제2조 제3항 제1호). 대통령이나 장관 같은 고위직 공무원이나 국회의원은 파산선고를 받은 것이 장애가 되지 않는다. 반면에 구청의 9급 경력직 공무원에게는 장애가 된다. 의사 등 의료인에 대하여도 같은 규정이 있었다. 구 의료법(2007. 4. 11. 법률 제8366호로 개정되기 전의 것) 제8조 제1항 제4호는 금치산자, 한정치산자 그리고 파산선고를 받고 복권되지 아니한 자를 의료인이 될 수 없다고 규정하고 있었다. 이것은 이러한 자격 제한이 입법정책이고 따라서 정치적인 영향을 받는다는 것을 의미한다. 과거 호적 제도가 존재할 때는 본적지 읍면동사무소에서 "파산자 명부"를 유지 관리하며, 그 해당 여부를 기재한 신원증명서를 발급하였다. 법원은 파산선고를 내리면 그 사실을 즉시 본적지에 통보하였고 또 그 후의 절차에서 면책 결정이 되면 역시 그것도 본적지에 통보하였다. 또 공무원이 근무하는 직장에도 통보하였다. 대부분 채무자가 거의 곧바로 면책을 받는데, 이 통보를 받는 즉시 직장에서 면직하는 것은 불합리하다는 판단에서인지 어느 순간부터는 법원이 파산선고를 내리고 나서 면책을 불허하는 결정이 확정되기 전에는 통지하지 않기 시작하였다. 그리고 행정개혁의 와중에 본적지 읍면동 사무소에서 신원증명서를 발급하지도 않게 되었다.

실무적으로 무시되고 있지만, 법률을 해석하는 방식의 차이에 따라, 파산선고를 받으면 해직되고 그 후에 자격을 회복하였다고 하더라도 당연히 복직하지 않는다고 볼 수도 있고, 이와 달리 파산선고 이후 면책 불허의 결정이 확정되면 확정적으로 해직된다고 볼 수도 있다. 이 문제를 발본적으로 해결하기 위하여 개별 입법을 손보는 것을 포기하고, 차라리 파산선고를 받은 채무자를 법적으로 차별하는 복권 규정(채무자회생법 제574

조~제578조)을 아예 들어내는 것이 낫다고 보는 도산법 전문가들이 있다. 막상 해당 자격을 관리하는 현업부서에서는 자격 제한 규정의 철폐에 소극적이다.

개인회생절차에서는 신청서와 부속서류 등 대부분 업무를 회생위원이 주도한다. 회생위원은 채무자가 제출한 서류에 대하여 그렇게 쉽게 잘 넘어가지 않는다. 일단 채권자 목록, 재산목록을 철저히 본다. 법률이 요구하는 바는, 적어도 개인파산에 비해서는 과거 채무자의 거래 상황에 대하여 자세한 설명을 요구하지 않는다는 것이지만, 과거 1년 이내에 발생한 채권에 대하여 채무의 부담 경위, 소비 내역을 입출금 일자에 따라 표로 정리하여 제출하라던가, 이를 뒷받침하는 금융자료를 제출하고 사용한 용도를 입증하라고 한다거나, 모든 금융거래계좌의 상세내역을 제출하라고 하고, 신용카드 사용내역서를 제출하라고 하기도 한다. 배우자의 재산 내역을 설명하라고 하고, 가액의 2분의 1을 청산가치로 인식하라고 하는 것도 흔히 있는 일이다. 또한 자영업자의 경우 수입과 지출 목록을 표로 제출하라든가 하는 번거로운 일을 요구한다. 이것은 평소 장부와 기록에 익숙하지 않은 개인 채무자가 감당할 수 있는 수준을 넘어서는 경우가 많다. 이런 과정을 거쳐 회생위원이 보고서를 제출하면, 법원은 개인회생절차 개시 결정을 내리고 채권자집회 기일을 지정한다. 집회에 나오는 금융채권자는 거의 없다. 영업적 고리대금으로 개인 사채를 주었던 채권자가 나오는 경우가 종종 있는 듯하다. 그러다 보니 개인회생절차 개시 결정이 나올 때까지는 3개월이 걸리기도 하고 6개월, 1년이 걸리기도 한다. 법률은 신청일로부터 1월 이내에 개인회생절차의 개시 여부를 결정하여야 한다고 규정한다(채무자회생법 제596조 제1항). 지켜지지 않는다. 그러므로 개시 결정 때까지 채권 추심을 위한 법적 절차를 금지, 중지할 필요가 있다(같은 법 제593조 제1항). 신청을 받은 후 즉시 금지명령을 내려 주는 법원이 있고, 그렇지 않은 법원들도 있다. 회생절차와 마찬가지로 임의경매절차도 금지, 중지할 수 있다. 개인회생절차가 개시되면 이런 금지, 중지의 효력은 유지된다(같은 법 제600조 제1항). 다만 중지되었던 절차 중 담보권 실행을 위한 임의경매절차는 변제계획 인가 후 다시 속행된다(같은 조 제2항). 담보가 있는 채권은 별제권으로서 개인회생 변제계획에서 반영하지 않기 때문이다. 실무상 이 점을 설명하기 힘들어 애써 수임한 고객을 놓치는 경우가 종종 눈에 띈다. 담보에 제공된 재산은 그 한도 내에서 재산이 채권자에게 이전한 것이고, 개인회생절차는 그 처분을 이연하며 그 재산으로부터의 편익을 누리는 것일 뿐이라는 점을 전문가로서는 잘 설명할 필요가 있다.

- 채무자 재산의 수집, 변제계획의 이행과 배당

　　　　　파산절차에서 관재인은 채무자의 재산을 파산재단이라는 관념적인 실체로 수집한다. 여기에서 수집하는 재산은 파산선고 당시까지 채무자가 가지고 있었던 것이나 파산선고 전에 생긴 원인으로 장래에 행사할 청구권에 한한다(채무자회생법 제382조 제1항, 제2항). 파산선고 이후 채무자가 얻는 재산은 아예 파산재단에 속하지 않는다. 물론, 임의로 파산재단에 채무자가 출연하는 것에는 아무런 제한이 없다. 회생절차를 진행하는 것만큼은 장래의 소득을 내놓는 것이 전략적으로 유리한 특수한 경우에 실무가에 따라서는 그렇게 한다. 재산을 처분하고, 채권을 추심하며, 필요한 경우 부인권을 행사하기도 하고, 쌍방미이행 쌍무계약의 이행을 선택하여 사업을 계속 경영하기도 한다. 물론 파산재단은 예납금 이외에는 아무런 재산이 없을 수도 있고, 대부분 파산절차를 진행하기 위한 비용이나 공익적인 이유로 앞줄에 서는 파산재단 그 자체의 채무인 재단채권을 정리하기에도 부족하다. 그것을 넘어 재산이 수집되면 법원에 이 사실을 보고하고 법원은 채권신고기일을 정한다. 채권신고와 확정절차, 배당절차는 법인파산에서 설명한 바와 같다. 채권신고기일을 굳이 정하지 않는 경우에는 채권이 확정되지 않은 채 파산절차가 종료된다. 대부분의 절차에서 채권신고는 행하여지지 않는다. 법원은 이 절차가 끝나면서 면책 여부를 결정하는 것이 지금까지의 실무이다. 파산절차의 진행이 면책 여부의 결정에 선행할 논리필연적 이유는 없다.

개인회생절차에서는 채권자집회를 열고 변제계획안이 인가되면 채무자는 그에 따라 매월 납입하기로 정한 금액을 개인회생위원의 채무자 앞으로 된 가상계좌로 입금한다. 변제계획에 재산을 처분하는 것으로 되어 있더라도 그것은 자금을 마련하는 원천을 주장한 것일 뿐이므로 재산 처분 대신에 자율적으로 차입하여 지급하여도 그만이다. 변제계획이 인가되면 채무자의 재산에 대한 압류, 가압류 집행의 효과는 소멸한다(채무자회생법 제615조 제3항). 전부명령도 장래의 노무 제공으로 인한 대가에 해당하는 부분에 관하여는 효력을 상실한다(같은 법 제616조). 이것은 현재 확정되지 않은 채권에도 전부명령을 인정하는 실무로부터 파생된 불합리함을 제거하기 위한 규정이다. 개인회생절차 신청 이전에 급여채권을 압류, 가압류 당하여 그것이 사용자에게 유보되거나 공탁되어 적립된 금액이 있을 수 있다. 법률에 의하면 채무자는 이를 찾아 그 재량에 의하여 처분할 수 있을 것이다. 지배적인 실무는 이 유보금, 적립금을 찾아 일시에 회생위원에게 납부하도록 하되, 실제로 변제하는 기간에 대하여 월별 납입금으로부터 해당 금액 비율만큼 감액하도록 계획안을 수정하여 내도록 하고 있다.

- 절차의 종료와 면책

파산절차의 폐지와 종결은 법인파산에서 설명한 바와 같다. 면책은 별개의 절차로 관념되지만, 채무자의 파산신청은 면책의 신청을 포함하는 것으로 간주된다(채무자회생법 제556조 제3항). 채권자가 신청한 경우에는 채무자가 파산선고가 확정된 날 이후 1월 이내에 면책신청을 할 수 있다. 면책신청이 있고 파산절차가 종료된 경우는 채무자의 재산에 대한 강제집행, 가압류, 가처분을 할 수 없고 파산선고 전에 진행되던 절차도 중지되며, 면책 결정이 확정되면 모두 효력을 잃는다(같은 법 제557조). 면책은 채무자 심문을 거치는데, 파산절차에서의 집회기일, 채권조사기일과 병합할 수 있다(같은 법 제558조 제1항, 제5항). 검사, 파산관재인 또는 면책의 효력을 받을 채권자는 면책신청에 대하여 이의를 제기할 수 있다(같은 법 제562조 제1항). 이의신청이 있으면 채무자 및 이의신청인의 의견을 들어야 한다(같은 법 제563조). 성실하게 절차에 순응한 채무자는 면책을 구할 권리가 있다(채무자회생법 제559조 제1항). 물론 채무자가 실체법이 요구하는 의무를 이행하지 않은 때에는 면책을 허가하지 않을 수 있다. 그것은 사기파산 등 파산범죄를 저지른 때, 파산선고 전 1년 이내에 파산의 원인인 사실이 있음에도 불구하고 이를 속이거나 감추고 신용거래로 재산을 취득한 사실이 있는 때, 허위의 채권자 목록과 신청서류를 제출하거나 재산상태에 관하여 허위의 진술을 한 때, 과거 파산절차에서 면책을 받은 지 7년을 경과하지 않거나 개인회생절차에서 면책을 받은 후 5년이 경과하지 않은 때, 법률이 정하는 의무에 위반한 때, 과다한 낭비, 도박 그 밖의 사행행위를 하여 재산을 감소하게 하거나 과대한 채무를 부담한 때이다(같은 법 제564조 제1항). 면책 불허의 범위는 매우 넓게 해석될 수 있다. 법원은 위와 같은 면책 불허가 사유가 있는 때라도 파산에 이르게 된 경위, 그 밖의 사정을 고려하여 면책을 허가할 수 있다(같은 조 제2항). 실무상 파산재단에 속하게 될 재산을 고의로 감춘다든가 하는 행위를 가장 중하게 본다.

모든 채무가 면책의 영향을 받지는 않는다. 면책을 받은 채무자는 파산절차에 의한 배당을 제외하고 파산채권자에 대한 채무의 전부에 관하여 그 책임을 면한다. 다만 조세채무, 벌금 등 징벌의 성격을 띤 채무, 고의로 가한 불법행위로 인한 손해배상, 중대한 과실로 타인의 생명 또는 신체를 침해한 불법행위로 인한 손해배상, 근로자에 대한 임금, 퇴직금 및 재해보상금, 근로자의 임치금 및 신원보증금, 악의로 채권자 목록에 기재하지 않은 청구권으로서 채권자가 파산선고가 있음을 모른 것, 양육자 또는 부양의무자로서 부담하여야 하는 비용이 그것이다. 한때 학자금 대출 상환채무가 포함되어 있었으나 2021년 말의 개정으로 빠졌다. 면책의 범위에서 제외하면 해당 채권은 다른 채권자들이 모두 배제된 후 자신의 채권 변제를 기대할 수 있다. 파산절차 이전보다 훨씬 강력한 지위에 놓인다. 조세, 불법행위 피해자, 근로자, 가족은 그런 처우를 받을만한 가치가 있다. 목록에서 누락된 채권자에 관하여는 문제가 약간 다른데, 그 근거를 면책에 이의를 제기할 기회를 박탈당한 것에서 찾는 것이 판례이다(대법원 2010. 10. 14. 선고, 2010다49083 판결). 채무자의 선의를 쉽게 인정해서는 안 된다는 것이다. 이 판결이 있고 나서 많은 하급심 판결은 채무자의 악의를 쉽게 인정하기 시작하였다. 실수로 인한 누락이라는 주장은 받아들여지지 않고, 면책 결정이 있고 난 뒤 한참 지난 후에 제기된 민사소송에서 채무자가 패소하는 경우가 많았다. 그런데 채무자가 의식적으로 누락함으로 인하여 이득을 얻는 것은 설명하기 어렵다. 오히려 파산선고가 있었음을 안 때를 예외로 규정한 것은 파산절차에 의한 배당에 참여할 기회를 갖지 못하였다는 점에서 찾는 것이 합당하다. 파산절차에서 면책받지 못한 채권에 관하여 다시 파산을 신청하여 면책을 받을 수 있는지에 관하여 대법원은 이를 불허하였다(대법원 2006. 12. 21.자 2006마877 결정 등). 그러나 서울회생법원은 목록에서 누락된 채권이 있는 경우를 포함하여 제한적으로나마 이를 허용하기 시작하였다.

개인회생에서는 변제계획에 의한 변제를 완료한 후 법원이 면책 결정을 하여야 채무자가 갚지 않은 부분의 변제 책임을 면한다(채무자회생법 제624조 제1항). 변제계획이 인가된 것만으로는 권리에 변경이 생기지 않는다(같은 법 제615조 제1항 단서). 그런데, 개인회생으로 이끌어간 경제적 상황은 변화가 없고 채무자의 지출을 줄이기도 쉽지 않다. 채무자는 개인회생을 인가받고 변제계획을 이행하기 위하여 다시 새로운 부채를 지기 쉽다. 개인회생 인가를 받은 채무자를 상대로 대출을 실행하는 대부업자의 광고가 있는 것은 바로 이것을 의미한다. 또 새로운 부채를 지는 대신에 또는 그와 같이 이런저런 사유로 변제를 지체하는 경우가 있다. 어떤 경우에는 변제할 수 있는 재원인 소득을 잃는 경우도 있다. 변제가 이루어지지 않는 경우 원칙적으로 폐지되지만, 소득이 줄었다든가 생계비가 늘었다든가, 변제액이 현실에 비추어 과다한 경우라면, 인가 후에라도 변제계획변경을 할 수 있다(같은 법 제619조 제1항). 변제계획 변경은 개인회생변제계획을 완료하고 면책을 얻을 수 있도록 장려하는 장치라고 할 수 있다. 그것도 불가능한 경우, 채무자가 책임질 수 없는 사유로 인한 것이고, 이미 변제한 금액이 파산절차에서 배당받을 금액보다 적지 않고, 변제계획의 변경이 불가능한 경우에는 변제를 완료한 경우라도 면책 결정을 할 수 있다(같은 법 제624조 제2항). '특별면책(hardship discharge)'이라고 하는데, 적극적으로 실무가 형성되어야 할 부분이다.

개인회생절차는 종결 결정이 따로 없다. 절차 자체가 면책 결정을 최종목표로 하기 때문이다. 면책 결정의 효력이 미치는 범위는 파산에 있어서와 거의 같다. 다만, 누락된 채권은 채무자의 고의 유무와 상관없이 개인회생절차 자체에서 빠진다(같은 법 제625조 제2항). 그래서 채권자로서는 채무자에게 자신의 채권은 개인회생절차에 포함시키지 않도록 강권할 인센티브가 있다.

독자를

면책한다

파산, 회생 그리고 채권추심
ⓒ 김관기 2024

초판2쇄   발행일 2025년 10월 10일

지은이   김관기
펴낸이   김주미
편집, 디자인   모지스B
인쇄   아샤르프린팅

펴낸곳   베네딕션
출판등록   제2021-000074호 (2021. 3. 30.)
이메일   benediction0330@naver.com
팩스   0504-144-7236

ISBN   979-11-977238-7-2 (03360)